高等院校广告专业规划教材

互联网广告设计与制作

胡春瀛　唐　颖◎编著

中国建筑工业出版社

图书在版编目（CIP）数据

互联网广告设计与制作/胡春瀛，唐颖编著．—北京：中国建筑工业出版社，2017.8
高等院校广告专业规划教材
ISBN 978-7-112-21012-1

Ⅰ.①互… Ⅱ.①胡… ②唐… Ⅲ.①互联网络—广告设计—高等学校—教材 Ⅳ.①F713.8

中国版本图书馆CIP数据核字（2017）第174024号

本书主要面向学习使用电脑完成互联网广告设计、制作的学生和从事网络或手机、PAD等新媒体广告设计的人群，本书以讲解互联网广告的基础知识、设计理念与制作方法为主线，学习本书可以使读者快速掌握互联网广告的设计方法和制作流程。

本书会结合大量广告案例，进行深入讲解和分析。在案例选取上，重点考虑了专业性和实用性，扩展读者的学习思路，并通过章节后的习题布置提升读者举一反三的能力。

本书的特色在于：以设计理念贯串，结合实际案例，做好技术落实。不仅对当下流行的UI设计理念做系统梳理和讲解，更针对Photoshop和Flash两个广告创作所用的主要软件，做了系统操作方法的重点讲解。书中所涉及案例素材及效果，均会随书赠送。

配套资源下载

中国建筑工业出版社官网www.cabp.com.cn→输入书名或征订号查询→点选图书→点击配套资源即可下载。（重要提示：下载配套资源需注册网站用户并登录）

从书主编：高 彬 薛 菁
编 委：（按姓氏笔画排序）
于向荣 毛士儒 王喜艳 甘维轶 朱象清 李 静
李晨宇 李东禧 吴 佳 张 雯 庞 博 胡春瀛
钟 怡 郭 晶 唐 颖 窦仁安

责任编辑：吴 佳 朱象清 毛士儒 李东禧
责任校对：焦 乐 李美娜

高等院校广告专业规划教材
互联网广告设计与制作
胡春瀛 唐颖 编著

*

中国建筑工业出版社出版、发行（北京海淀三里河路9号）
各地新华书店、建筑书店经销
北京锋尚制版有限公司制版
北京京华铭诚工贸有限公司印刷

*

开本：787×1092毫米 1/16 印张：14½ 字数：351千字
2018年4月第一版 2018年4月第一次印刷
定价：62.00元（附网络下载）
ISBN 978－7－112－21012－1
（30665）

序

Preface

自20世纪70年代末到90年代初，国际广告公司的成员们纷纷进入华人世界，从中国台湾、中国香港一直来到内地。至1998年，几乎所有的著名跨国公司都在中国设有了合资公司。与此同时，广告学科的建制也逐渐步入正轨，形成以新闻传播和市场营销为核心的专业体系，并源源不断地为广告、公关、营销、品牌、媒介等部门培养新生力量。

近三十年来，社会需求、竞争压力及以互联网和移动互联网为代表的技术革新导致了媒体形态的巨大改变，而它们所产生的合力在为整个广告行业带来机遇的同时，也带来了巨大的挑战。事实上，技术的进步促成了营销传播策略的丰富，却也在客观上带来了市场环境的嘈杂和传播效果的日渐式微，这使包括广告在内的从业人员在策划、创意及表现等各方面都面临日益增加的难度。

在这样的营销传播生态环境下，天津工业大学和北京工业大学的诸位老师联手编写了这套高等院校广告专业规划教材，正是希望从理论和实践两个方面为这个极速更新的时代提供更为及时的补充。这套教材由《广告学概论》、《广告策划》、《广告创意》、《广告媒介》、《平面广告设计》、《影视广告创意与制作》和《互联网广告设计与制作》七本教材构成。其中，《广告学概论》通过对广告学框架的搭建以实现对相关知识的梳理；《广告策划》、《广告创意》和《广告媒介》既是广告活动的三大基本环节，也对应着专业广告公司的三大职能部门，故对它们的详尽描述将构成广告学知识的重要内容；除此之外，《平面广告设计》、《影视广告创意与制作》和《互联网广告设计与制作》将针对不同的媒介类型，就广告技术和实际操作加以关注，从而介绍和推演最新的流行趋势。

广告学是一个开放的系统，不仅枝蔓繁杂，也堪称速生速朽，而这套丛书正是在大量参考、分析和研究前人经典教材的基础上，吸收和总结了诞生于当代的崭新内容，可以说，理论和固定范本依然保留，更多的努力却体现在与时俱进，尤其是实务操作与市场形势的密切结合上。

在波谲云诡的市场环境下，面对一日千里的互联网时代，尽可能地满足教学和实践的双重需要，在为在校学生提供专业指导的同时，也为有学习需要的从业人员提供理论更新，就这个角度而言，丛书的各位作者可谓殚精竭虑，用心良苦，而对于一个入行三十余年，在中国内地工作二十余年，曾经和正在亲历这些变化的广告人来说，我也将守望相助，乐见其成。

灵智精实广告公司首席创意官

前　言

Foreword

2015年，随着“互联网+”这一概念的提出，互联网技术特别是移动互联技术的发展受到社会的热点性关注，人们期待以互联网这一媒介为基础和手段，形成更广泛的经济发展新形态。作为体现时代特色的广告业，其宣传重点也伴随着HTML5等网络技术的发展，在互联网上有了更加出色的表现。

Photoshop和Flash是广告制作中普遍采用的最主要的两款软件，Photoshop简称PS，主要设计静态广告，也可以完成简单的GIF小动画；Flash主要制作广告动画片。本书实例中所使用的软件版本为Photoshop CC for Windows 14版和Flash CC for Windows 15版。对于制作版本，作者一直坚持的观点是够用就好，适合最好，不必追逐最新版本，这里使用最新版本主要为了体现图书编写的时代性，书中所用到的功能，Adobe CS2.0及以上的版本也都是有的。目前很多人使用MAC（苹果）系统进行设计，Photoshop和Flash在两个系统下只有极小差别，书中所讲述的功能，两个系统下可以通用。

Flash CC与Animate CC的辨析：

Animate CC与Flash CC不同的是，Animate CC是Flash CC的升级更名，对HTML5网页代码有更好的支持。两个软件相同的是，工作界面与基本操作，Flash CC 2015已经可以生成支持HTML5网页的动画。

2015年底Adobe公司宣布，将Flash Professional更名为Animate CC，并将在2016年12月推出的新版本中正式更名为“Adobe Animate CC”，缩写为An。截至2017年7月市场上最新版本为Adobe Animate CC 2017，因本书写作过程中还没有拿到新版本，并且Flash的称呼深入民心，我们还继续使用这个称呼来代称动画软件。2017年初笔者有机会试用了新版Adobe Animate CC，界面与本书所用Flash CC版本一致，并且源程序在两个版本间可以兼容，没有了向下兼容的问题，即使读者安装了新版本An，本书所讲解的各项功能与制作方法依然没有问题。

如果读者选用Adobe Animate CC版本为学习软件，需要特别区别于一款软件Adobe Edge Animate CC，这两个软件是不一样的。Edge Animate是Adobe公司的一款新型网页互动软件，主要是开发支持HTML5代码的动画，到2017版Adobe CC出品，Edge Animate CC也没有了，或者可以理解为，其所实现的功能已经包含在了用新版Animate CC中。

本书内容安排：

本书共分为10章，其中胡春瀛负责第1章、第4章～第10章写作；唐颖负责第2章、第3章写作。本书以讲解互联网广告的基础知识、设计理念与制作方法为主线，分为平面制作与动画制作两大部分，具体内容如下。

第1章：互联网广告概述。本章主要对互联网广告的概念、特点、形式、分类做了基本认知式介绍，并对互联网广告的现状与发展做了分析，使读者对当下的互联网广告有一定了解。

第2章：互联网广告设计基础。本章讲解了互联网广告设计原则、设计要素、设计趋势，使读者对互联网广告的设计有一个理论化的专业认知。

第3章：网页UI设计。本章对网页UI设计从设计原则、设计理念、设计流程，到功能设计与视觉设计进行了分析，并以一份“新浪彩通NBA大数据预测”的项目实例，进行了具体的案例分析。

第4章：Photoshop广告制作初步。从本章开始进入广告制作的讲解。本章讲述了Photoshop软件的一些基本制作，对广告制作中主要用到的功能，如抠图方法、拼图方法、色彩调整等进行了着重讲解。

第5章：Photoshop互联网广告案例。本章从按钮广告设计、通栏广告设计、动态旗帜广告设计、手机界面及界面元素设计几个方面，结合实际案例进行了制作，Photoshop是制作网页广告或UI设计的主要软件。

第6章：Flash软件使用基础。本章对广告动画及Flash软件进行了讲解，使用读者对动画、广告动画、Flash动画有所认知，并了解Flash软件的基本使用。

第7章：Flash使用技巧。本章以三种帧的类型分节，对Flash的基本制作方法进行讲解，使读者能够掌握逐帧动画、形状补间动画、运动补间动画的制作，能独立制作简单动画。

第8章：互联网广告动画案例实战。本章是中等难度的Flash动画制作，讲解了遮罩动画、横幅广告动画的制作，并以公益广告、贺卡制作两个网页动画案例，进一步提升读者综合应用动画制作的技巧。

第9章：互联网交互式广告案例实战。本章是较高难度的Flash动画制作，从按钮类、鼠标类、影视类交互广告三节对网络常用的Flash交互功能进行了讲解。

第10章：广告动画片完整制作实战。本章以一个完成的广告视频动画为案例，讲解了广告片的完整制作过程。Flash软件不仅用于互联网广告的创作，其创作的动画也常在电影、电视等媒体中播出，并且是学生们参加广告设计大赛时的重要创作软件。本章的意义在于对Flash广告动画创作的完整表达。

目 录

Contents

第1章

互联网广告概述

1994年4月，北京中关村教育与科研示范网络工程联入internet国际互联网，标志着我国进入了互联网时代。从此互联网开始进入公众生活，并得到快速发展，截至2014年12月，据统计，我国的网民规模已达到6.49亿，互联网普及率为47.9%。其中手机网民的规模达到了5.57亿。①

有了传播平台，有了广大用户，互联网广告也就伴随着互联网的兴起而在我国由缓慢到迅猛地发展起来。如今，互联网已经进入了"互联网+"时代，那么，与之息息相关的互联网广告，又将会是怎样一个事态呢？

1.1 互联网广告的界定与特点

我们知道，世界上最早的网络广告，是诞生在最早拥有互联网的国家——美国。1994年10月14日，AT&T公司、IBM公司等14个商家在Wired杂志的网络版Hotwired上，刊登了简单的条幅广告，如图1-1所示。这个广告是AT&T公司的，它发布了12周，花费3万美元，点击率令人惊讶，竟然达到了30%。（如今，类似的广告点击率能达到1%就很可喜）②

图1-1 最早的网络广告

我国最早的网络广告出现在1997年3月，Intel和IBM公司在Chinabyte网站上投入的动画形式的条幅广告，IBM为此支付了3000美元广告费。

1.1.1 互联网广告的界定

1. 什么是互联网

互联网（Internet），又称网际网或因特网、英特网，有时会简称为网或者网络，它是全球范围基于一些共同的协定，并通过许多路由器等设备相互连接而成的、信息资源的共享集合。

从这个概念，我们可以看到互联网应该具备三个特性：第一，互联网具有全球性。这个网络一定是可以在地域间、国家间互联的，有一种称之为局域网的网络，它只能在一个单位或者一个小系统内实现电脑互联，如果这个局域网是封闭的，就不是互联网，如果这个局域网与外界互联，局域网内用户可以访问社会公共网站，那它就是互联网的组成部分。第二，互联网是传播媒介。针对传统媒体（报纸、杂志、广播、电视）而言，互联网是一种新的媒体形式，它不仅融合了传统媒体的传播形式，还具有快速共享等新的特点。无论是大众传播还是商业传播、自我传播，都可以通过互联网这个媒介来实现。第三，互联网上的信息绝大部分是开放的。当然，会有一部分收费信息，比如我们要下载一篇论文、看一部电影，我们需要给拥有这些资料的网站付费，但更多的网站赢利是依靠高访问量来吸引广告主投放广告，或者只为分享与宣传不求赢利，这也正是广告的发展与互联网用户的数量息息相关的重要因素所在。

2. 互联网+

2015年3月我国第十二届人大三次会议上的政府工作报告中，首次提出了"互联网+"行动计划。同年6月的国务院常务会议上，通过《"互联网+"行动指导意见》，进一步推

---

① PHBang．CNNIC发布2015年《中国互联网络发展状况统计报告》[EB/OL].（2015-02-06）[2016 -10-15]. http://www.phbang.cn/tech/internet/147752.html

② 【科普】世界上最早的互联网广告和中国最早的网络广告 [EB/OL].（2014-10-08）[2016 -10-15]. http://www.admom.net/content/news/?43.html

动“互联网+”行动。

“互联网+”从词意来看，就是传统互联网的延伸，近几年云计算、物联网、大数据等新兴的信息技术如火如荼，这也正是“互联网+”时代，我们要大力发展的技术。“互联网+”这个概念的提出，更深远的意义并不在于信息技术，而是要推动新技术与制造业、农业、服务业、公众事业等的融合，实现产业智能化，服务多元化，打造国民经济新的增长点。因此，“互联网+”代表着一种新的经济形态，即充分发挥互联网的优势，将新型信息技术深度融入经济社会的各个领域，提升经济实体的生产力，从而使我们的经济发展保持中高速增长水平。

3. 什么是广告

1894年阿尔伯特·拉斯科尔（Albert Lashe）提出：“广告是印在纸上的推销术。”这是最早给广告定义。随着广播、电视、网络等媒体的诞生，这个概念显然已经不再适用，但它揭示了广告大众传播的本质。

著名广告学大师威廉·阿伦斯（William F.Arens）这样定义广告（Advertising）：“广告是由可识别的出资人通过各种媒介进行的有关产品（商品、服务和观点）的、有偿的、有组织的、综合的、劝服性的、非人员的信息传播活动。”[①]这个定义是目前被学界普遍使用的，它对广告做了比较全面的概括。我们一般会把广告分为广义广告和狭义广告两种，狭义的广告就是商业广告，是以赢利为目的的广告；广义的广告包括了非商业广告，比如公益广告、启事、声明等。

通过广告的定义可以明确广告具备的三个特点：第一，广告必须有明确的广告主；广告所发布的内容和发布的形式，是由广告主决定的。广告公司只是辅助广告主对所要发布的信息进行策划与制作。第二，广告是非人员的销售推广活动；广告针对的是一个或者多个群体，比如在校大学生、职业女性等，而不是针对某个个体的劝说活动。第三，大部分广告是有偿的，比如商业广告及报纸或电视上刊登的公告、声明，但也有少部分广告是免费的，比如公益广告，还有我们校园公告栏上面张贴的“小广告”也是免费的。

4. 什么是互联网广告

我们在广告的概念中提到了媒介，媒介也就是传播信息的载体，也称媒体。随着时代的发展，我们已经从传统媒体（主要指报刊、广播、电视）时代，进入数字化新媒体时代。互联网作为新媒体的主要代表，成为当今社会信息传播的主要形式，互联网广告也成为广告投放的重要形式，并且对比其他广告媒体，它以投资少、投放速度、形式生动多样、互动性好等特点，彰显其独有价值，成为使用最为广泛的广告媒介。

互联网广告（或称网络广告），一般是指由可识别的出资人，以互联网作为媒介，通过图像、文字或者多媒体的方式，进行的有关商品、服务、观念等信息的传播活动。这是从广义的角度做的界定，狭义的互联网广告，指有偿的以互联网为媒介的商业广告。

实际随着微博、微信等新的媒体形式的普及，业界对于互联网广告的发生很难进行统计，互联网广告与网络营销的区分越来越模糊，广告发布者、广告经营者和广告主三者的角色常常混同，政府对互联网广告的界定也成为难题。例如，通常进行的数据统计都是以广告主向网络媒体支付发布广告的付费，为广告发生的依据，这也是我们谈到的狭义的广告，即商业广告，都是有偿的。但是，现在广告主常常拥有自己的博客和微信公众账号，发布产品推广信息，与网民进行互动交流，都不再需要付费。

---

① ［美］威廉阿伦斯. 当代广告学［M］. 北京：华夏出版社，2001:7

1.1.2 互联网广告的特点

从如今互联网的发展来看，包括近几年尤其被看好的移动互联网，我们对互联网广告的特点归纳为以下几点。

1. 表现形式的多样性

广告的表现形式一般包括文字、图片、声音、动画、影像等多种形式。最初在互联网上发布的广告多是采用文字和图片的形式，随着网络技术的发展，网速越来越快，电脑、手机等接收终端的存储量越来越大，广告的制作水平越来越高，目前的互联网广告可以接受我们所能想到的所有发布形式，采取怎么的发布形式主要取决于广告主所要宣传的产品特征和资金等方面的考虑。互联网广告主要有植入式广告、垂直搜索广告、视频贴片广告、移动APP广告等表现形式。

2. 信息传播的广泛性

互联网广告是离不开互联网这个载体的，随着网民数量的逐年递增，其上网的目的是多元的，任何一个网站都可能成为网民的信息接触点，从这个角度讲，网上的广告有可能到达每一个用户终端，即网民数量越多，信息传播越广。

我们都知道，在广播或电视上播出的广告，会受到播出时段的限制，与其相比，互联网广告可以认为是全天24小时播出的，无论什么时间，在什么地方，只要用户打开相关网页，广告就播出了，这从另一方面体现了互联网广告传播的高覆盖率。

3. 信息发布的及时性

我们知道广告是有时效性的，广告一旦制作完成，往往希望能尽快发布。传统媒体（报纸、杂志、广播、电视），每个栏目是固定的，广告更换往往有周期性，比如要在一档电视节目里播放某广告片，即使栏目组同意，节目的播放时间也是固定的，不能做到及时播出。而网页上的广告，有相当一部分是可以随时添加的，只需要略改动下网页格式，然后上传更新，广告就发布出去了。

4. 广告主的复杂性

从互联网广告发展的纵深来看，最初在网络上投放广告的多是IT行业，这与互联网的兴起密切相关，到21世纪初，金融、交通、房地产等行业，强力挤占互联网广告市场份额，随着电子商务和移动互联网的迅猛发展，食品、服装等大众消费品行业的广告蜂拥而上。网络广告主已经遍布所有商业领域，结构越来越复杂。

从与传统媒体的比较来看，互联网广告具有明显的价格优势。传统媒体广告一般是按版面大小、播出时段、长短和频次等要素来计算费用，而网页上的广告，多以版面大小、位置来计划费用，在网络上投放广告的平均费用仅相当于传统媒体广告的3%。费用的低廉，自然会吸引许多小企业和个人经营者的加入。进入自媒体时代，每个人都可能成为广告主，在自己的博客或者微信空间中发布产品或者服务信息，这些广告的成本几乎为零。发布广告的门槛低了，广告主的队伍壮大了，身份层次复杂了。

5. 与受众的互动性

网络相比其他媒体最大的优点之一就是交互性好，对于广告商品诉求目标的实现，这一点尤其有价值。用户看到一些门户网站上的广告信息，可以通过点击进入新的页面，深入了解广告内容，这样有目的的吸引一部分目标用户，并且可以大大节省广告投放的版面费用。对于受众来说，拥有了自主选择是否继续了解广告信息从而主动消费的权利，这个广告的推广或让受众感觉轻松自然，容易接纳。与受众的互动，还体现在广告主在网络上发布互动活动，比如通过填写问卷或者竞猜有奖的活动，来树立品牌形象或者推介商品信息。

1.2 互联网广告的形式与分类

依据不同的考量要素，互联网广告的分类方式也有所不同，本节主要从表现形式、发布形式和计费方式三方面做分类分析，以梳理互联网广告多样而复杂的形式。

1.2.1 按广告的表现形式分类

从最早刊登广告的媒介报纸，到现在占据广告市场媒介平台重要地位的互联网，伴随着信息技术的发展，广告的表现形式也更加多样化。文字、图片、声音、图像、动画等这些元素在网络广告中都常常看到，由于互联网的可视性，独立的声音广告在这里并没有优势，从表现形式上分，一般会把互联网广告分为文本广告、图片广告、视频广告、动画广告、富媒体广告五种。

1. 文本广告

这种广告只有文字组成，经过艺术设计的文字都不属于这类，一般广告主只能选择在网页中投放的位置，字体的大小甚至颜色是由网页统一规定的，不能修改。显然，文本广告是最简单的广告形式，几乎不需要广告设计，重点只在于文字的内容。在门户网页的主页上、分类广告的页面上会经常看到文本广告，相比传统媒体，互联网上的任何信息都可以设置链接属性，点击文本广告，就是进入一个新的网页，正是这一特性在读图时代还能给文本广告以生存和发展的空间。

2. 图片广告

图片广告分为像素图和矢量图两种，这种广告主要指以静态图片的形式来设计广告内容。图片广告，主要以其构图和色彩来吸引观者，它既具有艺术的观赏性，又具有商业价值，使人们在浏览网页时，不由自主地关注广告信息，甚至点击鼠标，进入所指引的网页，对广告所宣传的商品进行纵深了解。

3. 视频广告

互联网视频广告，是采用数字技术和网络技术，将传统视频广告融入网络中，使之可以在网络上进行广泛传播的广告形式。互联网视频广告又主要分为传统贴片广告和In-App视频广告两种形式。贴片广告一般在收看网页中的视频时会在视频播放前，甚至视频播放中会强行弹出，要求观者只有收看完广告才能观看所需的原视频文件。In-App视频广告是指在移动互联网上，植入到App软件中的视频广告。据2014年的一项调查显示，“45%的移动互联网用户会注意到App内的移动广告，位居榜首。移动媒体上展现的搜索引擎和视频网站类广告注意力排在其后，分别为40%和34%”[①]。可见，这种广告形式随着移动互联网的发展会备受青睐。

4. 动画广告

传统动画是指“利用某种机械装置使图像快速地动画起来，从而在视觉上产生运动的效果”。目前互联网动画广告，主要是指利用电脑技术设计制作的二维或者三维动画片。互联网上的动画广告与视频广告有交集，动画广告强调的是制作方法，视频广告强调的是展示方式。即如果一则广告是用动画广告，但植入到App软件中，它也是视频广告。因为本书重点要讲解动画广告的制作，所以单独在这里强调下动画广告。

5. 富媒体广告

富媒体广告，它并不是一种具体的互联网媒体形式，而是指具有图像、声音、动画、视频中任一项或几项媒介，并且还具备交互

---

① InMobi. 2014中国移动互联网用户行为洞察报告［EB/OL］.（2014-01-13）［2016 -10-15］. http://www.cnad.com/html/Article/2014/0113/20140113135905926.shtml

性的信息传播方法，能够实现与消费者的互动，因此也被称为网络互动广告。这种广告形式最早出现在2000年一个叫Eye Wonder的网站。

富媒体实际就是多种媒体的统合使用，随着互联网带宽的增长，这种广告形式越来越普及，并且随着近两年移动4G网的应用，富媒体广告（互动广告）也扩展到了手机、平板电脑等终端，富媒体广告（互动广告）已经应用于各种网络服务中。

1.2.2 按广告的发布形式分类

1. 横幅广告（Banner）通栏式广告

横幅广告，也叫旗帜广告，是网页中最早采用的广告形式，也是最常见的广告形式，是指横跨于网页上的矩形广告条，当用户点击这些横幅的时候就会链接到广告主的网页。横幅广告一般包括静态横幅、动画横幅和交互式横幅广告三种方式。静态横幅广告采用的是JPG格式，一般用Photoshop等平面设计软件完成制作；动画横幅广告通常是GIF或者SWF格式，是用Photoshop或者Flash软件完成制作；交互广告，最近几年广为流行，比如以做游戏、填写问卷、下拉菜单等方式来进行广告宣传，一般是需要用JAVA或者HTML5等编程语言来编写程序，达到与用户参与互动。

按照美国交互广告署（Interactive Advertising Bureau）的标准，468×60像素的称为全横幅广告（Full Banner），234×60像素的称为半横幅广告（Half Banner），120×240像素的称为垂直旗帜广告（Vertical Banner）。在我们实现看到的网页广告中，横幅广告的尺寸是根据网页设计时的栏目宽度相关的，往往在一定范围内可以变化。

2. 按钮广告（Button）

按钮广告，也称图标广告，通常表现为一个小图片或者按钮链接。按钮广告由宽幅广告演变而来，多采用静态图片的方式，起到简单提示的作用，比如企业标识Logo。

根据美国交互广告署（IAB）的标准，按钮广告通常有四种形式，分别为125×125（pixels）方形按钮；120×90（pixels）按钮；120×60（pixels）按钮；88×31（pixels）小按钮。

3. 文字链接广告（Text Ads）

文字链接广告即只有文字的广告。写一句话，将这句话放置在各大门户网站的相应板块，并做好企业链接。用户一旦点击文字，就打开相应的企业网站。此种方式适合于有经济实力的企业，目的不是为了通过链接带来订单，而是保证自己的品牌在外时刻传播着。文字链接广告是一种对浏览者干扰最少，但却最有效果的网络广告形式之一。

4. 弹出式广告（Pop-up Ads）

弹出式广告，是指人们在上网时，在打开一个新的网页时，会自动弹出一个窗口，显示广告内容。这种窗口有不透明和半透明两种。半透明更为人性化一点，不会遮挡住原始网页中的内容，不透明的弹出式广告会对网页内容进行遮挡。最初的弹出式广告都是不透明的，它的强制阅读性很强，缺点是可能会引起受众的反感，有的弹出窗口甚至不容易关掉。也有很多网民会在自己电脑上安装屏蔽弹出窗口的插件，这种通过打开网页弹出窗口广告的方式就起不到传播的目的了。

5. 浮动式广告（Floting Ads）

浮动式广告，是指在浏览网页时，漂浮于网页之上，并且在不停移动的图片式广告。当网页上下移动时，这种广告并不随之上下移动，它的浮游路径是相对于屏幕的移动，也就是说它总会在用户的视线内移动。浮动式广告的优点是足以吸引用户注意力，关注度高；缺点是，由于对网页进行了遮挡，会引起用户反感。它比弹出式广告的窗口要小很多，但是关不掉。有些网站会直接在光标后有一段文字或图像跟着鼠标移动，这也属于浮动式广告。

6. 电子邮件广告（E-DirectMarketing，EDM）

电子邮件广告，就是把广告内容直接以邮件的形式投放到用户的邮箱。电子邮件广告一般是根据商家保留的用户信息，有针对性地发放广告。表现方式多以图片吸引观者注意，再点击商家指定网站，实现进一步关注和消费的目的。电子邮件广告的优点是投放目标明确，见效快且费用相对低廉。但由于很多邮箱管理都安装有反垃圾邮件的自动过滤插件，电子邮件广告一般是进行大量客户群发，可能并没有送达到客户端，已被过滤到垃圾邮件箱中。

7. 互动游戏式广告（Interactive Game）

互动游戏式广告，是指以游戏的形式将嵌入其中的广告信息传达给参与游戏的人。这种广告信息的传递可以出现在一段游戏的任何时候，也可以将所宣传的产品融入游戏设计，使广告信息贯穿游戏始终。互动游戏式广告在移动终端和台式机上都起作用，但是目前大多数被设计在移动设备（手机、平板电脑）上。游戏式广告的投放效果比传统非交互式显示广告或视频广告的效果都要好，这种广告使受众有更好的参与度和点击率，并且使人们通过与这类广告的互动游戏，对产品或品牌产生深刻印象，而且广告主还可以收集到用户信息，建立客户数据库。但是，这种广告形式对设计和制作者的技术要求比较高，需要专业程序员完成，设计周期相对长。

8. 分类广告（Classified Ads）

分类广告最早出现在报纸上，按照所要发布广告的信息类别进行分类，刊登在报纸相对固定的版面位置上，比如在报纸的中缝处常会看到招聘信息、租赁信息等。当这种广告形式在网页中发布，就是互联网分类广告。

网上的分类广告，一般表现的形式是短小的广告信息集纳，多出现在门户网站和专门的分类网站。用户往往出于购买需求，才会翻看查阅广告信息，分类广告既方便了用户集中浏览对比产品信息，又为广告主有针对性地投放广告提供了平台，相对节省了广告成本。随着大数据时代的到来，目前分类网站，特别是电子商务网站，还会依据不同用户检索商品的习惯，推送不同的广告内容，以方便用户参考比较，进而购买。

1.2.3 按广告的计费形式分类

前面讲了许多互联网广告的形式，对于网络上发布广告如何收费，我们也应该有所认知。互联网广告的计费方式一般分为按点击次数、按显示次数、按达成效果三种方式。CPC是按照点击次数来计算广告费，CPM是按照显示次数来计算广告费，CPA/CPL/CPS这三种通常我们称为按达成诉求（纯效果）计算广告费。

1. 按点击次数付费广告

按点击次数付费广告，我们称为CPC广告（Cost Per Click），它的意思就是按每次点击付费，是互联网广告中最常见的一种形式。当用户点击某个网站上的广告后，广告主就会支付给这个网站一定报酬。谷歌公司推出的Google AdSense 互联网广告服务，采用的就是这种方式。但是，也有经营广告的网站主觉得这种方式不公平，有时浏览者并不点击广告，但他其实已经看到了广告内容，广告有效地传达了，网站主却拿不到广告费。

2. 按显示次数付费广告

按显示次数付费广告，我们称为CPM广告（Cost Per Mille），它的意思是按照有多少人次看到广告条来计算广告费。这种广告已经成为最普遍采用的网络广告收费方式，它弥补了CPC广告所提及的不公平。比如一个Banner广告是1元/CPM的话，如果有10，000人次访问所刊登的网页，网站主就收入10元广告费。每CPM收费的国际惯例一般为5美元至200美元之间。

3. 按达成效果付费广告

按达成效果付费的广告又分为CPL（Cost Per Leads）、CPS（Cost Per Sales）、CPA（Cost Per Action）三种。

CPL广告指以搜集到的潜在用户信息的多少来计算广告刊登费用。比如交友网站投放在其他网站的链接，只有受众不仅点击链接进入交友网站，还要成功完成注册后，交友网站才会给提供链接的网站支付费用。

CPS广告指以实际销售的产品数量来计算广告刊登的费用。比如在电子商务网站，刊登出的商品信息，不仅要被受众点击，还要实际达成交易，广告主才会根据交易次数支付给网站佣金。

CPA广告指按每行动成本计算广告刊登付费。这个行动可能是有效的注册、有效的订单、填写了问卷，总之达成了广告宣传的效果，即计入付费点。

除以上提及的网络广告付费方式外，近年来，我国还出现了“包月制”的广告付费方式，简单易操作。随着网络的发展，相信还会有新的付费方式出现。总体来看，CPM广告和包月广告对网站有利，而CPC、CPL、CPS、CPA等广告则对广告主有利。

1.3 互联网广告的现状与发展

1.3.1 互联网广告的现状

互联网的发展为网络广告的发展提供基础和条件，随着Web 2.0时代的来临，我们网络广告从2007年进入迅猛发展阶段，到目前，互联网广告已经走入成熟期。下面我们来梳理下互联网广告的现状。

1. 互联网广告数量激增

2014上半年中国广告市场（含户外视频媒体和互联网）增长4.1%。其中，传统广告市场仅增长0.9%，增速放缓。户外视频媒体、互联网对市场整体的拉动作用更明显，与传统广告媒介相比，互联网广告受到更多广告主的欢迎，以2014年上半年的统计数据来看（表1-1），互联网广告势头良好，持续增长39.5%。[①]

2014年上半年中国各媒介广告花费

表1-1

中国广告花费2014年上半年	
媒体	同比增幅%
电视	1.9
报纸	-13.2
杂志	-7.6
电台	13.1
传统户外	7.5
商务楼宇视频	12.1
影院视频	57.1
交通类视频	6.3
互联网	39.5

2014年，网络广告市场规模达到1540亿元，根据数据，在新的划分口径下，中国网络广告市场中占比最大的为搜索关键字广告（不含联盟），达到28.5%，较2013年上升2个百分点。份额排名第二的广告形式为电商广告，占比为26.0%，较去年小幅下降。品牌图形广告份额位居第三，占比为21.2%。[②]品牌广

① 报告大厅. 2014年我国广告行业统计数据分析［EB/OL］.（2014-10-24）［2016 -10-15］. http://www.chinabgao.com/k/guanggao/13409.html

② 中国网络广告行业发展回顾与市场前景预测报告（2017-2020年）［EB/OL］.［2016-10-15］. http://www.cir.cn/R_QiTaHangYe/80/WangLuoGuangGaoFaZhanQuShiYuCeFenXi.html

告主对网络市场的看好和广告预算向数字媒体倾斜，进一步推动了互联网广告规模达到新的高度。

2. 互联网广告优势明显

相对于传统的报纸、广播、电视广告而言，互联网广告具有明显的优势。随着网速的提升，互联网广告可以接受各种媒介形式的载体，不仅继承了传统媒体的优点，还依托网络平台的特殊性，具有了不可替代的传播优势。网络上发布广告信息，相对灵活快捷，不受出版和播出档期的限制，并且对于受众，接触到广告信息不受时间和空间限制。加之网络具有的互动特性，近年来充分应用到广告宣传中，使广告的传达更加具象。随着互联网的日趋普及，网民数量的不断攀升，年轻人日益成为社会的消费主体，让互联网广告在大的社会经济环境中，更加突显出自身的价值和对广告主的吸引力。

3. 互联网广告整合营销

互联网营销是指以互联网为手段，达到销售产品或服务的目的。广告的发布其实只是营销的一部分，而在互联网环境下，广告与其他营销手段的界限越来越模糊，在实际操作中，公关、终端营销等营销手段也逐渐整合进互联网广告中，用户可以很方便地通过广告信息，到达购买平台，并完成交易。电子商务的快速发展，对网络广告与网络营销的整合，也起到了促进作用。越来越多的广告主会注重产品销售渠道和市场信息的整合，并且会为促进自己的产品销售寻求更为稳定的交易平台。移动互联网的发展与微商的诞生，更进一步达成了互联网广告与营销的整合，广告主可通过个人网上平台，既发布了产品信息，又进行产品销售的一系列服务。“互联网+”时代的特点就是融合，这个时代特色下，越来越多的企业已经将互联网广告、公关、终端营销合而为一。

1.3.2 互联网广告的发展

1. 广告形式多样化

我们在前一节中，已经从广告表现、广告发布、广告计费三个方面进行分析，并罗列了目前互联网广告的十多种形式。从互联网发展趋势来看，随着网络技术的不断提高，随着广告主涉及的行业领域多元化，随着网民个性化需要的扩张，互联网广告的形式还会进一步多样化，产生更新颖的、更能满足用户需求的形式。也会依据不同的广告主或者网站主，有不同的更契合他们需求的形式。个性化、多样化、多元化，是社会发展的大趋势，广告自然也要迎合这个趋势。

例如近两年，我们发现定向推送广告在网上已经初见端倪。打开网页时，弹出的商品广告窗口，会根据不同用户平时的浏览习惯，进行有倾向性的商品信息推送。常用的手机微信圈，有时也会收到产品推广广告，而广告内容也是利用大数据技术，分析了用户的检索习惯和消费习惯后，在圈定的可能目标用户中进行推送。这种定向推送广告，依赖于安装在我们电脑或者手机中的专业跟踪管理软件进行数据挖掘统计，既满足了广告主对广告投放高指向性的需求，又满足了用户个性化订制的需求，广告市场前景会非常看好。

2. 运作模式创新化

我们看到，互联网广告的动作模式也在随着网络的发展和4G时代的到来而变化着，广告与营销融合，新媒体与传统媒体整合，是目前广告宣传策划的大趋势。如何有效地利用多种媒介，利用互联网优势，达成广告目标？作为广告主尤其要解决的是运作模式的创新化，它包括产品创新、宣传推广创新与用户沟通创新三方面。未来的广告宣传，新的动作模式会层出不穷，套用一句口号“只有想不到的，没有做不到的。”在广告策划中，思维的创新是最重要的。

2016年春节，很多网友都参加了一个活动“支付宝集福字”，支付宝出资2亿元奖励集齐5个不同的福字的用户，奖励方式是所有集齐福字的人平分2亿元。每个支付宝用户加10个好友就可以得到3个福字，而另两个福字就需要好友送来，或者春晚时参加“咻一咻”活动抽中福字卡。这个活动的运作模式十分新颖，广告效果也相当显著，一方面，用2亿元扩大了支付宝的用户数量，并且让更多人了解到支付宝除了金融功能外还有社交功能，对微信构成了有力的冲击。另一方面，支付宝与春晚携手达到双赢效果，春晚不仅得到支付宝的赞助费，还因为有一批等待“咻一咻”的观众而提升了收视率，支付宝则通过主持人反复提醒大家参加“咻一咻”抽奖而提升了知名度。活动的结果是，共有79万人集齐五福，每人得到271.66元红包。虽然有太多的人空忙碌一场，但面对这个大红包，如果今后支付宝还有类似活动，会有更多人跃跃欲试。

3. 市场管理有序化

在未来的网络市场中，互联网广告将依托网络技术的发展发挥出更大优势，政府职能部门对互联网的资金投入和管理力度会越来越大，互联网广告市场的管理也会趋于规范和有序。互联网广告市场管理的有序化将从两个方面体现，一是网络技术的发展，会帮助广告市场自身优化，进而有序；二是政府部门法律法规的完善，会更有力地监督管理互联网广告市场。

近年来大数据技术的出现，使得网络用户在互联网上的行为近乎是公开透明状态，网站通过特定软件，可以对互联网广告的受众人群做出准确统计和分析，一条广告信息的访客数量及停留时长，访客的时间与地域分布情况，每个网民的阅读偏好和上网习惯，这些信息会帮助广告主一方面选择技术先进的大网站投放广告，另一方面针对用户需求有的放矢地推送广告，广告主获得效益最大化的同时，网络市场自身也得以优化。2009年国家工商局颁布了一系列电子商务网站的管理规则，2015年9月1日，新的《广告法》开始实行，广告条例中尤其加大了对互联网广告的管理力度，相信随着国家对互联网行为规范的约束和治理，互联网广告市场也会趋向稳定有序。

本章习题

1. 互联网广告的定义是什么。

2. 互联网广告有哪些形式，举5个实际应用的例子。

3. 查找并介绍一个网络广告的成功案例。

4. 谈谈你对互联网广告发展前景的看法。

第2章

互联网广告设计基础

2.1　互联网广告设计原则

2.2　互联网广告设计要素

2.3　用户体验设计

2.4　互联网广告设计趋势

随着互联网的诞生，成为第四大广告形式的互联网广告应运而生，互联网广告是指以数字代码为载体，采用先进的电子多媒体技术设计制作，通过互联网广泛传播，具有良好交互功能的广告形式。从技术方面来说，互联网广告主要具有数字化、多媒体和超文本的特征，而从传播方面来说，互联网广告具有互动性强、形式多样、内容丰富、覆盖面广和针对性强等特征。相较于传统的广告设计，互联网广告设计融合了互联网技术的特点，强调了互动性、娱乐性，帮助企业实现了精准营销，其具备的优势是其他类别媒体所不能比拟的。互联网背景下成长起来的互联网广告设计，满足了当代消费群体对广告信息接收主动权的要求，体现了以人为本的设计理念，适应了时代的发展。

2.1 互联网广告设计原则

2.1.1 受众分析精准

任何互联网广告设计的目的都是为了促使受众消费，要明确广告在这个网站中“给谁看”、“看什么”、“如何看”，明确该网站的网民类型，找到适合本广告的受众人群。并要根据受众人群的性别、年龄、文化程度、收入水平等客观的因素，进行适合消费人群审美能力的视觉语言设计。

2.1.2 整体风格统一

任何一种媒体形式的广告都要有明确的主题定位，互联网广告也不例外，所以在互联网广告的视觉语言设计的过程中我们必须要有明确的主题。根据明确定位的受众人群的区别，充分地考虑到他们的心理需求，明确设计意图，注重设计风格和视觉冲击力，突出设计主题。在视觉设计方面，字体的选择、色彩的运用、整体的版式构成也要与主题相契合，达到视觉风格的统一（图2-1）。

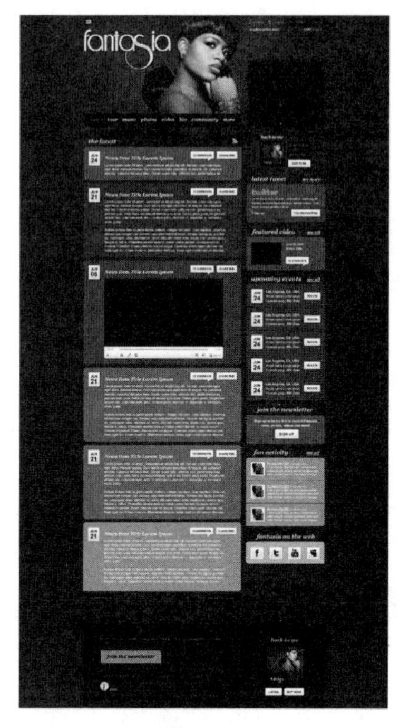

图2-1 整体风格统一的视觉设计

2.1.3 信息传达高效

有效地传递信息，是广告存在的基础。伴随经济全球化发展趋势，设计师需要寻求一种更直观、更高效的信息传递方式。整合后的信息体现出完整的规划和设计，既能体现语言载体的精准性，又能强调高效的传递价值，这是设计师希望达到的理想状态。

2.1.4 信息设计跨学科整合

互联网广告设计中会大量用到信息设计。信息设计是人们对信息进行处理的技巧和实践，通过信息设计可以提高人们应用信息的效能。信息设计是一个既能体现感性思维又富含理性思考的学科，它产生于平面设计与统计学的融合。信息设计需要学科与学科之间的穿插交流，是一种限于特定媒介的新兴设计科学。信息设计是摒弃多余概念，化繁为简的技术方法，具有高度概括性、总结性。通过对心理学、计算机科学、图形学、人机交互学以及视觉设计等多种学科的深入研究，实现了用户界面由科学性研究向实际运用方向上的转变（图2-2）。

图2-2　信息设计具有高度概括性

2.1.5　设计改进循环性原则

从本质上来讲，互联网广告系统应是一个商家与消费者通过现代互联网信息技术进行持续沟通、交流的结构化过程，其收效将会不断地传输给广告设计者，继而指导广告设计者进行持续的改进和完善并体现在互联网广告设计中，是商家与消费者再次选择时考量的重要因素。因此，互联网广告设计应是一个设计到改进、改进到设计不断循环的过程，要注重遵循设计改进循环的原则。互联网广告设计中坚持设计改进循环原则正是符合了以用户体验为中心的设计理念，既满足了广告受众的不同需求，又提高并升华了互联网广告信息传播效果，凸显了广告设计互动性的特点。

2.2　互联网广告设计要素

2.2.1　功能设计

做设计之前，设计师首先需要了解客户的需求和用户的需求，譬如建设网站的目的、栏目规划以及每个栏目的表现形式和功能要求、用户性别喜好、页面类型、旧版网址、偏好网址、页面主体色调、行业和客户要求、是否要着重表现某些功能模块、是否分期建设、后期的兼容性是否良好、是否提供现有文件素材文件，等等。当设计师把这些内容都了解清楚的时候，在头脑中就已经对这个网站有了全面而形象的定位，再经过与客户不断地交流达成设计意向，详见第3章的设计案例分析。

2.2.2　视觉传达设计

视觉传达设计是通过可视形式传播特定事物的主动行为，主要依赖视觉，通过标志、排版、插画、色彩等形式进行二维空间的影像表达，从而将信息传达给受众。在互联网广告的视觉传达中，运用视觉语言，像语言的编排方式传达信息一样，根据一定的原则搭配组合。视觉语言作为互联网广告传播过程中一个非常重要的元素，由基本视觉要素和视觉设计基本原则两部分构成，是一套具有传达意义的符号系统。基本视觉要素包括色彩、文字、图形、图表，这是构成一幅完整的具有视觉传达意义的广告作品的基础（图2-3）。

视觉元素设计的基本规则包括明确定位、主题突出、形式与内容统一。在互联网广告的视觉语言设计中，设计者必须有效地利用互联网载体的特性，将广告的视觉语言做到内容与形式的统一，有效地传播广告信息。

1. 文字设计

在互联网广告设计中，文字作为配合色彩和图形来说是对广告设计进行完善补充，是非常普遍的一种文字设计类型，这种类型的文字主要注意的是文字的编排、组合。包括文字的字体、文字的位置、文字的大小、还有文字的色彩搭配，这些都是值得注意的。文字本身不具有图形的表现形式，经过一定的创意处理手法将文字与图形结合，进行一定的字体设计，作为网络广告的主体内容表现出来。不同字体能给人不一样的感受，这是因为文字的笔画韵律决定了一个文字的个性。在选择字体时要考虑广告所传播的企业形象、产品信息、服务理念，挑选的字体必须与主题有着完美的匹配性。在互联网广告中，一些特殊的字体会为产品增色不少，例如带有爆炸效果的广告字体、POP字体的招贴、海报，都可以传递给人们商品的特质，从而激发人们对该类产品的购买欲望。

除了需要单独设计的标题性字体，多文字一般说来有三种设计方法。一，分栏组成文字块，这是最常用的设计方法（图2-4）。二，自由排列的文字块，这种方法需要有文字（图2-5）。还有一种就是与图形紧密围绕的排列方式（图2-6）。具体用哪种方法还要根据需要灵活运用，法无定法。特别是网页上的版式设计，以快速读图为主，文字切忌冗长。

2. 图形（图表）设计

“人类记录历史和表征世界的方式有两

图2-3　基本视觉要素包括色彩、文字、图形、图表

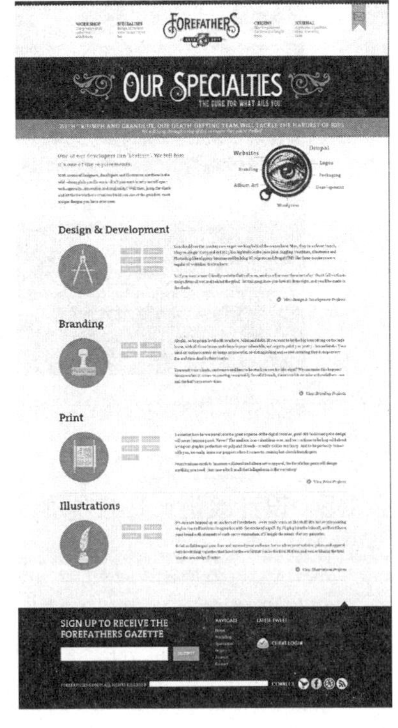

图2-4　分栏组成文字块

图2-5　自由排列的文字块

图2-6　与图形紧密围绕

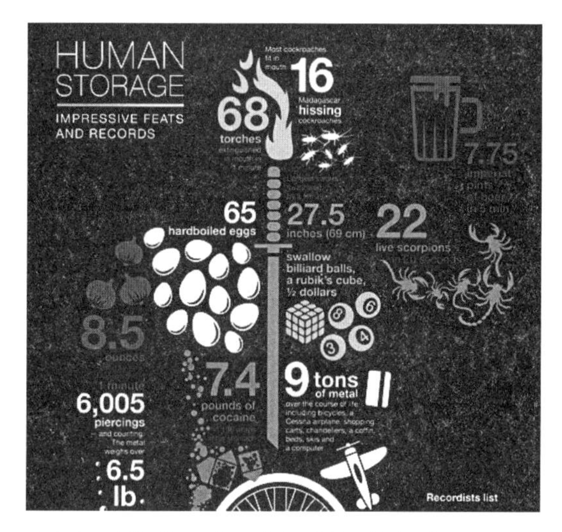

图2-7　图形是一种直观生动的形象语言1

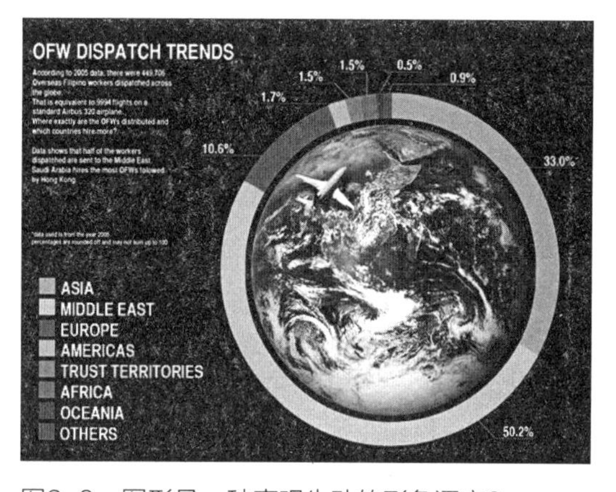

图2-8　图形是一种直观生动的形象语言2

种：一种是以语文（语言、文字等）为主要载体的线性、历时、逻辑的记录方式；另一种是以图像（图形、影像、结构性编码等）为主要载体的面性、共时、感性的描绘方式。”①

图形设计承载着视觉语言设计的重要责任，在互联网广告设计中我们可以把图形理解为图片和影像的综合体，包含着形和象。在图形的设计过程中，设计者将信息通过设计也就是编码转化成一种可视信号，即图形，通过一定的媒介呈现在受众面前，受众看到这个信号，再通过受众对这一信号的理解进行解码，还原成可以识别的信息。图形是一种直观生动的形象语言，丰富的造型手段相对于文字对受众更具吸引力，这一点在资讯盛行的今天显得尤为重要（图2-7～图2-10）。

① 朱永明．视觉语言探析：符号化的图像形态与意义．［M］.南京：南京大学出版社，2012.

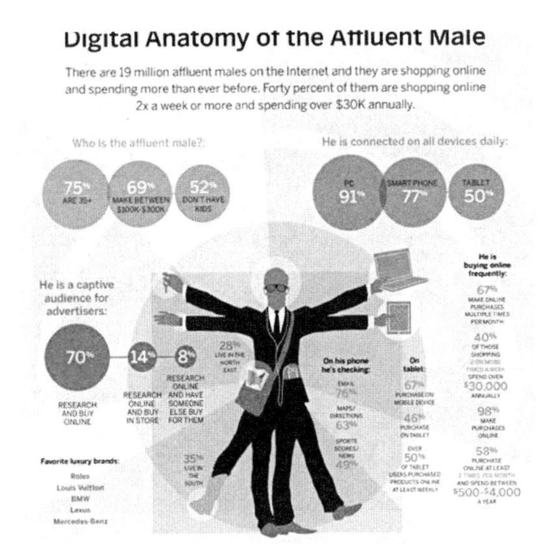

图2-9　图形是一种直观生动的形象语言3

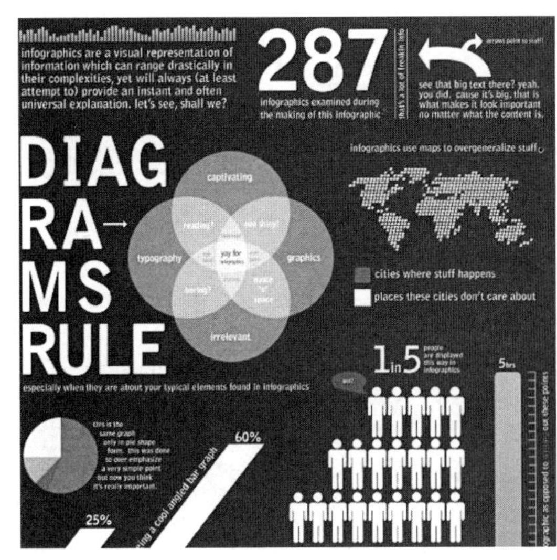

图2-10　图形是一种直观生动的形象语言4

3. 色彩设计

色彩设计理论是互联网广告色彩设计的理论指导。色彩的三属性是认识色彩的理论工具，数字色彩空间是色彩设计的实战工具。色彩对客观实物再现的认识作用是互联网广告信息传达的重要工具，色彩有营造艺术美感的重要作用，在互联网广告中色彩设计直接影响整个广告的美观和感染力，色彩承载信息与诉诸情感的科学作用成为抽象信息传播的桥梁。

美国广告艺术家托马斯·比·斯坦利曾提出了七个理由来解释为什么在广告中运用色彩：一是能够吸引人们对广告的注意力；二是能够完全忠实地反映广告中的事物和场景；三是能够强调产品或宣传内容的特定部分；四是能表明销售魅力中的抽象质量；五是能够使广告在第一眼就给人以良好的形象；六是能够为产品、服务项目或广告主树立形象；七是能够在人们记忆里留下更深刻的视觉印象。

所以在互联网广告设计中色彩已经不再仅仅是单一的情感形式，它是具有象征性意义的观念产物。是要通过色彩向受众传达广告的信息内容，而不是色彩的本身。利用互联网的独特性更强地发挥色彩的心理和生理功能在互联网广告中的应用，更好地传达互联网广告的信息。通常互联网广告设计中色彩着重渲染的是广告画面主体图形或图像，背景颜色、文字颜色作为辅色。

主色调的选择通常与项目的核心内容有关。比如红顶商人的设计项目，以红、黑作为主色。自古读书人“三更灯火五更鸡”，为的是有朝一日身披蟒袍，头戴红顶。而红与黑又是色彩运用中对比强烈而简洁的色彩搭配方案。在下面这个红顶商人的网页色彩搭配中，以红色为主体，大面积使用，以黑、白、灰为辅助色，同时降低红色的饱和度，以缓和其视觉上的强刺激性，达到良好的视觉效果（图2-11～图2-14）。

除了纯净的色彩外，复古色、霓虹色、荧光色这是三种被扁平化设计逐渐开发运用的三种自带“质感”的色调、色彩搭配或者色彩类型，这也是互联网广告色彩设计中的新生力量。

复古色：既是一种色调，也是一种色彩搭配，以表现出复古质感的效果为目的。由几种降低色彩饱和度，并适当融入红色与黄色的颜色相互搭配而实现。

霓虹色：主要是高饱和度的彩虹色（红黄蓝绿青蓝紫）及其衍生颜色等鲜艳的色彩的淡色或是几种的搭配，具有活泼的视觉感，但不刺眼。主要配合一定的透明度作为互联网背景色或者是遮罩。

荧光色：在原有的基础上提高色彩的亮度，以粉、黄、绿、青、紫及其中间色为主，但因为扁平化设计“设计为功能让步”的宗旨，很少使用高饱和度的荧光色，通常以淡色配合提升亮度为主，以产生一种淡雅的像纸一样荧光但不刺眼的质感。

无论在艺术设计的哪个领域色彩设计都是至关重要的，色彩决定着界面的基调，定义了主题的风格，也影响着人们的情绪。以下几个方面，是设计者应注意的地方：

（1）设计色调的饱和度与协调性。针对软件类型以及用户工作环境选择恰当色调，比方说安全软件，绿色体现环保，如360安全卫士。紫色代表浪漫，通常用于时尚产品或奢侈品或承载一种唯美的生活方式。蓝色表现新技术的发展与节能环保。灰色系会使视觉更舒服。灰色背景配搭单纯的荧光色，带来的视觉感受是时尚、简约，充满设计感（图2-15～图2-18）。

（2）标准界面的选择。标准界面的采用，主要是用于没有自己系列界面的情况中，可

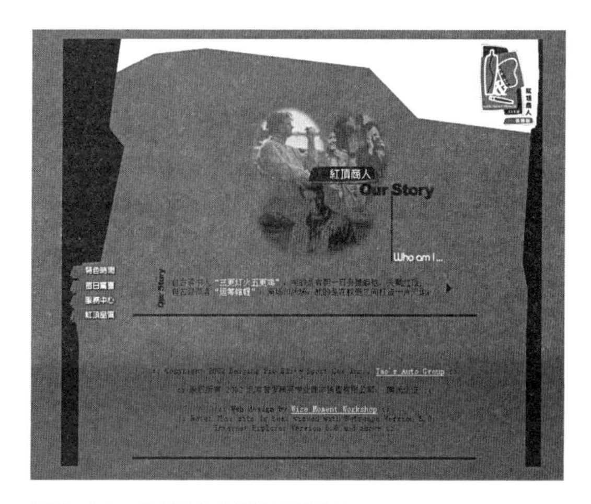

图2-11　红顶商人设计项目1

图2-12　红顶商人设计项目2

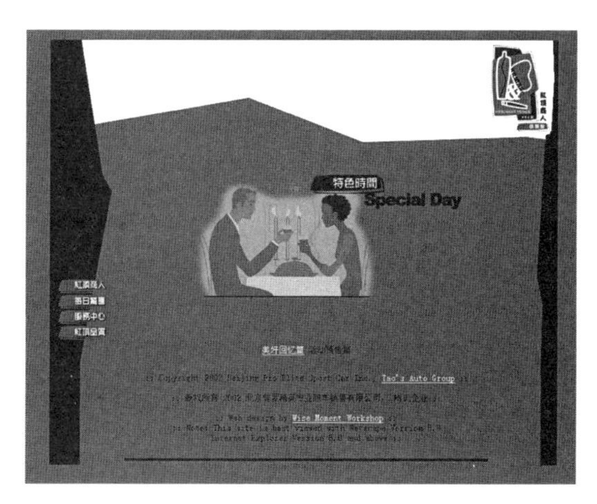

图2-13　红顶商人设计项目3

图2-14　红顶商人设计项目4

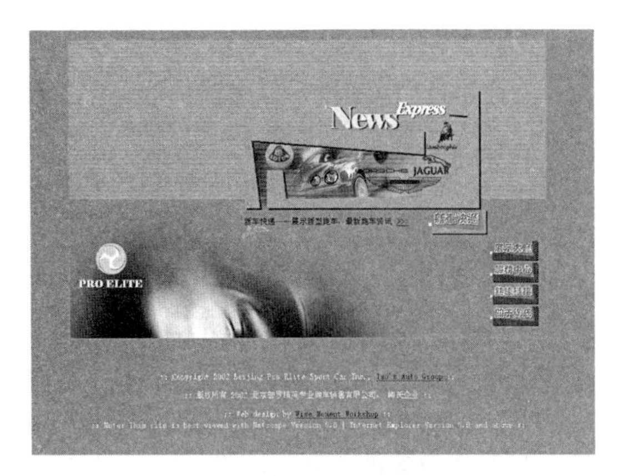

图2-15　灰背景与荧光色的搭配方案1

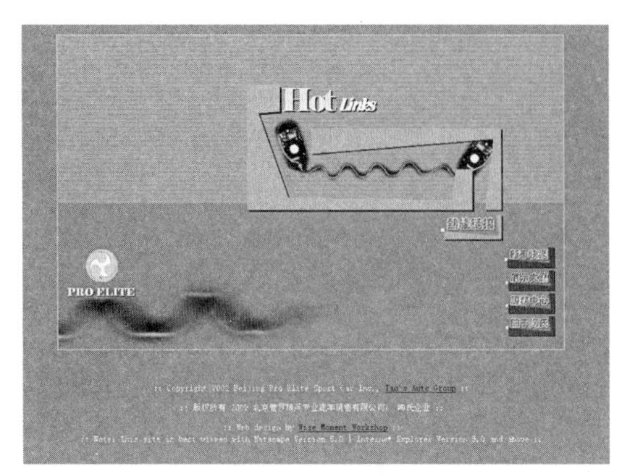

图2-16　红灰背景与荧光色的搭配方案2

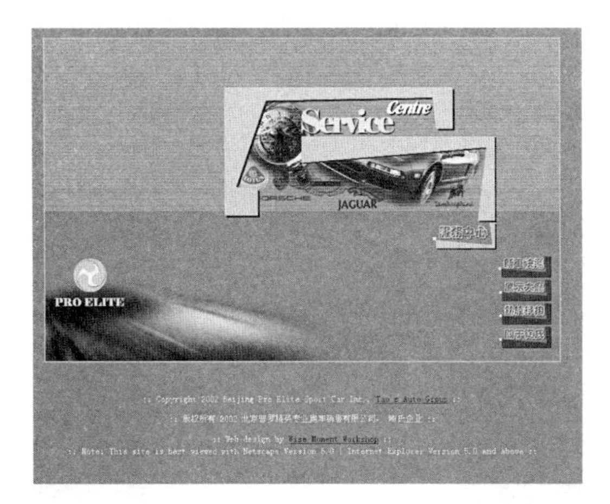

图2-17　灰背景与荧光色的搭配方案3

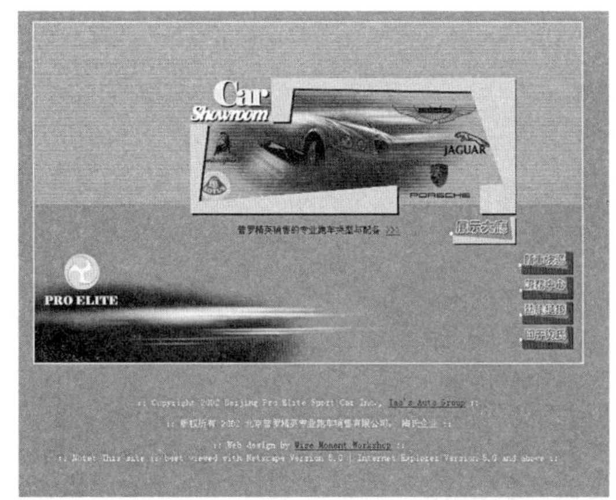

图2-18　红灰背景与荧光色的搭配方案4

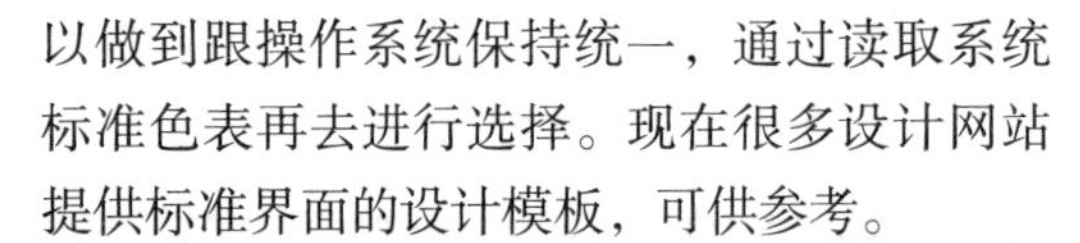

以做到跟操作系统保持统一，通过读取系统标准色表再去进行选择。现在很多设计网站提供标准界面的设计模板，可供参考。

（3）照顾到特殊用户。进行设计的时候，不要忽视了色盲、色弱群体。所以在界面设计的时候，即使使用了特殊颜色表示重点或者特别的东西，也应该使用特殊指示符、着重号以及图标等。

（4）颜色方案的测试。颜色方案的测试是必须的，因为显示器、显卡的问题，色彩的表现在每台机器中都不一样，所以应该经过严格测试，通过不同机器去进行颜色测试。

（5）遵循色彩设计原则。对比原则很简单，就是浅色背景使用深色文字，深色背景上使用浅色文字。比方蓝色文字以白色背景容易识别，在红色背景则不易分辨，原因是红色和蓝色没有足够反差，但蓝色和白色反差很大（图2-19）。

（6）色相的种类。整个界面的色彩尽量少使用类别不同的颜色，以免眼花缭乱，反而让整个界面出现混杂感，界面需要保持协调统一，色彩设计有句经典原则“大协调，小对比”几乎适用所有初学者，但色彩的运用也是法无定法，根据实际项目的特殊性可以大胆突破。

最近的用户界面设计风格趋势开始流行淡雅的低饱和度颜色（图2-20、图2-21）。

低饱和度（高级灰）的配色一直在被设

图2-19　蓝色背景下的白字更容易识别

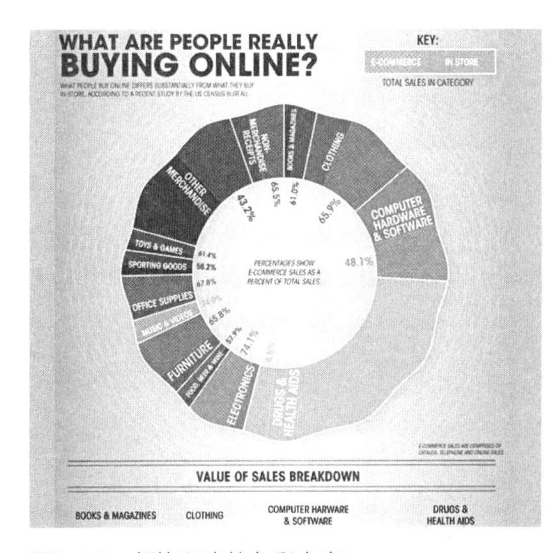

图2-20　低饱和度的色彩方案1

图2-21　低饱和度的色彩方案2

计师们所使用，从设计师的角度来看，每种配色方案都有各自的优势技术。随着屏幕显示技术的提升，色彩显示质量基本得到保证，能够相差无几地显示设计师的色彩方案，并且大部分的用户更新了设备屏幕，设计师敢于使用之前显示有偏差的高级灰。对于用户而言，由于技术的解放，使得用户看到了这种配色，以为刚刚流行起来。

4. 版式设计

版式设计就是将文字、图形（图表）、色彩等视觉基本元素进行有效的设计整合，使图文关系更加优化，是视觉传达的重要手段。表面上看，它是一种关于编排的学问，实际上，它不仅是一种技能，更实现了技术与艺术的高度统一。互联网广告的版面设计应遵循人的视觉浏览习惯。人们看一则广告通常从中间看起，然后向四周扩散，有时也习惯性地遵循先左后右、先上后下的浏览原则。所以，设计者要注意这些原则，把握布局比例，这样才能获得协调的效果，使版面和谐、统一。

近几年，在排版方面扁平化风格日益凸显其简洁、高效的优势。扁平化设计可以说是完全继承了瑞士设计中网格化排版的排版方法，将设计对象网格化，并将每一模块的文字或者是图片规则的契合到界面预设的网格中实现排版（图2–22）。

扁平化的网格排版的特点在于，利用留白部分或者是非文字部分的对齐，实现视觉上的统一感，以更好地表现扁平化的视觉特点。原因在于：在颜色视觉上明度低的黑色或深蓝色是收敛的颜色，而明度高的白色或明黄色属于扩张的颜色，这使得在表现过程中黑色或深蓝色部分更容易在视觉上偏后，而白色或明黄色则会提前（图2–23）。这个原理也同样可以应用于界面设计中模块排版时，如何决定不同信息量的模块，哪一些才是决定视觉感受的主要部分。黑色相对于白色对应的则是信息量较多的模块部分相对于小信

图2-22　扁平化、模块化的版式设计风格

图2-23　深色部分在视觉上偏后，白色反之

息量模块（例如文字相对于图片，复杂图片相对于单色色块，高饱和度图片相对于低饱和带有透明度的图片，等等）。所以在扁平化设计的排版中，通常以“留白”部分的规则排版，决定了整体的效果方向和视觉感受。当页面中灰色的元素被适当组合，让留白的部分平均，空间上就会平衡，视觉感受整齐。

2.3　用户体验设计

用户体验设计（User Experience Design），是以用户为中心的一种设计手段，以用户需求为目标而进行的设计，基于用户群可用性，综合了视觉、布局、交互和动作设计的综合设计方法。其目的就是保证1．对用户体验有正确的预估；2．认识用户的真实期望和目的；3．在功能核心还能够以低廉成本加以修改的时候对设计进行修正；4．保证功能核心同人机界面之间的协调工作，减少Bug。用户体验对于网站界面设计的效果反映到企业的层面，就是投资回报率。良好的用户体验设计能够有效地降低开发网站的费用，“一旦系统进入开发阶段，改正一个问题的成本比在设计阶段改正相同的问题要高10倍以上。一旦系统到了发布阶段，改正这个问题的成本比设计阶段改正相同的问题高100倍”，美国硅谷动力设计研究所高级用户体验设计师，管理合伙人乔·普雷斯顿如是说。

易用性这个词在软件开发过程中表现为这样一种方式，即把用户而非系统置于开发过程的中心。这种“以用户为中心进行设计”的概念，是指从设计过程的开始就把用户所关注的东西包含于其中，并规定用户应该是任何设计决定中最重要的因素。这种“以用户为中心进行设计”的方式最显著的方面便是易用性测试。在易用性测试中，用户对产品界面进行交互式的测试，并与开发、设计人员等交流他们的观点和在使用过程中所关注的问题。

用户体验是网页设计中非常注重的一点，一般较为实用的网页都是用户体验比较好的，这种类型的网页的转化率都比较高。现如今用户体验的研究更多的是作为一门单独的学科出现。所以在进行互联网广告设计的时候，需要在注重视觉设计的同时对用户进行分析，了解公司、产品和业务流程，不能单单为设计而设计。

2.4　互联网广告设计趋势

2.4.1　可用性设计

2016年，设计的大方向将继续向用户倾斜。用户体验在整个设计中的权重将继续加大。如果不能专注地做好用户体验设计，是无法持久地吸引用户的。无论是谷歌在算法上的变更，还是用户行为数据的变迁，都指向同一个方向：网站必须加载得更快，也必须更加易用。对于电商网站而言，加载速度的影响会更为明显，因为加载速度每延迟一秒，就意味着27%的销量流失掉了。其他的网站也类似，只不过产生的影响不尽相同。

2.4.2　模块和模块化文本

没人会喜欢翻看冗长的文章，在网页上，最好的呈现方式是提供一份简短版本的导语，然后设计前来救场：提供一套模块化的布局方案。模块化设计之下，每个部分都会划分成为独立的区块，便于操作。这样的设计并不会显得单调，相反，它更加清晰，将内容以更让人感兴趣、更适宜于探索的方式呈现出来。就像读杂志一样，用户的实现会从一个内容区块跳转到另外一个区块，从一种类型跳转到另外一种类型。可以快速地分类浏览和选择性阅读使模块化提供的便捷与高效（图2–24、图2–25）。

2.4.3　信息可视化

信息可视化（Information Visualization）是一个跨学科领域，旨在研究大规模非数值型信息资源的视觉呈现。通过利用图形图像方面的技术与方法，帮助人们理解和分析数据。与科学可视化相比，信息可视化则侧重于抽象数据集，信息图是近年来每年都在增长的一种设计手法。

信息图以更加视觉化的方式呈现出信息和数据，让用户更容易接受。信息图的火热除了本身的优势之外，造成它流行的原因很大程度上源自于社交网络、SEO和内容营销的大量需求。2016年，信息可视化技术进一步发展，信息图的模板更加多样绚丽，更多有趣的扁平风插画和艺术化的表达，信息可视化和大数据进行更紧密的结合。图形界面的逐步进步更好地促进了计算机技术的普及，最终拓宽了互联网交流畅通性。信息可视化也为互联网广告的创意与设计提供了信息表达的更多可能性（图2–26、图2–27）。

2.4.4　拟物化设计

对于当今信息产品，不再是通过传统的可感知方式来呈现其产品功能，而是以一种无形的程序。拟物化设计的本质是通过建立一种映射，把信息产品在虚拟环境中的某一

图2–24　模块化文本

图2–25　模块化文本

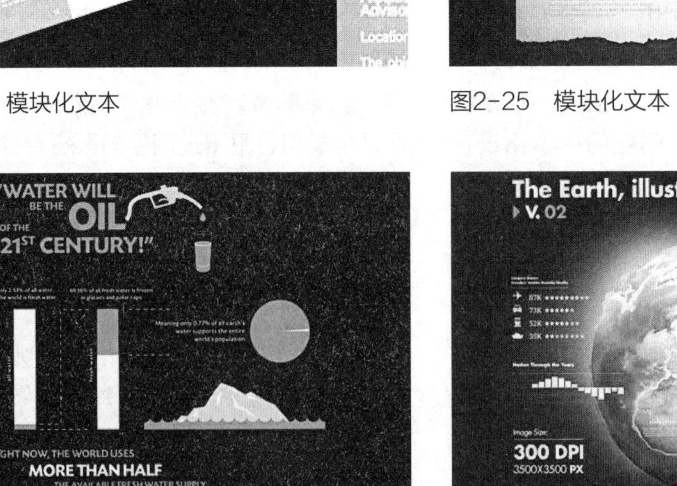

图2–26　信息可视化应用1

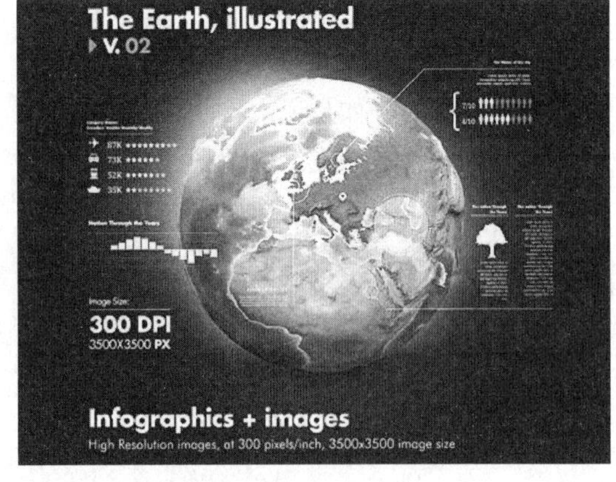

图2–27　信息可视化应用2

种特性，在现实世界中通过设计语言的归纳，在人的自身体验中以视觉或交互形式以表达，从而使更高的真实度及更细腻的情感体验融入产品体验本身当中，以更符合用户的使用心理。拟物设计可以轻易地产生强烈的视觉冲击感，令体验者仿佛置身于真实的环境中，是使用者更贴近、更了解设计者所表达的内容，以接受其所设定的信息，进一步认识产品，但是其并不能有效地提升交互的功能，人们不再需要通过这些视觉要素以了解一个图标或按键的用途，只是需要简化视觉上的认知信息干扰。

2.4.5 扁平化设计

扁平化概念的核心意义是：去除冗余、厚重和繁杂的装饰效果。而具体表现在去掉了多余的透视、纹理、渐变以及能做出3D效果的元素，这样可以让“信息”本身重新作为核心被凸显出来。同时在设计元素上，则强调了抽象、极简和符号化。扁平化的设计，在移动系统上不仅界面美观、简洁，而且还能达到降低功耗、延长待机时间和提高运算速度的效果。例如，Android 5.0就采用了扁平化的效果，因此被称为“最绚丽的安卓系统”。[①]随着ios 7系统的发布，ios7主打的扁平化设计进入了人们的视野，随之很快，UI设计进入了扁平化设计的时代。移动端、pad端、web端成为扁平化设计应用的主流领域，乃至印刷品等平面设计领域也受着其影响。扁平化设计是一种不使用任何能表现出三维效果的风格元素（投影，渐变，浮雕，纹理等），只选用简单的修饰元素，排版和字体，简单的颜色的用户界面设计风格。它能够使界面设计更加的流畅和有效，并能够在快速实现信息传达功能的同时保证较好的视觉体验。另外，扁平化设计能够使设计过程更加的简单，同时能够更加容易地实现响应式设计。扁平化对于简单元素的运用，能够使得页面的加载和相应更加快速，同时在高分辨率环境下也不会因为图片的像素而影响清晰度，因为扁平化设计对于矢量图形的使用要多于图片的使用（图2-28）。

扁平化设计的优势很明显，这些优势主要体现在用户体验上，他让网页更加轻量自由，降低负担，提升加载时间。扁平化设计和幽灵按钮等时下流行的设计元素可以很好

图2-28 扁平化设计风格的图标

① 扁平化设计_百度百科http://baike.baidu.com/item/%E6%89%81%E5%B9%B3%E5%8C%96%E8%AE%BE%E8%AE%A1

地配合起来，随着时间的沉淀，类似Material Design的轻量级阴影的加入到扁平化设计中，通常我们称之为扁平化2.0。扁平化是对界面设计中过度拟物、追求真实的一种颠覆，就像极少主义是华而不实的装饰风格的一种颠覆一样。从美学的层面来说，人们对某一风格视觉形态审美疲劳后也必然寻求于新鲜形式的视觉刺激，扁平化设计在短时间内迅速流行，是必然的，因为从本质上看，它不仅仅在视觉层面做了颠覆传统的改变，更是一种设计语言和思维方式的转变，适应了信息化时代大数据的背景。

然而在人们对于大量常规扁平化产生视觉疲劳的时候，设计师们便开始尝试在常规扁平化的基础下进行改良和试探。在这里，我们主要以icon的扁平化设计为示例载体，因为当前已知的所有扁平化的衍生方向都能够在icon设计上体现。首先是常规扁平化，最经典的扁平化模式，遵循上述扁平化的特点，去除特效、光影和纹理，简化物体后加以设计表现。曾经在ios 7推出后，得到广泛的效仿（图2-29）。其次是长投影的引入给扁平化的图标带来了深度，使得整体上具有了更多的质感，能够有效加深用户的视觉感受（图2-30）。再次是带有阴影的扁平化打破了常规扁平化单一层次、只通过色块区分所要表达事物不同部分的特点，在适当的层面添加简单的阴影，使得设计主体具有凹凸感，整体在视觉上更加的生动，降低了常规扁平化所带来的单一的视觉感受（图2-31）。最后是渐变扁平化，也是将原本常规扁平化所舍弃的一个效果——渐变，重新改良后进行应用的一种扁平化设计类型（图2-32）。

以扁平化的优势为主体，根据不同设计需求或用户需求，随时添加新的元素的模糊化设计风格，将能够更从容地适应未来电子设备界面设计领域的设计风格需求。我们可以称之为类扁平化，它就像一个性能良好的器械，根据不同工作的需求，改变它的外挂设备，以更好的完成作业。这种未来的类扁平化将不会拘泥于固定的特点与条条框框，在保证其“设计服务于功能，减少设计对视觉负担的增加和注意力的转移”的设计宗旨下，灵活将会是类扁平化这个未来最有可能的替代当前扁平化设计的风格关键词。

2.4.6 响应式设计

响应式设计并不是一种风格，而是扁平化设计的一个附加理念和技术手段，以使得扁平化设计更能适应多种设备环境进行调节，

图2-29 常规扁平化

图2-30 长投影扁平化

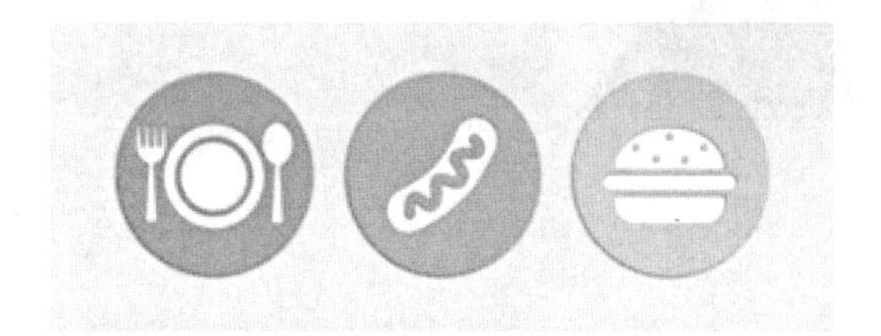

图2-31 带阴影扁平化

图2-32 渐变扁平化

同时增强使用感。其核心概念为：页面的设计与开发应当根据用户行为以及设备环境（系统平台、屏幕尺寸、屏幕定向等）进行相应的响应和调整。当然，不是说响应式设计只属于扁平化，只是目前来看，扁平化与响应式设计的搭配效果是绝佳的，同时恰好弥补扁平化设计相对于拟物化设计使用感相对冰冷的缺点。

移动端无疑已经是真正意义上的“第一屏”了。不同类型、不同尺寸的屏幕让设计师们面临的界面是真正意义上的“碎片化”的屏幕选项，所以响应式不得不为之。值得注意的是，如果网站用手机打开而无法正常浏览的话，通常意味着需要修改和调整了。在未来的UI设计中响应式是必需品，不存在某个尺寸或格式能够搞定所有问题，因此响应式设计大有可为。

2.4.7 交互设计

移动终端从传统目的性到人机交互性，主要关注的问题为人机界面中用户向计算机输入信息以及计算机对用户意图的理解，它主要以交互自然（使用户尽可能多地利用已有的日常技能与计算机交互，降低认识负荷）；交互高效性（使人机通信信息交换吞吐量更大、形式更丰富，发挥人机彼此不同的认知潜力）；吸取已有人机交互技术的成果，与传统的用户界面兼容，使老用户、专家用户的知识和技能得以利用，不被淘汰为要达到的目标。

与交互设计密不可分的是UI设计，也是下一章我们要讨论的重点。可以说，UI设计是为交互而生的，当用户使用产品的时候，能否得到最佳的用户体验也是UI设计当前面临的很重要的一个问题。设计师应该使用户在不思考的情况下得到最佳的操作体验，但是现在许多UI设计师，一味地追求新鲜的操作体验，而忽视了用户的潜意识影响。例如有些导航界面的箭头，设计者的本意是调整用户视角以方便导航，但对于使用者而言，地图的核心功能是导航，所以用户会下意识地通过旋转手机屏幕的方式确认方向而非通过点击屏幕上繁琐的方向箭头来调整功能。Iphone的解锁功能就是一个很好的情感交互体验。从左至右滑动滑块得到动作符合了用户单手操作的使用习惯，并且解锁时类似于“手枪上膛”的声音，从听觉上反馈给用户一种踏实感和满足感，从感情上远远地超出了用户的心理预期。

本章习题

1. 简述互联网广告设计原则。
2. 互联网广告设计的发展趋势？

第3章

网页UI设计

3.1　UI设计总论

3.2　网页UI设计

3.3　案例分析

3.1 UI设计总论

3.1.1 UI设计定义

UI即User Interface（用户界面）的简称，UI设计是指对软件的人机交互、操作逻辑和界面美观的整体设计。UI设计从字面上看是用户（User）与界面（Interface）两个部分组成，但更重要的是用户与界面之间的交互关系。优秀的UI设计不仅能让软件彰显个性和品位，还能让软件的操作变得舒适简单，用户操作更加自由流畅，充分体现软件的定位和特点。用户界面设计从字面上看是用户与界面两个组成部分，但实际上还包括用户与界面之间的交互关系，可分为三个方向，分别是：用户研究、界面设计和交互设计。软件界面设计就像工业产品中的工业造型设计一样，也是产品的重要卖点。一个电子产品拥有美观的界面会给人带来舒适的视觉享受，拉近人与商品的距离，是建立在科学性之上的艺术设计。检验一个界面的标准既不是某个项目开发组领导的意见也不是项目成员投票的结果，而是终端用户的感受。

3.1.2 UI设计师

做界面的美化工作者也随之被称之为"UI设计师"或"UI工程师"。UI设计师的职能大体包括三方面：

1. 图形设计师

中国是UI工作者占比最多的行业。也就是传统意义上"美工"的统称。然而，"美工"并非只是仅仅做一个界面的美化，而是在基于深入了解该软件产品后、主要工作目的是完善软件的用户体验的产品外形（界面图标等）设计师。近几年，"美工"这个词已经渐渐淡出人们的视野，其中美术院校毕业占很大比例，大部分是有美术设计的相关专业教育背景，艺术设计专业，工业设计专业，信息多媒体设计甚至也会有建筑室内设计专业的学生。

2. 交互设计师

他们与图形设计师并存，也是长期以来UI设计师，即交互设计师。交互设计师（Interaction Designer）的工作：设计软件的操作流程，操作逻辑与软件树状结构等。一个软件产品在后端编码之前很重要的步骤就是交互设计，并且确立交互模型与交互规范。

交互设计师中软件工程师占很大比例，或有视觉程序设计师转入的。交互设计，即设计软件的操作流程、树状结构、操作规范等。一个软件产品在编码之前需要做的就是交互设计，并且确立交互模型与交互规范，确保人机交互的流畅舒适。

3. 测试工程师

测试阶段，主要测试：产品质量，包括软件编码、自然UI设计。测试本事与编码关系很小，测试的主要目的是完善交互设计的合理性、图形设计的美观性。使用焦点小组作为测试方法，用问卷的形式调查目标用户心中如何衡量UI设计的合理性。该职位存在的意义是防止UI设计的好坏只凭设计师的经验或上级的审美来评判，给企业带来严重的风险性。

用户测试和研究，所谓的"测试"，其目标在于测试交互设计的合理性及图形设计的美观性，主要通过以目标用户问卷的形式判断UI设计是否合理。如果缺少这方面的测试和研究，UI设计的好坏只能凭借设计师的经验或者领导的审美来评判，这样就会给企业带来极大的风险。

3.1.3 UI设计原则

UI设计的设计原则应主要考虑如下方面

的内容，如简易性，用户语言、记忆负担最小化，一致性，清楚用户的熟悉程度，从用户习惯考虑、排列，安全性，灵活性，人性化等，设计时需要从用户的角度出发考虑得全面周到，在此不做赘述。

3.1.4 UI设计的常用工具

网页UI设计常用的工具包括PS、AI、FW、DW、FL等（图3-1）。

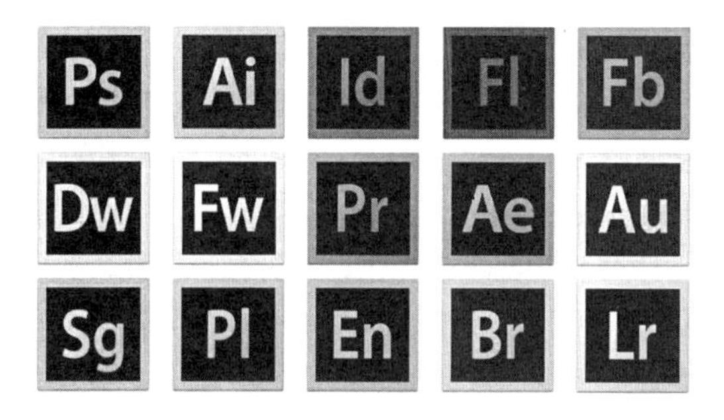

图3-1 网页UI常用设计工具

3.2 网页UI设计

网页UI设计需要UI设计师根据企业希望向用户传递的信息（例如企业文化、企业理念、产品信息、服务特色等），先进行网站功能策划，然后进行页面视觉设计美化的工作。作为企业对外宣传物的其中一种，能给用户带来舒适的视觉体验的网页UI设计，对于提升企业的互联网品牌形象和提高产品销量起着至关重要的作用。

其中视觉设计就像工业产品中的工业造型设计一样，是产品的重要卖点。一个友好美观的界面会给用户带来舒适的视觉享受，拉近用户与电脑的距离，从而为商家创造卖点。界面设计不是单纯的美术绘画，需要定位使用者、使用环境、使用方式并且为最终用户而设计，是纯粹的科学性的艺术设计。检验一个界面的标准不是美观性和企业的意见，而是最终用户的使用感受。所以界面设计和用户研究紧密结合，是一个不断为用户设计最终满意视觉效果的过程。

3.2.1 网页UI设计目标

网页UI设计的工作目标是在不改变既定功能的情况下，通过使用更合理的字体、图片、颜色、样式进行页面视觉设计的美化，在功能限定的情况下，尽可能给予用户完美的视觉体验。高级的网页UI设计甚至会考虑到通过声光交互等来实现更好的试听感受。

网页UI设计目标具体来说包括以下几个方面：

（1）业务逻辑清晰。能清楚地向用户传递信息，使用户能方便地寻找到自己想要查看的内容，获得想要获得的信息。

（2）用户体验良好。用户在视觉上能感到舒适、简单，操作上能感到自由流畅。

（3）页面设计精美。用户能从浏览页面的过程中得到美好的视觉体验，不会因为一些糟糕的设计而感到不适。

（4）建站目标明晰。网页很好地实现了企业建站的目标，向用户传递了某种信息或展示了企业文化、企业理念、产品信息、服务特色等信息。

3.2.2 网页UI设计思路

在目标明确的基础上，完成网站的构思创意即总体设计方案。对网站的整体风格和特色作出定位，为了做到主题鲜明突出，要点明确，应该使配色和图片围绕预定的主题；调动一切手段充分表现网站点的个性，向用户展示出网站的特点。充分利用已有信息，如客户手册、企业背景资料、公共关系文档、技术手册和同类型页面信息等。

整体设计思路如下：

（1）简洁实用：网络特殊环境下，减少对硬件的要求，尽量以最高效率的方式将用户所要想得到的信息传送给用户就是最好的，应当去掉所有冗余的东西。

（2）使用方便：满足用户的要求，网页设计的越实用，就越能显示出其功能美。

（3）整体性好：一个网站强调的是一个整体，只有围绕一个统一的目标所做的设计才是成功的。

（4）网站形象突出：一个符合美的标准的网页是能够使网站的形象得到最大限度的提升。

（5）页面用色协调和布局符合形式美的要求：布局有条理，充分利用美的形式，使网页富有可欣赏性，提高整体档次。

（6）交互式强：发挥网络的优势，进而引导每个用户都参与其中，这样的设计才能算成功的设计，这样的网页才算真正美的设计。

3.2.3 网页UI设计的流程

由于互联网的普及与发展，各大网站伴随着网络的发展而迅速兴起。网页作为用户上网的主要依托，由于人们使用网络的频繁而变得非常的重要。由于企业需要通过网站呈现企业文化、企业理念、产品信息、服务特色，或向大众提供某种功能服务，因此网页UI设计必须首先明确设计站点的目的和用户的需求，从而做出切实可行的设计方案。

网页UI设计大致需要经历以下几个阶段：

（1）根据用户的需求、市场的状况、企业自身的情况等进行综合分析，从而建立起营销模型。

（2）以业务目标为中心进行功能策划，制作出栏目结构关系图。

（3）以满足用户体验设计为目标，使用Axurerp或同类软件进行页面策划，制作出UE原型图（UE全称User Experience，UE图即页面功能图，图3-2）。

（4）以页面精美化设计为目标，使用PS、AI等软件，使用更合理的颜色、字体、图片、样式进行页面设计美化。

（5）根据需求方以及用户的反馈，进行页面设计调整，以尽量达到最优效果。

3.2.4 网页UI功能设计

从网络的发展状况来看，网页UI设计从无到有，从低级到高级，是基于技术的原因而受到客观限制。因为受传输带宽的限制，

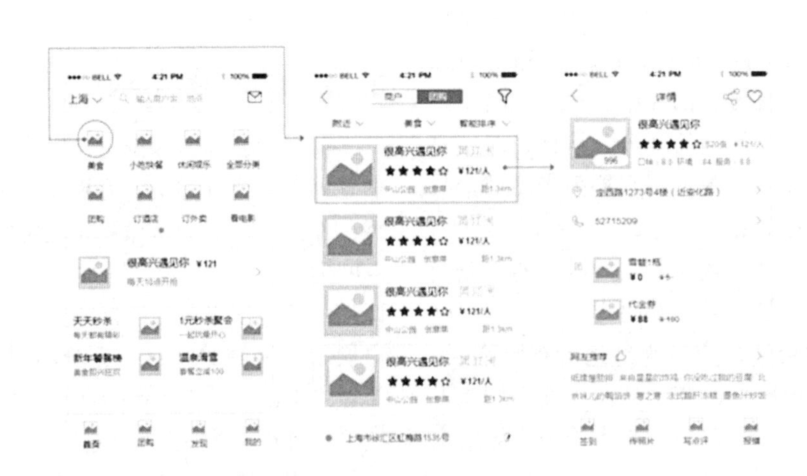

图3-2 页面功能图示例

早期的网页设计只有纯字母和数字，没有图片和声音，只能将占用空间很小的数字和字母来进行传输。

由此看来网页最初就是在功能性的基础之上发展起来的。到今天同样上网也离不开使用网页的功能，所以进行网页UI设计时首先要考虑其功能的要素。从功能出发来看待网页UI设计，就必须考虑用户如何从网页中得到功能，如何更好地得到功能，这就需要站在用户的角度来看待网页UI设计，才能使做出的网页受到用户的欢迎和喜爱，从而达到基本的目的。

在网页UI设计时不能因为自己是设计师，欣赏水平也比普遍用户要高而按照自己的想法来进行设计。作为设计师，应该贴近使用对象，想其所想，急其所急，方便他们的使用，适时地将自身的设计风格融入作品中去，接受用户的检验。只有经得起考验的设计才是好的设计，而不是所谓的阳春白雪，成为孤家寡人。作为设计师来说，最重要的就是基于功能性地将页面设计的美观舒适。

3.2.5 网页UI视觉设计

良好的视觉设计是一个网站的标识，UI设计师应了解用户的审美趋势。同时UI设计师也应该明白自己所设计的页面产品，这意味着一个企业类型的网站不应该被设计成一个社交媒体类型的网站。UI设计师还应该了解雇主或商业网站代表，充分展现该类产品的视觉特色。一个网站的整体设计不应该与内容相冲突，应使其更容易为用户浏览，可以让用户快速找到所需的信息或产品等。

1. 版式设计

网页UI设计作为一种视觉语言，特别讲究编排和布局，虽然页面的设计不完全等同于平面设计，但两者有许多相近之处。版式设计通过文字和图形的空间组合，表达出和谐与美，给用户舒适的视觉体验。

多页面站点的页面编排设计要求把页面之间的有机联系反映出来，特别要求处理好页面之间和页面内的秩序与内容的关系。为了达到最佳的视觉表现效果，反复推敲整体布局的合理性，使用户有一个流畅的视觉体验。

2. 色彩作用

色彩是艺术表现的重要要素之一。在网页UI设计中，设计师根据和谐、均衡和重点突出的原则，将不同的色彩进行组合，搭配来构成美丽的页面。根据色彩对人们心理的影响，合理地加以运用。如果企业有CIS（企业形象识别系统），在设计时则应按照其中的VI进行色彩运用。

3. 形式内容

为了将丰富的意义和多样的形式组织成统一的页面结构，形式语言必须符合页面的内容，体现内容的丰富含义。灵活运用对比与调和、对称与平衡、节奏与韵律以及留白等手段，通过空间、文字、图形之间的相互关系建立整体的均衡状态，产生和谐的美感。

3.3 案例分析

3.3.1 项目介绍

新浪彩通NBA大数据预测项目是北京新浪彩通网络技术有限公司旗下依托新浪独有的海量数据，提供平台化预测服务的智能预测系统。项目基于智能算法驱动，使用大数据分析，提供NBA赛事预测数据服务如NBA联赛赛事数据，主客队战绩、历史交锋、排名、得失球全覆盖，欧赔、亚盘、主要赔率公司赔率比较。预测全自动化不掺杂主观因素，提供全面及时的资讯，拥有独家算法、5000场比赛数据验证等。

整套项目分为胜负、让分、大小分三种

玩法预测，其中模型数据页作为新浪彩通NBA大数据预测项目的重要部分，呈现两支球队的综合统计项，让用户对两支球队实力有直观的概念，并且引导用户了解预测结果是基于数据的分析，结合大数据和数学模型而得到结果，最终综合以上两点促成用户消费购买而实现盈利。

3.3.2 需求分析

做网页UI设计，设计师首先需要了解客户的需求和用户的需求，譬如建设网站的目的、栏目规划以及每个栏目的表现形式和功能要求、用户性别喜好、页面类型、旧版网址、偏好网址、页面主体色调、行业和客户要求、是否要着重表现某些功能模块、是否分期建设、后期的兼容性是否良好、是否提供现有文件素材文件，等等，当设计师把这些内容都了解清楚的时候，在头脑中就已经对这个网站有了全面而形象的定位，接下来便是着手做界面UI设计的时候。以下将对项目进行分析与说明。

1. 产品分析

页面类型：数据功能型页面

页面尺寸：宽1000像素，高自定（通常不超过三屏）

页面风格：与新浪彩票或新浪体育页面风格相似

页面样式：设计简约、功能醒目

着重表现页面：模型数据页面

2. 用户分析

用户人群定位：NBA爱好者，竞彩彩民

用户人群特点：多为男性，所需操作简单便捷，功能醒目明确，易上手

3.3.3 设计环境

设计工具：MacBookpro–15.4英寸

设计软件：Adobe Photoshopcc

Adobe Illustrator cc

Axure RP

3.3.4 功能设计

新浪彩通NBA大数据预测项目的功能设计主要包括7个主要部分。

（1）头部底部：头部作为将页面联系起来的纽带，在整套页面中的每一页上都可以见到，起着引导用户的至关重要的作用。底部：直接调用原有数据接口，点击不同按钮跳转至对应页面。导航栏：导航栏分为胜负预测、让分预测、大小分预测、订购服务、智能特色五个页面跳转按钮，点击可分别跳转至对应页面

（2）胜负预测、让分预测、大小分预测页面：胜负预测、让分预测、大小分预测作为三种不同的玩法占据着导航栏前三个位置，用户点击不同的玩法可跳转至该玩法对应的页面。三个页面均包含未开始、进行中、已结束三个对阵信息列表，用户可通过日历选择比赛日期，该日未开始的比赛显示在未开始列表中，进行中的比赛显示在进行中列表中，已结束的比赛显示在已结束的列表中，查看智能预测按照单场计费。

（3）模型数据页面：点击“数学模型参考数据”跳转至模型数据页面，模型数据页作为新浪彩通NBA大数据预测项目的重要部分，呈现两支球队的综合统计项，让用户对两支球队实力有直观的概念，并且引导用户了解预测结果是基于数据的分析。

（4）订购服务页面：订购服务页面主要引导用户对比赛预测进行购买，此页只有立即抢购一个功能按钮。立即抢购按钮：点击后跳转回胜负预测页面，使用户明白在赛事列表页面就可以进行预测场次购买。

（5）我的订单页面：点击头部“我的订单”按钮跳转至用户个人订单页面，默认显示账户总览页面，本页面可通过时段选择查看订单号、时间、付款方式、金额等交易明细。点击导航“我的订单”按钮跳转至我的订单页面，本页面可查看时间、对阵、推荐、

彩果、金额和付款状态等更详细的订单明细。

（6）立即支付页面：点击订单提交按钮跳转至立即支付页面，该页面可查看订单号、场次、类型、玩法、价格等订单支付信息，可选择微信支付、支付宝支付和微博支付三种支付方式，点击可阅读《新浪NBA智能付费/免费服务使用协议》并需要将我已阅读《新浪NBA智能付费/免费服务使用协议》前选项打钩方可进行支付。

（7）落地页：落地页是指访问者在其他地方看到产品商家发出的某个具有明确主题的特定营销活动，如通过Email、社交媒体或广告发布的诱人优惠信息等，点击后被链接到网站上的第一个页面。通常，落地页上各种诱人的优惠信息背后暗藏的是发掘并收集潜在用户信息的表单，目的是将访问者转化为潜在用户，根据收集到的信息继续跟进。落地页为访问者提供了一种“目标超明确”的访问体验：通过呈现一个特定页面，为用户指出一条明确的路径继续加深与产品网站的关系。本项目中该页面只有一个功能按钮。

3.3.5 视觉设计

本节主要介绍新浪彩通NBA大数据预测项目网页UI设计中的视觉设计部分，也可以称之为图形用户界面设计（Graphical User Interface，简称GUI）。

留白是艺术设计中需要遵循的重要视觉准则之一，网页UI设计中留白使元素之间保持距离，拥有呼吸的空间。在项目设计时考虑给页面留出足够的留白，表现出页面整体的呼吸感。

为避免页面字体混乱和版权问题，所有字体均选用兰亭—黑体，颜色为透明度80%黑色，最小字号为12像素。

1. 头部底部

头部设计根据原型图，参照新浪体育NBA直播间的导航栏风格，设计了新的导航栏和底部说明。旧版页面名为NBA智能，而新版则改名为“小炮”，导航栏中将NBA大数据预测项目的logo“小炮”置于导航栏左侧最醒目的位置，两侧均距离页面边缘20像素。头部原型图（图3–3）与设计图的对比（图3–4）。

底部文字部分选择14像素和12像素居中分布，背景颜色选择从头部中取色首尾呼应，文字设置为白色（图3–5）。

2. 胜负预测、让分预测、大小分预测页面

这三个预测页面内容较为相似，区别在

图3–3 导航栏原型图

图3–4 头部设计图

图3–5 底部设计图

于玩法不同，各个页面之间只有部分模块需要调整，所以将三个页面放在一起设计。预测页面原型图与设计图的对比（图3–6）。

胜负页面作为整个项目中用户最先接触到的页面，在设计上重点模块和按钮需要设计的醒目，让用户对这个页面的功能一目了然。

这个页面的设计看似简单，实际上却占用了相当长的设计时间，一旦这个页面的风格确定好，后续页面都需要延续这个页面的设计风格，避免整套产品出现设计风格不统一的情况，并且需要在原有风格的基础上推陈出新，这无疑是一个需要经验积累和灵感碰撞的过程。

从页面的原型图可以看出整个页面是信息列表类型的信息页面，共有未开始、进行中和已结束三个模块列表，需要延续旧版风格设计为可收缩的信息列表，列表设计大致分为左右两部分。

虽然一些人认为页面上的空白越少越好，为了放尽可能多的文字、图片等信息，或者为了缩小整体版面。但其实不然，页面上元素越多越容易混乱，让用户找不到正确的阅读顺序（视觉流线）。所以页面需要充分的留白，当然过多留白也不好，需要找到一个平衡点。旧版风格将预测结果的“准”、“错”标志放在对阵信息最后面，这样未开始和进行中列表的对阵信息末端的留白就显得过多了，于是在设计时选择将标志融入每场比赛信息的左右两部分中。初步决定将其放置在两部分中间的位置，给两部分之间留出适当的留白，这样无论中间有无标志都可以显得美观舒适。

为保证用户浏览的舒适度，经过多次测试和考究最终将列表表头设置为40像素，对阵信息行间距设置为200像素，字号部分根据

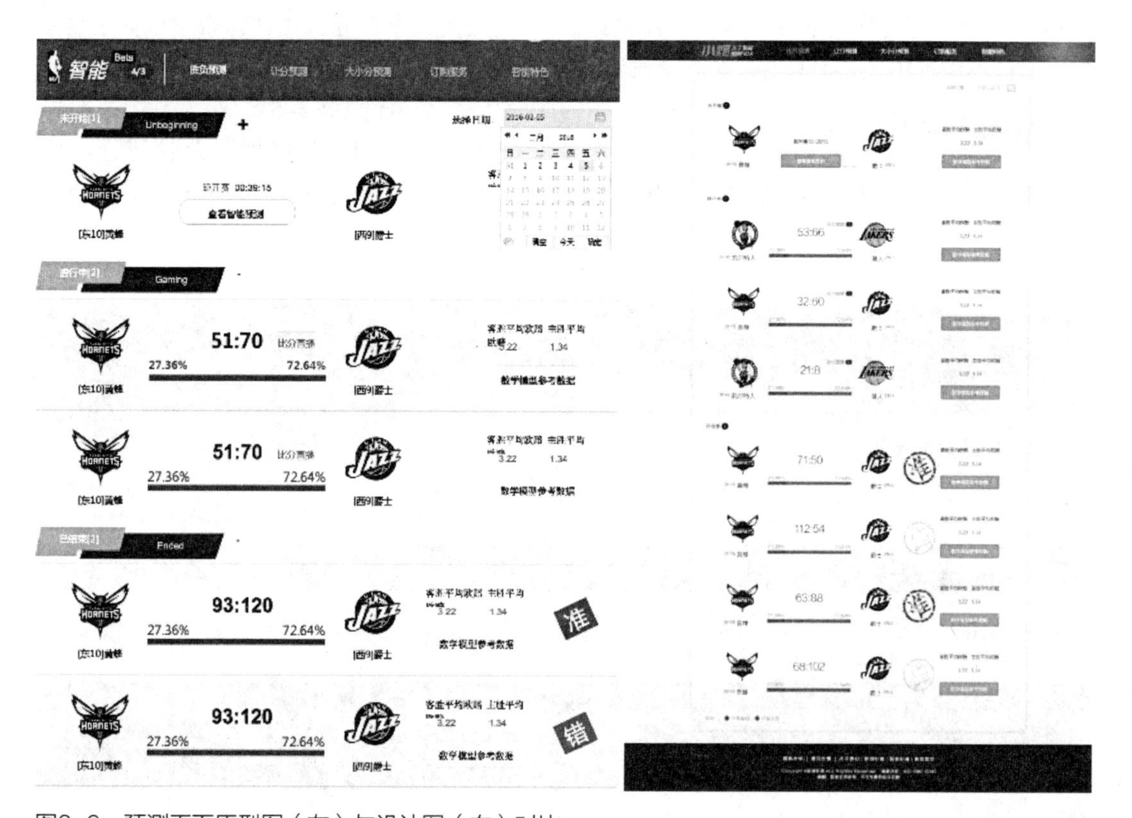

图3–6　预测页面原型图（左）与设计图（右）对比

重要级的不同程度分别选用24像素、18像素、14像素和12像素，左右两部分宽度比例约为2∶1；色彩方面列表表头选用底部颜色，对阵信息选用白色和浅蓝色背景，上下两场比赛信息之间选用隔行同色，左右两部分之间相差叠加10%黑色。

界面各模块设计如下：

未开始模块左侧显示对阵队伍名称和logo，距离开赛时间，“查看智能预测”按钮，价格；右侧显示平均欧赔和“数学模型参考数据”按钮。

进行中模块左侧显示对阵队伍名称和logo，比分，比分直播按钮，以及得分预测百分比；右侧显示平均欧赔和“数学模型参考数据”按钮。

已结束模块左侧显示对阵队伍名称和logo，比分，以及得分预测百分比；右侧显示平均欧赔和“数学模型参考数据”按钮；左右两部分之间显示预测结果“准”、“错”标志。

3. 模型数据页面

模型数据页作为新浪彩通NBA大数据预测项目的重要部分，呈现两支球队的综合统计项，让用户对两支球队实力有直观的概念，并且引导用户了解预测结果是基于数据的分析。模型数据页面原型图（基本指标图表下方仍有图表，在此省略）与设计图的对比（图3-7）。

整体页面头部导航运用简约风格进行“模型数据”和“常规数据”的切换。页面顶部对阵信息模块延续NBA智能1.0的风格，在此基础上进行修改和美化。模块高度为300像素，选用字号为24像素，14像素，12像素，胜率百分比的部分选用图表中流行的深红色和藏蓝色撞色，形成良好的视觉体验（图3-8）。

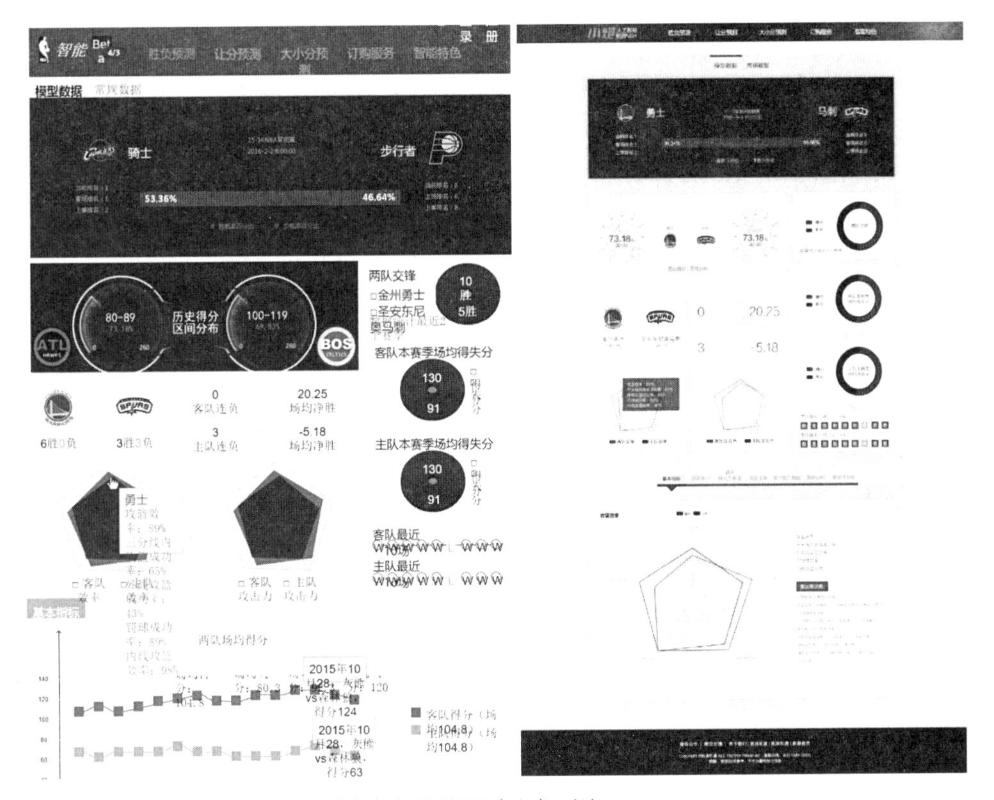

图3-7　模型数据页面原型图（左）与设计图（右）对比

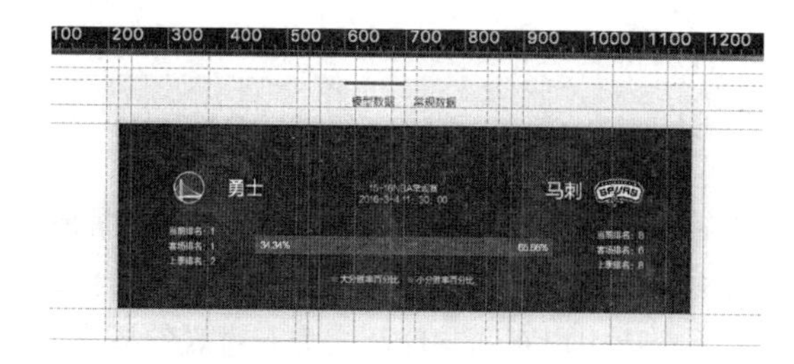
图3-8 顶部对阵信息模块设计图

由原型图可以看出本页面着重展示图表和数据，并且图表作为最主观的视觉呈现方式可以给用户带来直接的感知和认识。本页面的设计难点在于页面的图表分布情况，不应在页面布局上给用户拥挤不堪的视觉体验，所以第一版设计将原型图中分布密集的对阵信息的部分集合到了一起，设计成了一个标签切换的模式来查看相应的扇形图和雷达图（图3-8）。

这样设计的优点是页面留出了足够的留白，图表分布密度适中，页面的呼吸感较强；但这样做的缺点是标签切换用户需要有相应的学习成本，从概率上来说并不是所有用户都会对标签逐一进行切换，数据图表的访问数量将会呈现下降趋势。最后经过和产品部门细致的讨论，否定了这个设计方案，选择保持原型图的分布方案。

第二版设计方案按照原型图布局进行设计，字号选用24像素、18像素、14像素和12像素；模块间距离均为20像素，布局方面严格的对齐（图3-9），栅格最小值为10像素；重要级不同的模块选用了不同颜色的背景，页面整体颜色选用了在网页和图表展示中较为流行的灰色，图表方面仍选用深红色和藏蓝色，两种颜色撞色形成对比状态，给用户更直观的感受（图3-10）。

由于数据模块下方有大量重要级较低的图表，并且正常页面高度不宜超过三屏，为了缩短整体页面的高度，选择用牺牲成本的方式将前面所设计过的标签切换模式应用到原型图中下半部分图表展示的部分（图3-11）

4. 订购服务页面

从原型图来看，订购服务页面主要展示定制服务的价格，为避免页面内容过少，所以增加了产品优势等信息，展示给用户一种购买的冲动。本页面内容与“智能特色页面”内容大体相同，未提及内容可参看本节“智能特色页面”设计（图3-12）。

原型图中的购买模块分为三部分，而产品上线前最终只确定了一种购买方案，于是设计时在视觉设计上将购买按钮设计成了优惠券的形式，来尽量多地填满页面的空白部分，做到合理的留白空间（图3-13）。

5. 智能特色页面

从原型图上可以看出，智能特色页面主

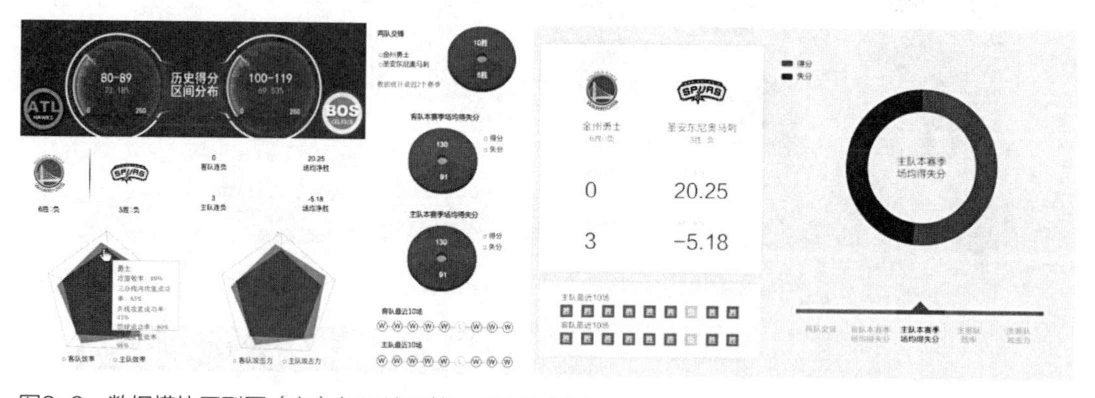

图3-9 数据模块原型图（左）与设计图第一版（右）对比

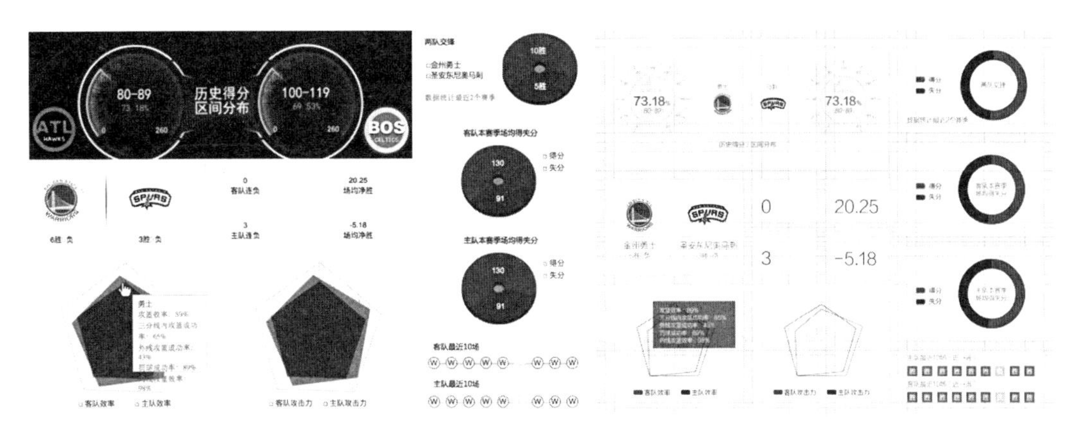

图3-10　数据模块原型图（左）与设计图第二版（右）对比

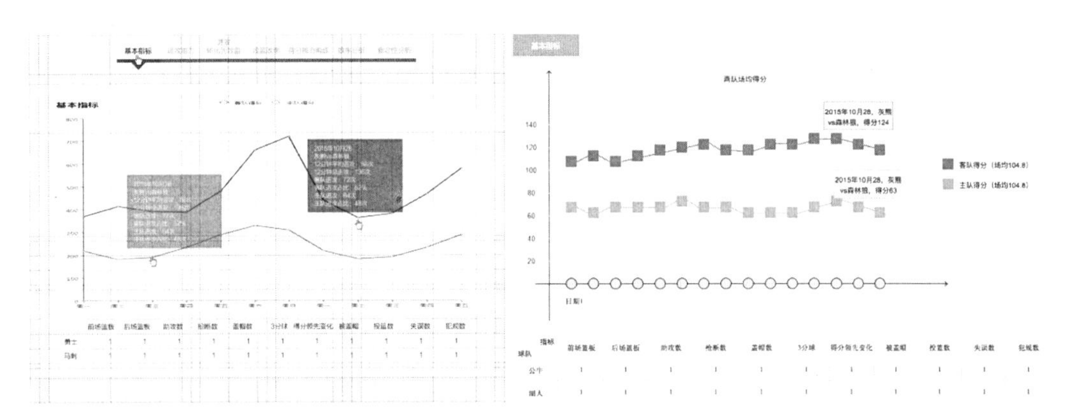

图3-11　图表部分原型图（左）与设计图（右）对比

图3-12　订购服务页面原型图（左）与设计图（右）对比

¥29.00

定制服务

50%折扣

立即抢购

图3-13　购买按钮设计图

要向用户展示产品相关信息和产品优势，如独家算法、智能预测和数据分析等信息（图3-14）。

本页面第一个模块主要介绍本项目预测服务的功能，设计稿在体现产品科技感的同时，满足页面整体色调，给用户一种本产品可以在黑暗中化作一盏明灯指引您前进方向的视觉效果。经过多次测试，最终将模块高度定为500像素，字号为30像素、18像素和14像素（图3-15）。

设计时将大数据&海量运算和产品优势模块的icon图标作为一个整体，结合新浪的形象前后修改多次共设计了第一版6个扁平化图标（图3-16）。但经过讨论，本系列icon视觉风格上给用户一种过于“可爱”的错觉，缺少了气势和质感，所以最终否定了这套方案。紧接着在产品的建议下制作了第二版风格的图标（图3-17）。

第二版图标在设计过程中遇到了一个难题，绘制的矢量图像在Photoshop中缩小会出现失真的情况（图3-18），产生这个现象最根本的原因是页面的整体尺寸过小，扭曲拉抻使得线条出现锯齿。通过反复尝试，发现调整拉抻角度可以改善线条锯齿的出现，但不能彻底消除，最后在讨论后决定不对图像进行扭曲拉抻（图3-19）。

6. 账户总览页面

账户总览页面为点击我的订单出现的默认页面，本页面展示账户总体交易信息，按照原型图设计较为简单。订购服务页面原型图与设计图的对比（图3-20）。

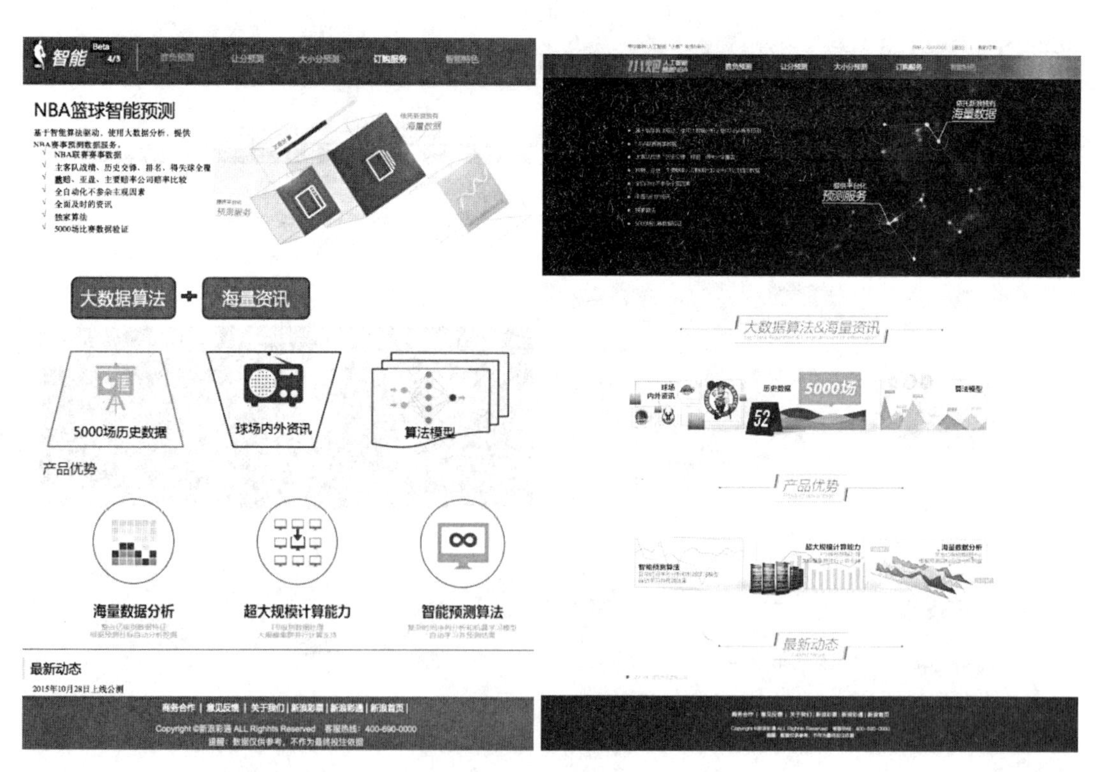

图3-14　智能特色页面原型图（左）与设计图（右）对比

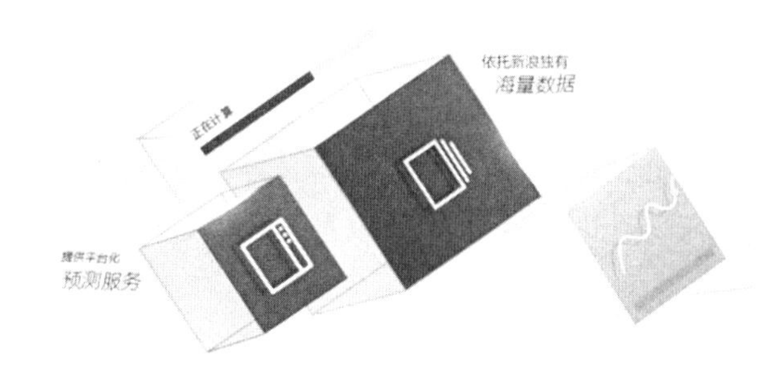

图3-15　信息介绍模块原型图（上）与设计图（下）对比

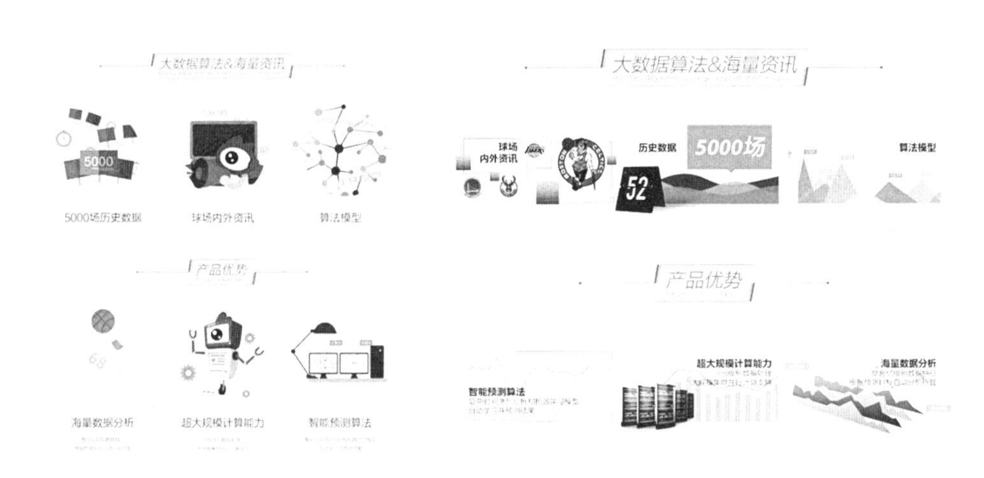

图3-16　第一版图标（扁平化）　　图3-17　第二版图标（写实质感）

图3-18　拉抻后图标

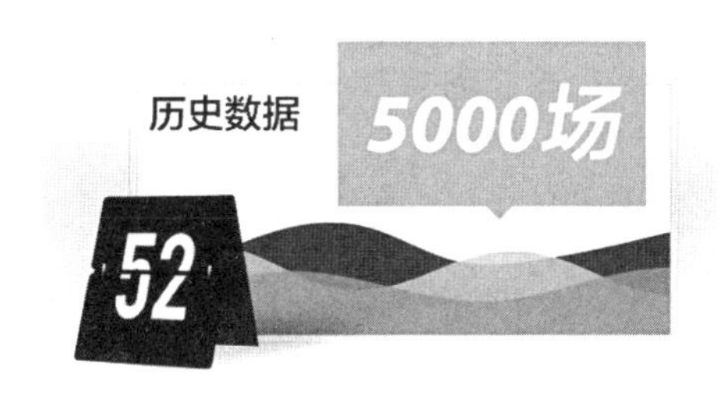

图3-19　平铺图标

图3-20　账户总览页面原型图（左）与设计图（右）对比

图3-21　我的订单页面原型图（左）与设计图（右）对比

模块纵间距为40像素，横间距为20像素，列表高度为50像素；字号选用18像素、14像素和12像素；颜色部分选用深红色，橘黄色和奶黄色。左侧部分设计为个人信息和切换标签，并在列表信息上方增加广告模块。

7. 我的账户页面

我的账户页面与账户总览页面大体相似，订购服务页面原型图与设计图的对比（图3-21）。

时段选择（图3-22）和状态选择（图3-23）下拉列表设计样式与列表样式相同，将下拉列表增加透明度为10%黑色投影，单行高度为30像素，字号选用12像素，鼠标悬停选项文字和背景颜色设置为橘黄色和奶黄色。

8. 支付及相关页面

相较之前的页面，支付页面整体上的设计较为简单。在颜色选择方面，参考淘宝、京东、当当等主流电商网站，将主体颜色设定为橘黄色（淘宝色）。橘黄色不仅是大多数用户心目中最符合购物的颜色，并且在一定程度上可以促进用户的购买欲。

图3-22　时段选择　　图3-23　状态选择

图3-24　订单提交弹窗

小炮 人工智能预测NBA　胜负预测　让分预测　大小分预测　订购服务　智能特色

《新浪NBA智能付费/免费服务使用协议》

在享受NBA智能服务前，请您知悉并同意以下内容：

在享受NBA智能平台服务前，请用户（下称"您"）知悉并同意以下内容：

1、NBA智能平台以及NBA智能发布的内容不作为您投注的依据，您接受NBA智能服务后须独立作出投资决策，风险自担。请您确认自己具有相应的权利能力和行为能力，能够独立承担法律责任。无论付费或是免费服务，都不能确保您获得盈利或本金不受损失。彩票有风险，购买须谨慎。

2、新浪NBA智能平台上所有发布的内容，平台不对内容的准确性负责。不应成为您作出任何投资或其他决定的依据。

3、NBA智能平台享有所发布内容的知识产权，未经NBA智能平台书面许可，您不得对外传播或许可第三人使用服务的全部内容或部分内容，不得通过非官方技术手段获取内容，否则平台有权单方面解除服务关系，服务费用将作为罚金不再退还，平台保留最终诉诸法律、追偿损失的权利。

4、为保障您的权益，请您不要通过其他平台或者线下接受NBA智能的服务，也不要接受非本平台约定的服务，否则由此造成的风险和损失由您自行承担，与平台无关，平台并对此不承担任何责任。

5、请您对自己的各类账号密码严格保密，勿将个人资产交由其他人管理，否则由此导致的风险和损失由您自行承担，与平台无关，平台对此不承担任何责任。

6、因无法预测或无法控制的设备故障、通讯故障、网络故障等技术原因以及其它不可抗力而造成NBA智能平台服务中断的情况，平台不承担责任。

7、NBA智能平台服务主要是NBA赛事的胜负，让分，大小分为主，您在使用上述具体服务时还需同时遵守该项服务具体的服务协议。

8、平台有权在必要时单方修改或变更本协议之内容，增加、减少、修改或变更各类规则，并将通过平台网站公布最新的服务协议及规则，变更后的协议及规则自公布时生效。若您于任何修改或变更本条款后继续使用平台服务，则视为已认真阅读、充分了解并同意接受修改后之协议；若您不同意部分或全部修改条款，则应主动停止使用与变更内容相关的服务。

9、如您已经使用NBA智能平台的服务，则视为您本人已同意本协议以及相应的单项服务协议。

商务合作 | 意见反馈 | 关于我们 | 新浪彩票 | 新浪彩通 | 新浪首页

Copyright ©新浪彩通 ALL Righhts Reserved　客服热线：400-690-0000

提醒：数据仅供参考，不作为最终投注依据

图3-25《新浪NBA智能付费/免费服务使用协议》弹窗

订单提交弹窗模块经多次测试最终将弹窗高设置为300像素，宽600像素；字号选择为24像素、18像素和14像素。当点击后出现弹窗时，将页面背景颜色叠加透明度为20%的黑色，突出弹窗中订单支付并将弹窗居中（图3–24）。

《新浪NBA智能付费/免费服务使用协议》弹窗模块设置为高500像素，宽820像素；字号选择14像素。当点击后出现弹窗时，将页面背景颜色叠加透明度为20%的黑色，突出弹窗中订单支付并将弹窗居中（图3–25）。

订单支付页面内容相对较少，为将页面尽量填满整个屏幕，单屏高度保持在700像素内，字号选用18像素和14像素；按钮设置为高40像素、宽140像素，颜色选用橘黄色，文字颜色设置为白色；文字和背景颜色设置为橘黄色和奶黄色（图3–26）。

支付方式选择页面内容同样较少，在该页面可以选择不同的支付方式（图3–27）。

9. 落地页

落地页目的是将访问者转化为潜在用户，通过呈现一个特定页面，为用户指出一条明

图3-26　订单支付页面

图3-27　支付方式选择页面

确的路径继续加深与产品网站的关系。落地页的高度同样不宜过高，通常限制在三屏之内。

原型图中将落地页划分为三屏，第一屏展示主要突出主题文字“攻克NBA！智能小炮准备发射”，第二屏和第三屏为新增功能介绍，最后在底部设置一个按钮，点击即可跳转至胜负预测页面。整个页面将文案设计为一个火箭发射的形式，包括头部的准备发射字样，第一屏的一级准备字样，第二屏的二级准备字样和底部的点击发射字样。

在设计时为配合文案，选择通过运用点和线的结合将页面整体设计为一个火箭发射的样式，整体设计为火箭穿越云端的样式，并在首屏中增加火箭、山、月亮等元素，将一屏和二三屏通过尖锐的形状分离开，表达火箭发射过程中速度之快的效果，同时增强火箭发射带来的冲击感。

整个页面色调选用饱和度较高的黄色和粉色，两种颜色撞色配合其他元素的点缀，使得整个画面简单又不单调，可以给用户带来舒适的视觉体验效果（图3–28）。

3.3.6　交互设计

本节主要介绍新浪彩通NBA大数据预测项目网页UI设计中的交互设计部分，交互动作主要分为鼠标悬停和点击两种。

1. 鼠标悬停

鼠标指针在相应模块上悬停时会产生的交互效果。

（1）头部

交互部分：导航栏

交互样式：悬停时文字颜色修改为透明度20%的底色（图3–29）

交互部分：登录按钮

交互样式：悬停时弹出新浪登录模块（图3–30）

（2）预测页面

交互部分：查看智能预测、数学模型参考数据按钮

交互样式：悬停时按钮填充红色并用深红色描边，使其效果更加醒目（图3–31）

（3）数据模型页面

交互部分：模型数据、常规数据标签切换

交互样式：悬停时文字颜色修改为同文字上方标签样式相同的红色（图3–32）

交互部分：图表信息标签切换

交互样式：悬停时文字颜色修改为透明度为80%的黑色，该部分标签样式选用深红色同时箭头显示在鼠标悬停的下方，页面高度随下方图表高度进行变化（图3–33）

交互部分：图表信息文字显示

交互样式：悬停时显示图表文字信息（图3–34、图3–35）

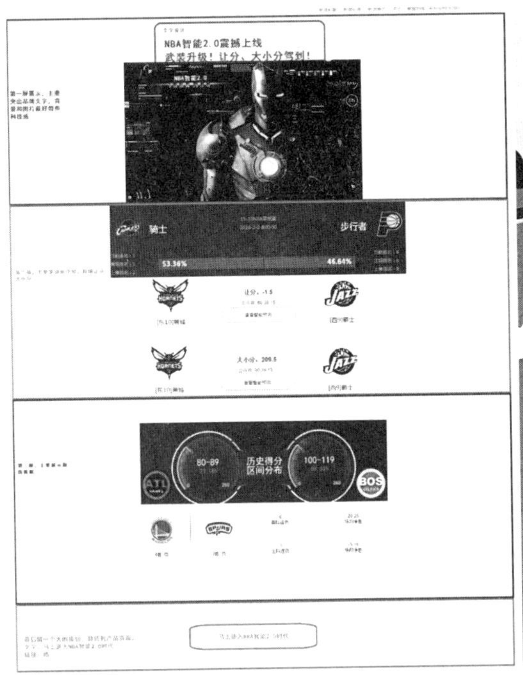

图3-28　落地页原型图（左）与设计图（右）对比

小炮 人工智能 预测NBA　胜负预测　让分预测　大小分预测　订购服务　智能特色

图3-29　导航栏交互效果

图3-30　登录交互效果

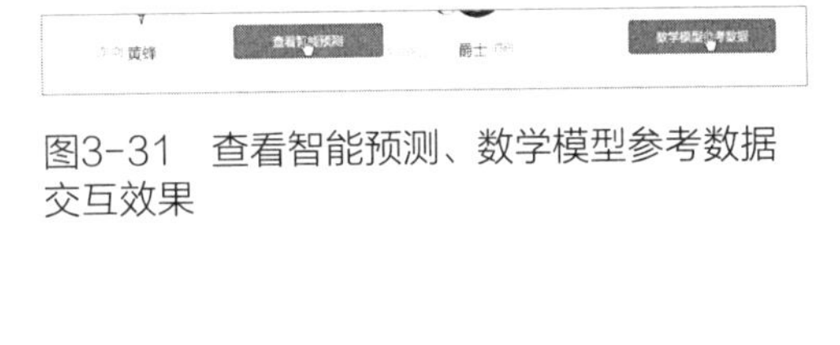

图3-31　查看智能预测、数学模型参考数据交互效果

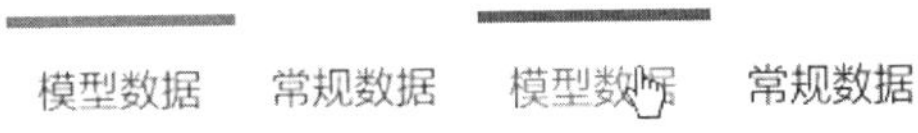

模型数据　常规数据　模型数据　常规数据

图3-32　模型数据、常规数据标签切换交互效果

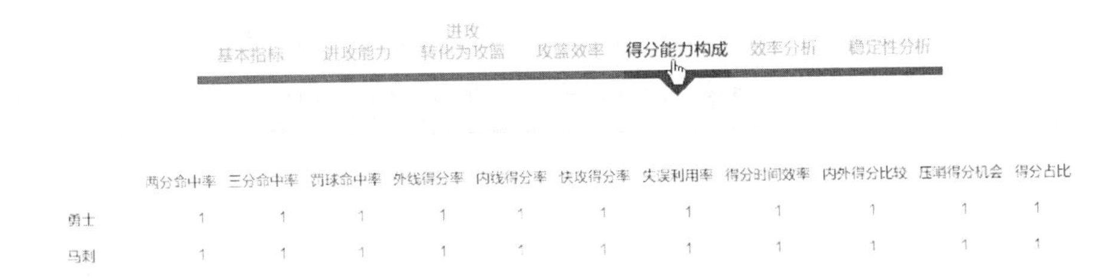

	两分命中率	三分命中率	罚球命中率	外线得分率	内线得分率	快攻得分率	失误利用率	得分时间效率	内外得分比较	压哨得分机会	得分占比
勇士	1	1	1	1	1	1	1	1	1	1	1
马刺	1	1	1	1	1	1	1	1	1	1	1

图3-33　图表信息标签切换交互效果

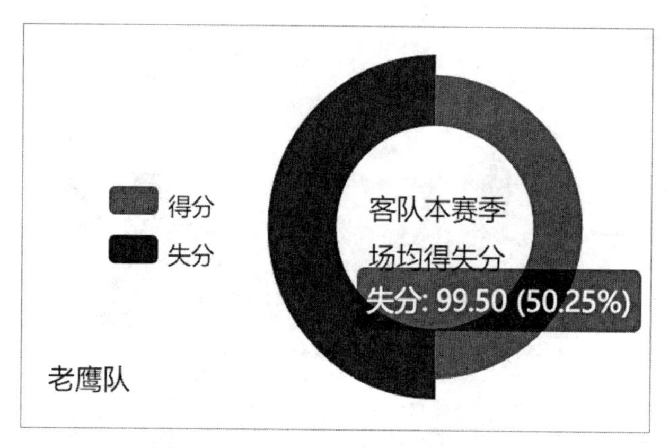

得分
失分
客队本赛季
场均得失分
失分: 99.50 (50.25%)
老鹰队

图3-34　雷达图文字信息交互效果

活塞队效率
攻篮:22%
三分线内:27%
外线:5%
罚篮:10%
内线:60%
三分线内
内线
外线
罚篮
活塞队效率
老鹰队效率

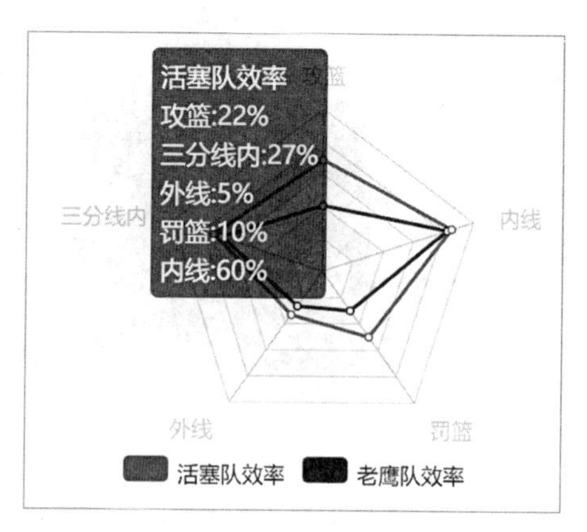

图3-35　饼状图文字信息交互效果

45456465464564
2016-04-06 17:57:36
微博支付
10元
胜负

图3-36　订单号交互效果

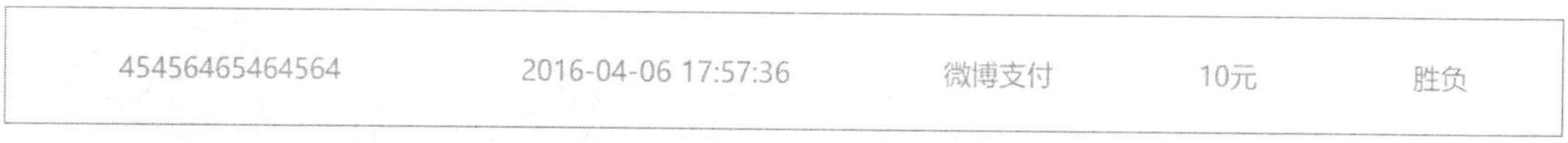

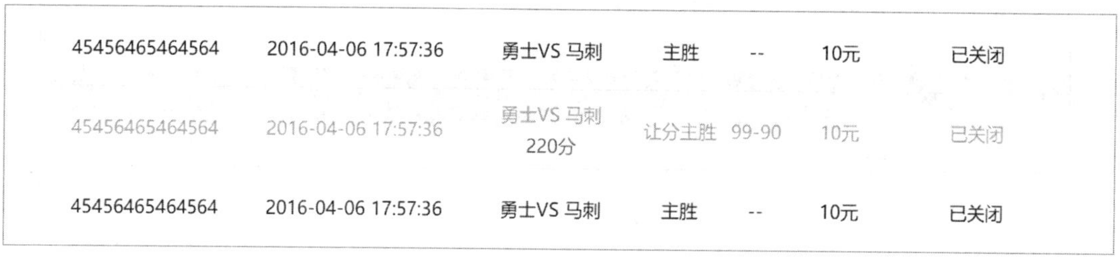

45456465464564
2016-04-06 17:57:36
勇士VS 马刺
主胜
--
10元
已关闭
45456465464564
2016-04-06 17:57:36
勇士VS 马刺
220分
让分主胜
99-90
10元
已关闭
45456465464564
2016-04-06 17:57:36
勇士VS 马刺
主胜
--
10元
已关闭

图3-37　订单信息交互效果

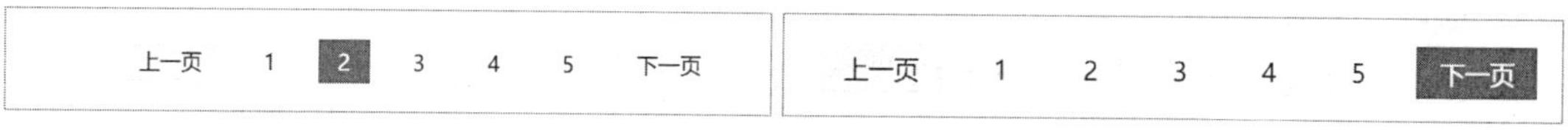

上一页
1
2
3
4
5
下一页
上一页
1
2
3
4
5
下一页

图3-38　页码切换交互效果

（4）账户总览页面

交互部分：订单号

交互样式：在订单号上悬停时出现可点击手势（图3-36）

（5）我的账户页面

交互部分：订单信息

交互样式：悬停时文字颜色修改为橘黄色，背景颜色修改为奶黄色（图3-37）

交互部分：页码切换

交互样式：悬停时图形颜色修改为深红色，文字颜色修改为白色。无上一页时上一页选项显示为灰色不可点击状态（图3-38）

2. 鼠标点击

鼠标指针在相应模块上点击时会产生的交互效果。

（1）预测页面

图3-39　日历交互效果

交互部分：日历

交互样式：点击时弹出日历选择模块（图3-39）

交互部分：下拉/收起按钮

交互样式：点击时模块下拉或收起（图3-40）

（2）账户总览页面

交互部分：状态选择

交互样式：点击所有状态出现状态选择下拉列表，鼠标悬停时出现可点击手势，文字修改为橘黄色，背景修改为奶黄色（图3-41）

（3）我的订单页面

交互部分：状态选择

交互样式：点击最近一个月的记录出现时间选择下拉列表，鼠标悬停时出现可点击手势，文字修改为橘黄色，背景修改为奶黄色（图3-42）

（4）支付及相关页面

交互部分：立即支付

交互样式：点击《新浪NBA智能付费/免

未开始 1

图3-40　下拉/收起交互效果

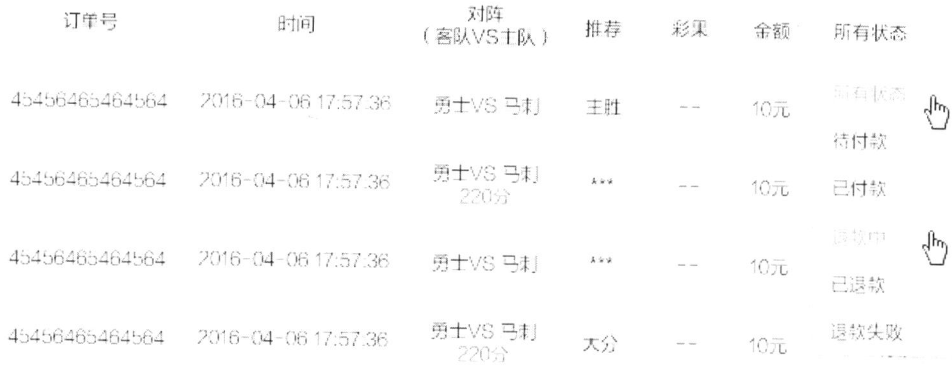

订单号	时间	对阵（客队VS主队）	推荐	彩果	金额	所有状态
45456465464564	2016-04-06 17:57:36	勇士VS 马刺	主胜	--	10元	所有状态 待付款
45456465464564	2016-04-06 17:57:36	勇士VS 马刺 220分	***	--	10元	已付款
45456465464564	2016-04-06 17:57:36	勇士VS 马刺	***	--	10元	退款中 已退款
45456465464564	2016-04-06 17:57:36	勇士VS 马刺 220分	大分	--	10元	退款失败

图3-41　状态选择交互效果

最近一个月的记录

最近一个月的记录

最近三个月的记录

最近半年的记录

最近一年的记录

金额　　明细

图3-42　状态选择交互效果

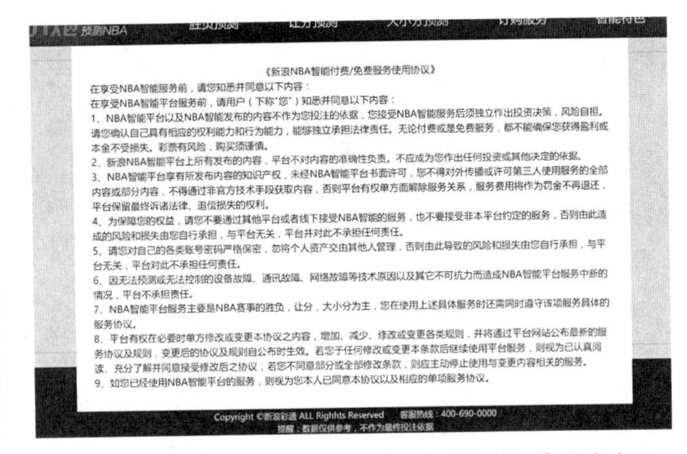

《新浪NBA智能付费/免费服务使用协议》

在享受NBA智能服务前，请您知悉并同意以下内容：

在享受NBA智能平台服务前，请用户（下称"您"）知悉并同意以下内容：

1、NBA智能平台以及NBA智能发布的内容不作为您投注的依据，您接受NBA智能服务后须独立作出投资决策，风险自担。请您确认自己具有相应的权利能力和行为能力，能够独立承担法律责任。无论付费或是免费服务，都不能确保您获得盈利或本金不受损失。彩票有风险，购买须谨慎。

2、新浪NBA智能平台上所有发布的内容，平台不对内容的准确性负责。不应成为您作出任何投资或其他决定的依据。

3、NBA智能平台享有所发布内容的知识产权，未经NBA智能平台书面许可，您不得对外传播或许可第三人使用服务的全部内容或部分内容，不得通过非官方技术手段获取内容，否则平台有权单方面解除服务关系，服务费用将作为罚金不再退还，平台保留最终诉诸法律、追偿损失的权利。

4、为保障您的权益，请您不要通过其他平台或者线下接受NBA智能的服务，也不要接受非本平台约定的服务，否则由此造成的风险和损失由您自行承担，与平台无关，平台并对此不承担任何责任。

5、请您对自己的各类账号密码严格保密，勿将个人资产交由其他人管理，否则由此导致的风险和损失由您自行承担，与平台无关，平台对此不承担任何责任。

6、因无法预测或无法控制的设备故障、通讯故障、网络故障等技术原因以及其它不可抗力而造成NBA智能平台服务中断的情况，平台不承担责任。

7、NBA智能平台服务主要是NBA赛事的胜负，让分，大小分为主，您在使用上述具体服务时还需同时遵守该项服务具体的服务协议。

8、平台有权在必要时单方修改或变更本协议之内容，增加、减少、修改或变更各类规则，并将通过平台网站公布最新的服务协议及规则，变更后的协议及规则自公布时生效。若您于任何修改或变更本条款后继续使用平台服务，则视为已认真阅读、充分了解并同意接受修改后之协议；若您不同意部分或全部修改条款，则应主动停止使用与变更内容相关的服务。

9、如您已经使用NBA智能平台的服务，则视为您本人已同意本协议以及相应的单项服务协议。

Copyright ©新浪彩通 ALL Righhts Reserved　客服热线：400-690-0000

提醒：数据仅供参考，不作为最终投注依据

图3-43 《新浪NBA智能付费/免费服务使用协议》弹窗交互效果

我已阅读《新浪NBA智能付费/免费服务使用协议》　立即支付

我已阅读《新浪NBA智能付费/免费服务使用协议》　立即支付

图3-44　点击打钩激活立即支付交互效果

费服务使用协议》弹出《新浪NBA智能付费/免费服务使用协议》弹框（图3-43），点击"我已阅读《新浪NBA智能付费/免费服务使用协议》"前选项框即可打钩激活立即支付按钮（图3-44）。

3.3.7　项目上线情况

经过对项目的功能设计、视觉设计和交互设计的系统性优化后，新版新浪彩通NBA大数据预测项目于2016年4月正式上线，并替代了旧版NBA智能1.0页面。确认完成项目所有功能需求，页面设计基本满足用户需求。

项目经过多次修改和调整已达到较为稳定的版本。

项目页面网址：http://ai.lottery.sina.com.cn/nba/

本项目由UI设计师李雁昊提供。

本章习题

1. UI设计师的职能大体包括哪几方面？
2. 简述网页UI视觉设计包括哪些内容？

第4章

Photoshop广告制作初步

4.1 Photoshop工作界面

4.2 Photoshop简单编辑

4.3 经典抠图方法

4.4 拼图调色

图4-1 PhotoshopCC启动窗口

在前面章节的学习中，我们了解了互联网广告的相关知识及广告的设计原理，下面我们要学习使用相关软件制作广告。Photoshop和Flash是广告制作中普遍采用的最主要的两款软件，Photoshop简称PS，主要设计静态广告，也可以完成简单的GIF小动画；Flash主要制作广告动画片。本章我们先进入Photoshop的学习。

Adobe Photoshop是一款用于图像处理和平面设计的专业处理软件，它功能强大，实用性强。它不仅具备能编辑矢量图像与位图图像的灵活性，还能够与Adobe Flash和Adobe Dreamweaver等软件高度集成，成为设计当今网页设计及移动互联网界面设计的最佳选择。

本书事例中所使用的软件版本为Photoshop CC for Windows 14版。对于制作版本，笔者一直坚持的观点是够用就好，适合最好，不必追逐最新版本，这里使用最新版本主要为了体现图书编写的时代性，书中所用到的功能，CS以上的版本也都是有的。目前很多人使用MAC（苹果）系统进行设计，这个版本在两个系统下只有极小差别，书中所讲述的功能，在两个系统下可以通用。

4.1 Photoshop工作界面

Photoshop CC（Creative Cloud）不仅具有Adobe系列软件特有的便捷、美观和易用的设计制作环境，灰黑色的底色设计，更具有了保护视力的功效，深受广大平面设计爱好者的青睐。在设计作品之前，先认识一下Photoshop CC的工作界面。

启动Photoshop CC，打开一张图片，此时可以看到Photoshop的工作界面，主要由菜单栏、选项栏、工具箱、文档窗口和浮动面板等组成（图4-2）。与早期版本不同，CC版本没有了标题栏，而是将标题栏与菜单栏合一，标题栏最左侧为软件名称，右侧为窗口控制按钮。这种形式使软件在Windows和MAC（苹果）系统下的风格保持了一致性。

4.1.1 菜单栏

菜单栏集成了Photoshop所有的命令，几乎所有的工作都可以通过菜单栏中的菜单命令来完成。为便于操作，Photoshop将所有的命令根据其功能划分为11个菜单（图4-3）。

Ps菜单：菜单栏最左侧的蓝色图标，既标识了软件名称，又提供窗口控制及关闭程序等命令。

文件菜单：提供了新建、打开、保存、关闭文档等操作，同时还可以导入、导出文档，执行打印操作等。

编辑菜单：提供剪切、复制、粘贴、填充、描边、变换、颜色设置等操作。

图像菜单：提供图像模式的选择、调整图像及画布大小等涉及改变图像属性的操作。

图层菜单：提供关于图层的所有操作命令，如新建、复制、合并、删除和链接图层，以及图层样式的设置、图层蒙版和智能对象的操作。

类型菜单：提供对文字操作功能的补充，如打开字符面板、放大字体预览、3D文字、

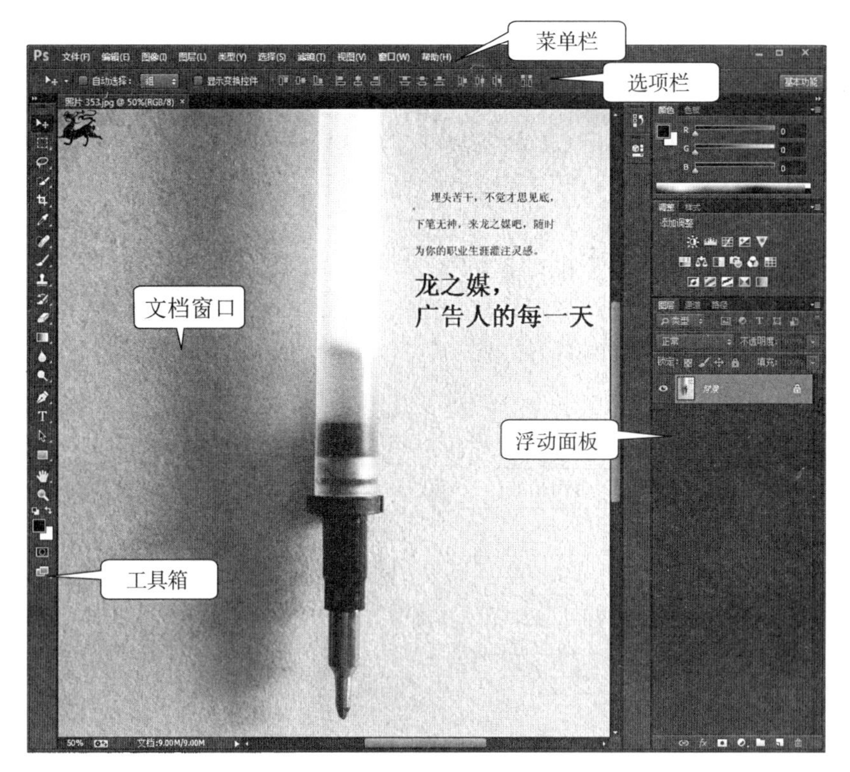

图4-2　Photoshop CC的工作界面

Ps 文件(F) 编辑(E) 图像(I) 图层(L) 类型(Y) 选择(S) 滤镜(T) 视图(V) 窗口(W) 帮助(H)

图4-3　Photoshop CC的菜单栏

文字变形及栅格化等操作。

选择菜单：提供多种选择对象的方式，还可以修改选区大小，载入和存储选区、执行羽化等操作。

滤镜菜单：利用滤镜对颜色、模糊、锐化等进行特效处理。

视图菜单：缩放文档窗口的显示，设置缩放比率，设置辅助绘图工具，如标尺、网格、参考线等的显示。

窗口菜单：控制图像窗口的排列方式、工作区模式的选择以及各种浮动面板的开启和关闭。

帮助菜单：可以利用Photoshop CC的帮助文档和在线链接技术，给用户提供帮助。

4.1.2　选项栏

选项栏位于菜单栏的下方，用于对选择的工具进行设置。选项栏中的设置项会根据选择工具的不同而有所改变。选项栏的一般结构，如图4-4所示。

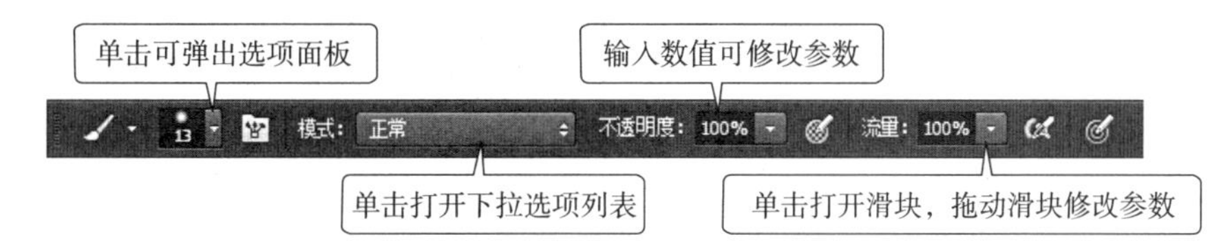

图4-4　Photoshop CC的选项栏

4.1.3　工具箱

Photoshop提供了一个工具箱来放置各类常用的工具。在默认工作区中，工具箱位于工作区的左侧，它包括选择工具、裁剪工具、修饰工具、绘画工具、绘图工具和文字工具等。工具箱内的主要工具，如图4-5所示。

我们注意到，有很多工具的右下都有一个黑色小三角，这表示此处为一组工具，长按此工具就可以显示整组工具的内容，然后选择所需工具，如图4-6所示。至于每个工具的使用，我们在后续章节再作讲解。

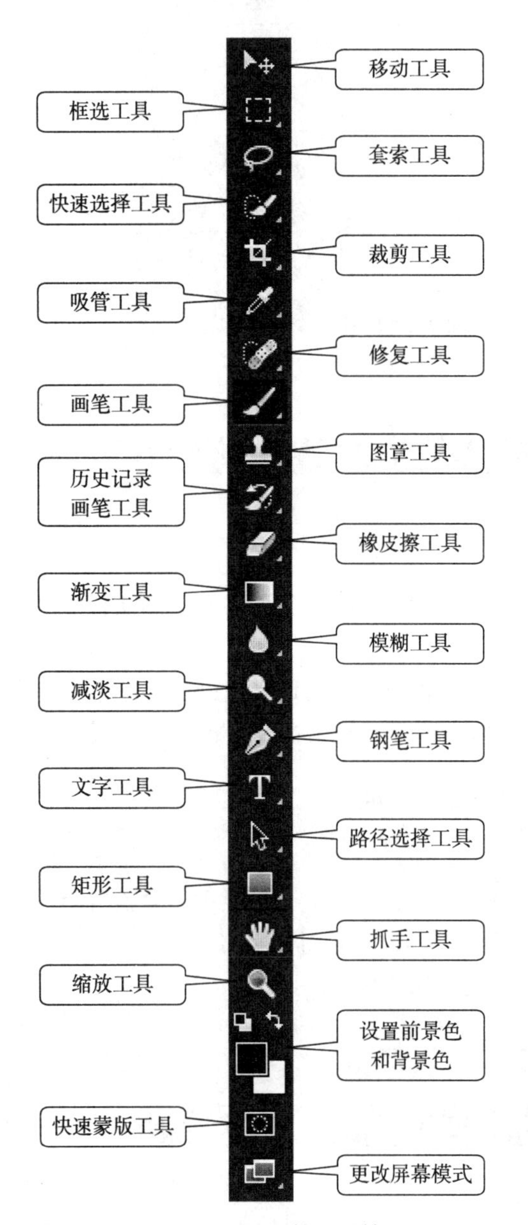

图4-5　Photoshop CC的工具箱

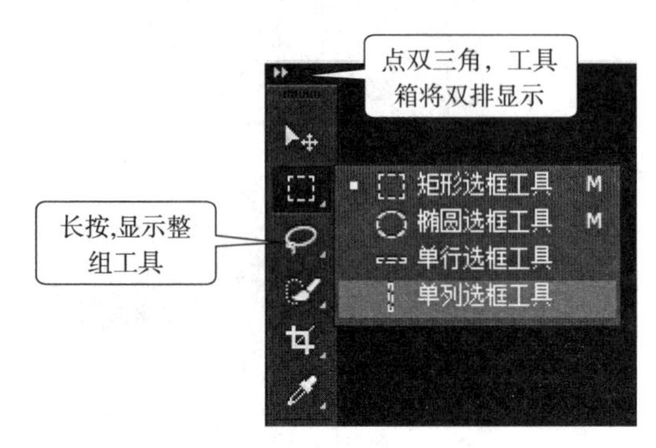

图4-6　工具展开图示

工具箱上方有个双三角，点击它，工具箱将双排显示。

4.1.4　文档窗口

文档窗口是对图像进行编辑和处理的场所，每一个需要处理的图像文件，打开在Photoshop中后都会放置在一个文档窗口中，多个文件可以按标签的方式排列。文档窗口的结构，如图4-7所示。

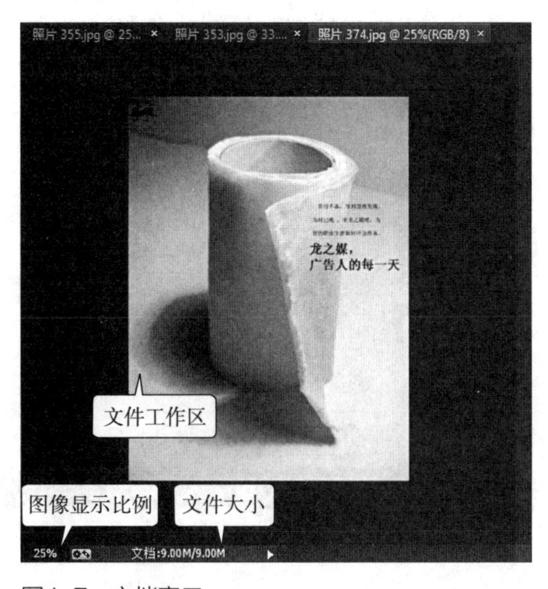

图4-7　文档窗口

4.1.5 浮动面板

Photoshop的面板都是浮动的控件，可以在窗口中移动位置，可以打开、关闭或最小化显示。浮动面板能够帮助用户编辑所选对象，实现更多功能选择。Photoshop的面板设计得极有特色，它将一组常用的功能集合在一起，管理快捷，使用方便。在默认情况下，Photoshop的面板成组地停放在工作区右侧的区域中。

1）面板的基本操作

在默认的情况下，面板以面板组的形式出现在主程序界面的右侧，根据实际的需要，面板可以被拖放到屏幕的任何位置并可被关闭。面板提供对实现某种操作的方式，它的基本操作包括打开、关闭、移动和折叠为图标等，如图4-8所示。

2）面板功能简介

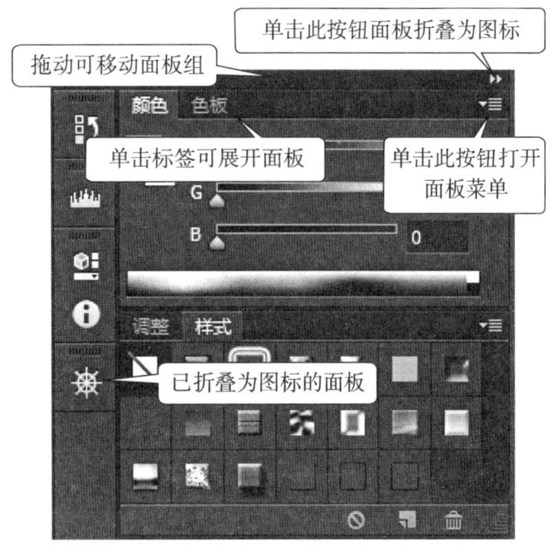

图4-8 面板组的基本操作

Photoshop的面板种类很多，下面就对我们常用的18个面板功能，作简单介绍（表4-1）。

浮动面板及功能简介 表4-1

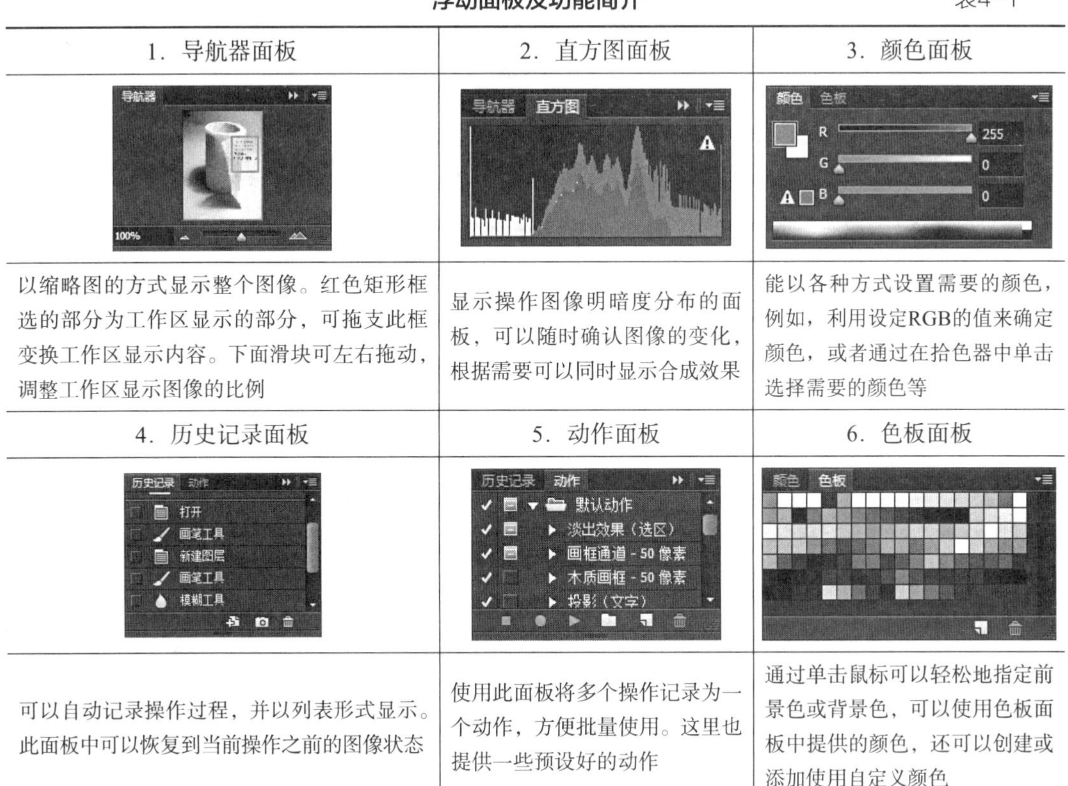

1. 导航器面板	2. 直方图面板	3. 颜色面板
以缩略图的方式显示整个图像。红色矩形框选的部分为工作区显示的部分，可拖支此框变换工作区显示内容。下面滑块可左右拖动，调整工作区显示图像的比例	显示操作图像明暗度分布的面板，可以随时确认图像的变化，根据需要可以同时显示合成效果	能以各种方式设置需要的颜色，例如，利用设定RGB的值来确定颜色，或者通过在拾色器中单击选择需要的颜色等
4. 历史记录面板	5. 动作面板	6. 色板面板
可以自动记录操作过程，并以列表形式显示。此面板中可以恢复到当前操作之前的图像状态	使用此面板将多个操作记录为一个动作，方便批量使用。这里也提供一些预设好的动作	通过单击鼠标可以轻松地指定前景色或背景色，可以使用色板面板中提供的颜色，还可以创建或添加使用自定义颜色

续表

7. 图层面板	8. 通道面板	9. 路径面板
用于对图层的各种操作，包括新建图层、复制图层、删除图层、设置图层等	通道具有色彩管理和选择区域管理两种功能。在通道面板中可以对通道进行各种编辑操作	使用钢笔工具绘制的矢量方式的直线或曲线叫作路径。在路径面板中可以创建、修改路径，也可以把路径调整或转换为选区
10. 调整面板	11. 样式面板	12. 信息面板
新建一个蒙版图层，并在此图层上添加选定的调整效果	通过利用已载入的样式，可以在图像中应用各种效果，并且还可以修改所应用的样式或创建并载入新的样式	显示光标所在位置的坐标值、色彩信息以及所选区域的大小等信息
13. 画笔面板	14. 字符面板	15. 段落面板
在使用工具箱的画笔工具和选项栏时才会打开画笔面板，可以设定画笔的宽度、形状和各种功能	用于调整文字的属性，如字体、样式、大小、行间距、宽度、高度、位置、颜色等	可以在一个文件中多样化地改变设计效果
16. 时间轴面板	17. 仿制源面板	18. 图层复合面板
用于制作图像动画，可以编辑帧或时间轴持续时间等。早期版本叫“动画”面板	在使用仿制图章工具或修复画笔工具时，可以设置5个不同的样本源进行自由仿制	可以在一个文件中多样化地改变设计效果

4.2 Photoshop简单编辑

Photoshop是个功能强大的软件，在电脑绘画和图像处理方面，都有不可替代的绝对优势，若要使用好它，需要长期地学习和研究。本节先讲最基本的编辑操作，为后面的具体应用打下基础。

4.2.1 文件的简单操作

1. 创建Photoshop文档

（1）双击桌面上的Photoshop CC图标，启动Photoshop程序，选择菜单“文件”|“新建”命令（快捷键Ctrl+N），弹出“新建文档”对话框（图4-9）。

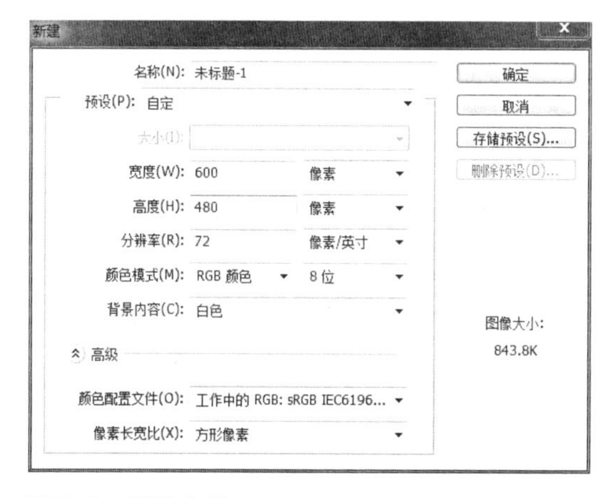

图4-9 新建文档

（2）点“预设”后面的黑三角，可以选择纸张类型，如A4等标准纸、照片纸等，这里我们选择“自定”。在“宽度”文本框中输入“600”单位为“像素”，“高度”文本框中输入“480像素”，“分辨率”输入“72像素/英寸”。“颜色模式”设置为“RGB颜色”、“8位”，“背景色”为白色，单击“确定”按钮，就新建了一个Photoshop文档。

提示：在输入画布尺寸时，可以选择的单位有像素、英寸、厘米和毫米等，同样图片分辨率的单位也有像素/英寸和像素/厘米。文件的分辨率越高，图像越精细，但同时文件也会越大。一般在网络上使用72像素/英寸，但如果要出图打印常用150像素/英寸或300像素/英寸。

（3）工作区内出现了白色背景的画布，现在就可以绘制图形了。

2. 文档的保存与打开

（1）保存文档。如果是新建的文档，执行菜单“文件”|“存储”命令（快捷键Ctrl+S）；如果是已经存在的文档，需要保存为其他格式，执行菜单“文件”|“存储为”命令。两个命令弹出的窗口基本一样（图4-10）。分别选择好保存的路径和格式，并为文件命名后，点击“保存”按钮。

图4-10 “存储为”对话框

（2）Photoshop创建的文档默认后缀为.psd，我们称这种格式为源文件，它有效地保存了制作过程，方便修改，但不能直接应用到网页中，实际应用时要先优化，后导出为.gif或.jpg格式的图像。

（3）打开文档。已经存在的Photoshop源文件或者其他图片格式的文件，我们只要

图4-11 矩形工具选项栏

执行菜单“文件”|“打开”命令（快捷键Ctrl+O），就可在弹出的窗口中依提示操作，打开文档。

图4-12 绘制矩形

4.2.2 绘制几何形状

1. 绘制矩形

（1）启动Photoshop CC，按下键盘上的Ctrl+N键打开“新建文档”对话框，参考上一节设置好参数，直接单击“确定”按钮，进入文档编辑状态。

（2）选择工具箱里的“矩形工具”，并在选项栏里设置模式为“形状”，填充为“浅蓝色”，描边为3点（图4-11），其他不用管。

（3）在画布上按下鼠标左键进行绘制，矩形绘制完成（图4-12）。

（4）**提示：**制作好后，可以通过调整属性面板的参数，来修改图形（图4-13）。并且，通过修改参数，矩形和圆角矩形之间很方便做切换。如果需要四个圆角的度数不同，就点击属性面板中的键，解除链接。

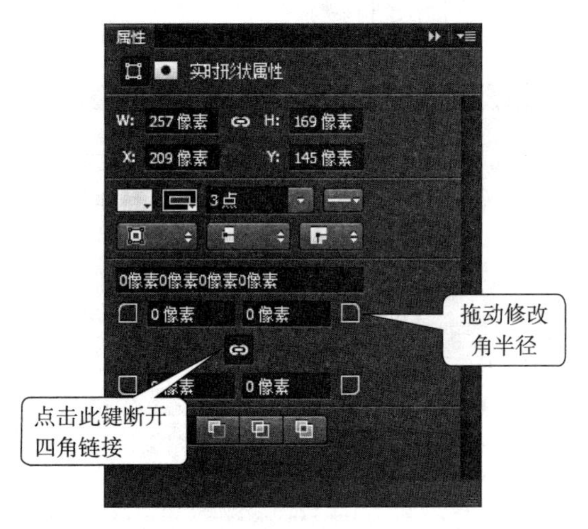

图4-13 矩形工具属性面板

2. 绘制直线

绘制直线要用到“直线工具”，它位于工具箱矩形工具复合组内（图4-14）。下面运用直线工具绘制几个线条。

（1）新建一个Photoshop文档。

（2）如图4-14所示，按住工具箱中的“矩形工具”不放，弹出复合工具列表，在其中选择直线工具。

（3）选择工具选项栏中模式为“像素”，粗细为“5像素”（图4-15）。

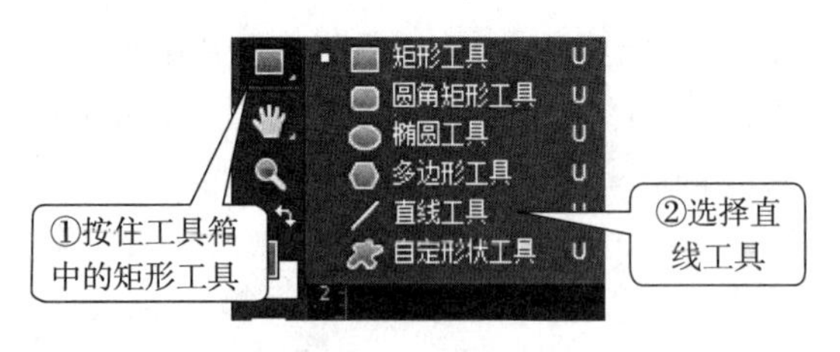

图4-14 直线工具

图4-15 直线工具的选项栏

（4）将鼠标移动到画布上，鼠标指针变成了十字状，按下鼠标左键拖动至合适位置处松开，直线就绘制完成了，如图4-16线①所示。

（5）**提示**：选择所有的形状工具时，工具选项栏中模式组选项是相同的，选中“形状”模式将创建一个形状图层，“路径”模式将创建一条路径，“像素”模式将在当前图层创建图形。因为刚刚直线采用的“像素”模式，画好后不能被修改。

（6）单击选项栏中设置按钮，可以画带有箭头的直线，并通过修改起点、终点、宽度、长度、凹度等参数，绘制不同形状箭头，如图4-16线②线③所示图形和参数。

3. 绘制多边形

（1）在创建好的Photoshop新文档，还是在同一个工具组里选择“多边形工具”。

（2）在选项栏中（图4-17），模式选“形状”，填充“红色”，描边“黑色”“3点”，边为“5”。然后在画布上按下鼠标左键，绘制出五边形（图4-18）。

（3）单击选项栏设置按钮，打开“多边形”选项框（图4-18），勾选“星形”复选框，其他参数不变，这时将绘制出星形。

4. 绘制圆形

这里我们以“禁止长时停车”符号为例，练习下圆、椭圆、圆环的绘制。

（1）创建好的Photoshop新文档，选择“椭圆工具”。

（2）在选项栏中（图4-19），模式选“形状”，填充：“蓝色”，描边：“红色”“30点”。然后按住Shift键同时在画布上按下鼠标左键，绘制出一个正圆（图4-20）

（3）选择“直线工具”，在选项栏中将粗细设置为“30像素”，其他参数不变，绘制斜线，绘制效果如图4-21所示，此时的图层面板如图4-22所示。

（4）**提示**：上图中，笔者加了参考线，为了准确定位圆的起点。参考线需要从上标尺处拖动鼠标向下（或者左标尺处拖动鼠标向右）拉出的浅蓝色线，可以添加多条参考线。可以用移动工具调整参考线位置，移

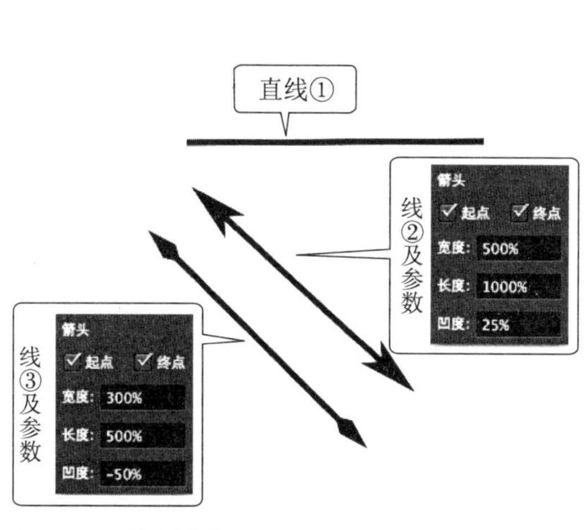

图4-16 绘制直线

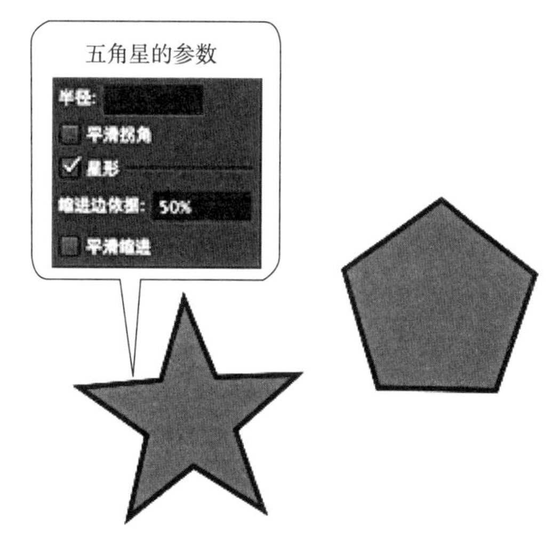

图4-18 绘制多边形

图4-17 多边形工具的选项栏

图4-19 椭圆工具的选项栏

图4-20 使用椭圆工具

图4-21 绘制“禁止长时停车”标志

图4-22 图层面板

回标尺处等于去掉参考线。

（5）提示：椭圆绘制，直接拖动鼠标；正圆绘制，按住Shift键的同时拖动鼠标；圆环绘制，填充的参加选择关闭，描边值加大。

5. 绘制自定形状工具

（1）在创建好的Photoshop的新文档窗口选择“自定形状工具”。

（2）单击选项栏中的“形状”后面的图形，打开自定形状拾色器窗口（图4-23）。这里列出的形状非常少，但系统其实自带了很多形状，需要我们手动追加。方法如下，点击如图4-23所示的右侧按钮，在弹出的菜单中会看到很多类型，比如我们这时点击“装饰”项，弹出替换对话框（图4-24），单击“追加”按钮，装饰类形状就添加到了形状拾色器窗口（图4-25）。

（3）在这些形状中选择一个花装饰图案（图4-25），在画布上拖动鼠标左键进行绘制，效果如图4-26所示。

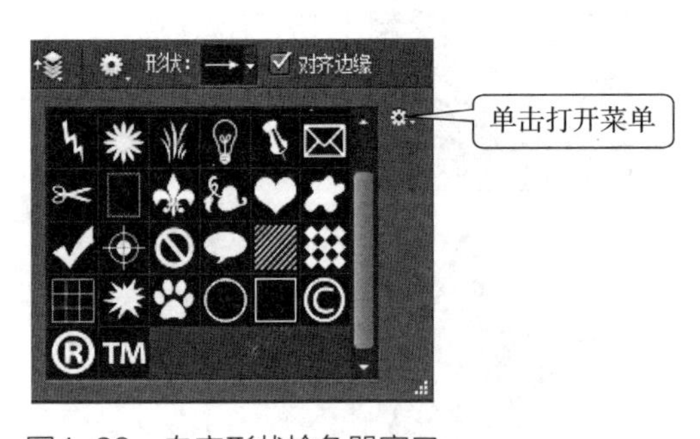

图4-23 自定形状拾色器窗口

图4-25 新增加的装饰类形状

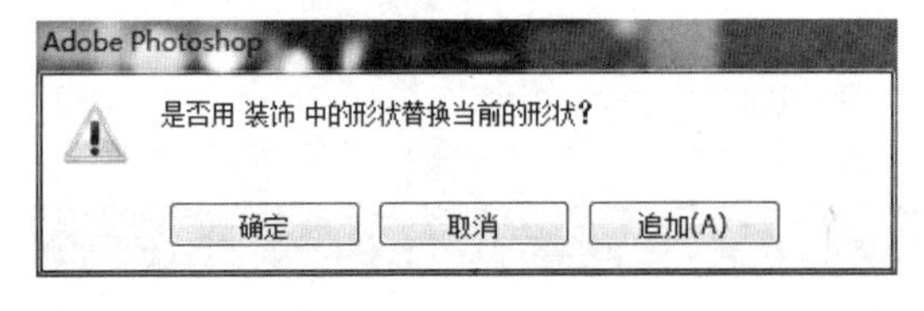

图4-24 “替换”对话框

图4-26 绘制自定形状

4.2.3 使用钢笔工具

前面绘制的几何形状比较规则，在实际网页设计还经常需要绘制曲线及自由形状，钢笔工具在图形绘制和抠图中是最为重要的工具，而它的掌握又是最有难度的。本节将使用钢笔工具来绘制曲线等不规则形状，了解钢笔工具的初步使用和路径的基本常识。

1. 运用钢笔工具绘制曲线

简单地说，所有形状的轮廓就是路径，Photoshop提供了专门的路径面板，结合钢笔等工具可以很方便地编辑修改、重复使用，下面进行实际绘制。

（1）在创建好的Photoshop的新文档窗口选择“钢笔工具”。钢笔工具这里也是一组工具（图4-27），后面我们会分别做介绍。

（2）查看选项栏中的模式是否为“路径”，如果不是请修改为路径模式。

（3）使用“钢笔工具”在画布上单击鼠标左键，出现一个实心小矩形点，叫锚点，移动鼠标指针到其他位置不断地单击鼠标就可以绘制出直线路径（图4-28）。

（4）要闭合路径，把“钢笔工具”放置到第一个锚点上，如果定位准确，就会在靠近钢笔尖的地方出现一个小圆圈。单击或拖动可以闭合路径（图4-29）。

（5）钢笔工具绘制平滑的曲线时要在按下鼠标左键的同时拖动，还是上例中的三点构图，只是在每个点按在鼠标后，都向后侧（下一点方向）拖拽鼠标，拖出方向线，再同理点击下一点，直到闭合图形（图4-30）。

（6）**提示**：由锚点处拖出的指示线段叫方向线，方向线是左右各一根，可以分别调整。它的长度和斜度决定了曲线的形状，但它不是形状的一部分。

2. 编辑曲线路径

使用钢笔工具绘制的曲线常常需要修改，修改时要用到“添加锚点工具”、“删除锚点工具”和“转换点工具”。这3个工具都在钢笔工具的复合组内。

选择“添加锚点工具”后，鼠标指针移到路径上时变为带“十”号的钢笔尖，单击需要添加锚点的位置就可以增加一个锚点（图4-31）。

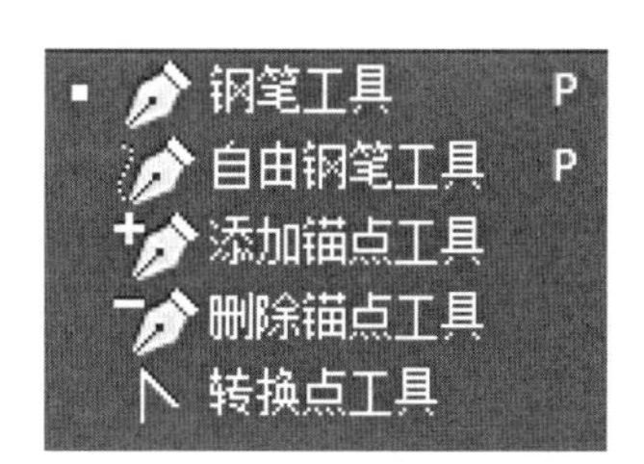

图4-27　钢笔工具组

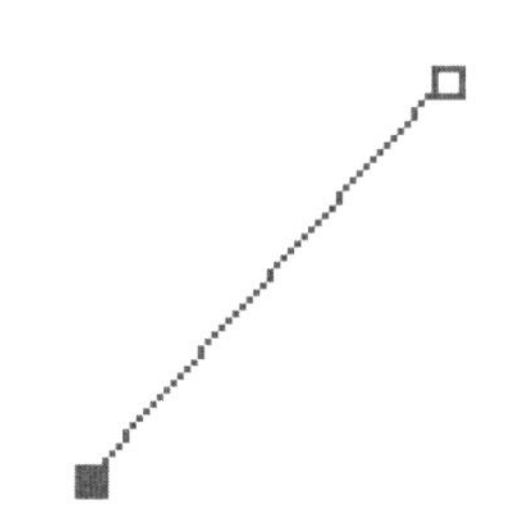
图4-28　绘制直线路径

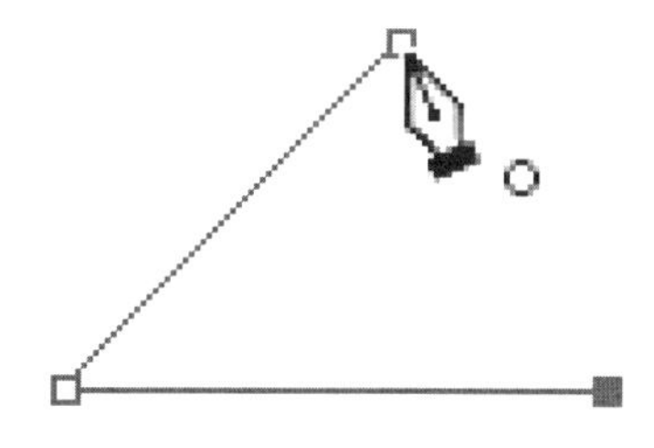
图4-29　闭合路径

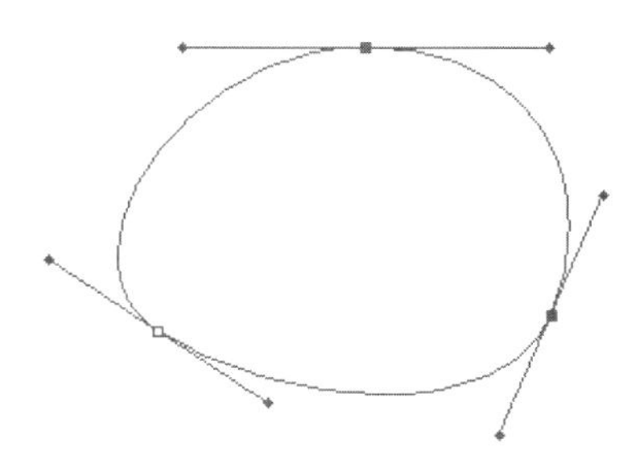
图4-30　绘制曲线路径

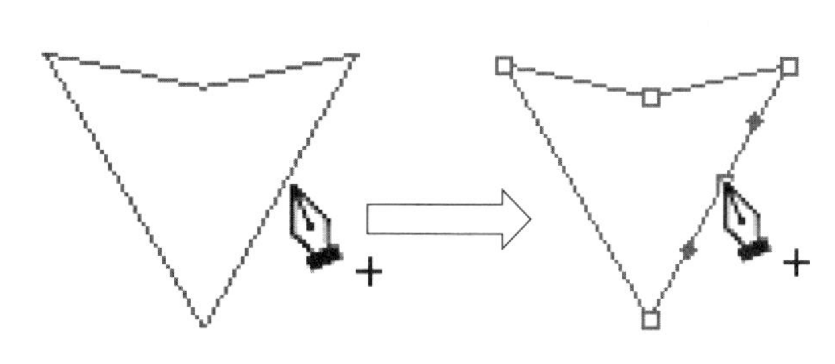
图4-31　添加锚点

选择“删除锚点工具”后，鼠标指针移动到被选择的锚点上时变为带“—”号的钢笔尖，单击锚点可以删除锚点（图4-32）。

提示：其实使用钢笔工具也能实现添加或删除锚点的功能，但前提必须是路径处在选择状态下，这样操作在锚点非常密集的地方会导致失误操作，所以在这种情况下提倡使用专项工具。

钢笔工具创建的锚点有两类：角点和平滑点。使用“转换点工具”可以在这两类锚点间自由变换。在角点上拖动锚点出现方向线，角点变成了平滑点（图4-33）。在平滑点单击，变成角点（图4-34）。

绘制好的路径在编辑修改时，往往要使用路径选择工具选择路径，Photoshop提供了两种路径选择工具：路径选择工具和直接选择工具，它们在同一复合工具组内。

使用“路径选择工具”单击路径，整条路径选中，所有的锚点以实心黑色方框显示（图4-35）。使用“直接选择工具”，单击路径，所有的锚点以空心方框显示，再单击锚点，选中的锚点以实心黑色方框显示（图4-36）。

使用直接选择工具拖动锚点可以移动锚点的位置（图4-37）。拖动方向线可以改变它的方向和角度（图4-38）。

提示：按住Shift键单击可以选择多个锚点，或者拖曳鼠标框选多个锚点，从而实现同时移动多个锚点的效果。

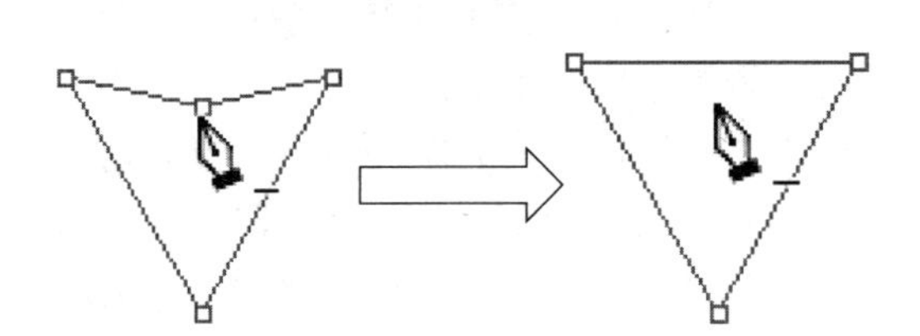

图4-32　删除锚点

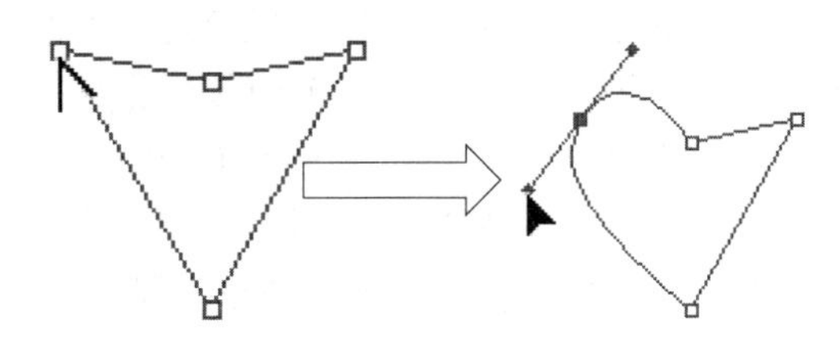

图4-33　角点变换为平滑点

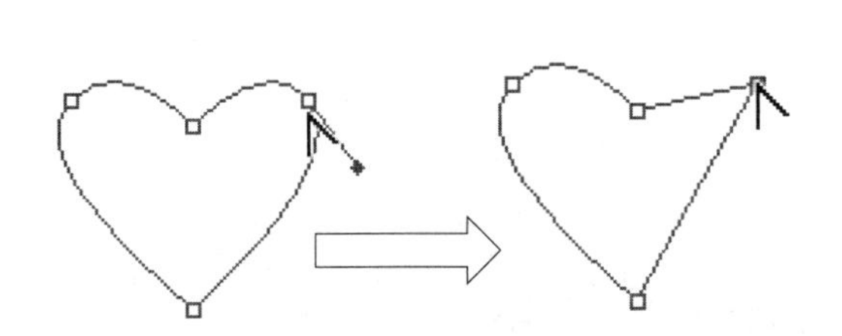

图4-34　平滑点变换为角点

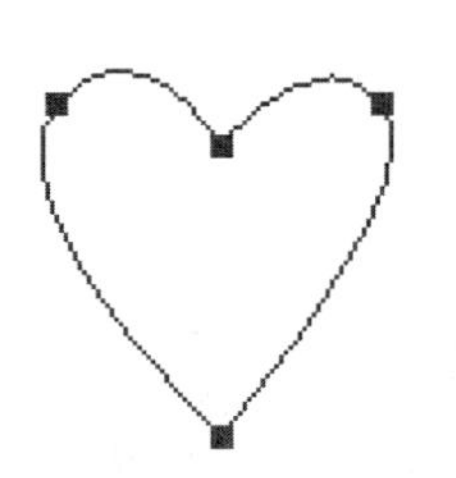

图4-35　选中整个路径　图4-36　选择单个锚点

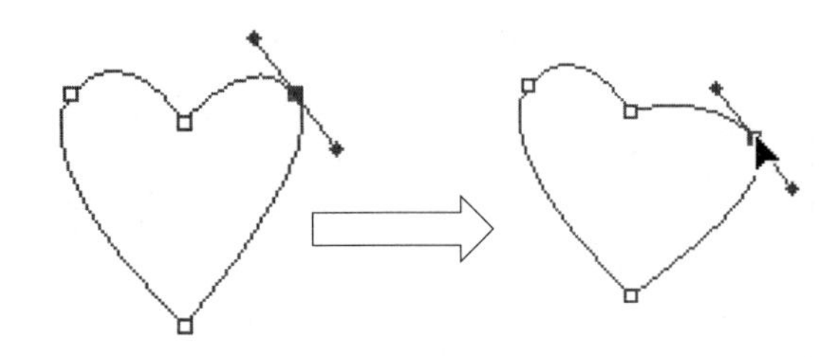

图4-37　移动锚点

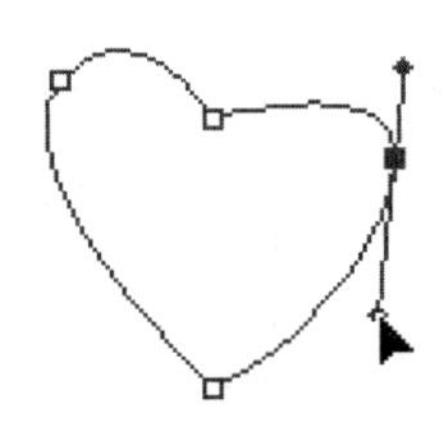

图4-38　拖动方向线

3. 使用自由钢笔工具绘制任意路径

使用自由钢笔工具可以任意绘图，就像用钢笔在纸上绘画一样，但在绘图时，它可以自动添加锚点，完成路径绘制后可以进一步对它进行调整。下面进行实际绘制。

（1）选择“文件”|“打开”命令，在“打开”对话框中选择要打开的文件，单击“打开”按钮将一幅树叶图片打开在文档中。

（2）按下“钢笔工具”不放，弹出复合工具下拉列表，在其中选择“自由钢笔工具”。此时可以按下鼠标左键任意绘制线条。

（3）单击选项栏中的“选择设置”按钮，打开自由钢笔选项框，将“曲线拟合”设置为2px，选择“磁性的”复选框，设置好其他参数（图4-39）。

图4-39　自由钢笔选项

（4）使用“自由钢笔工具”沿着叶子边缘拖动鼠标，自动出现一条带有锚点的曲线路径（图4-40）。

（5）**提示**：自由钢笔“选择设置”中，“曲线拟合”项控制绘制路径时对鼠标移动的灵敏度，数值越高，创建的路径锚点越少，路径越光滑。“磁性的”项决定绘制时路径可以自动吸附到图像的相关点上。在绘制过程中，如果对刚生成的锚点不满意，可以点击 Delete 键最近一个，且可以多次点击，向前删除锚点。

4. 描边和填充路径

绘制出的路径不是形状，在网页设计时必须进行填充、描边或转换成选区等操作才能做出效果。下面实际操作一下。

（1）在工具箱点击前景色块，将前景色设置成紫色。

（2）打开“图层”面板（图4-41）点击“新建图层”按钮，新建一图层。

（3）打开“路径面板”（图4-42），点击“用前景色填充路径”按钮，为路径填充颜色。

（4）回到图层面板，选择图层类型为“叠加”（图4-43）。最终效果如图4-44所示，我们看到一片叶脉清晰的红叶。

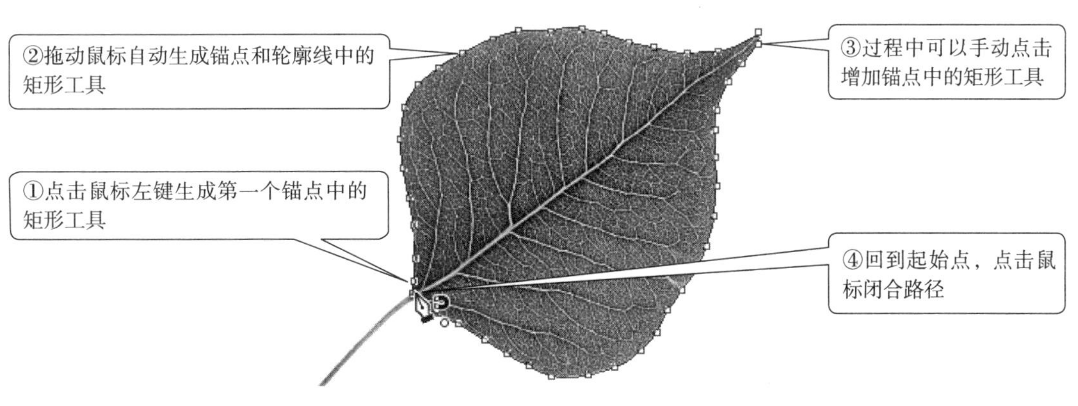

图4-40　使用自由钢笔工具绘制自由路径

图4-41　新建图层

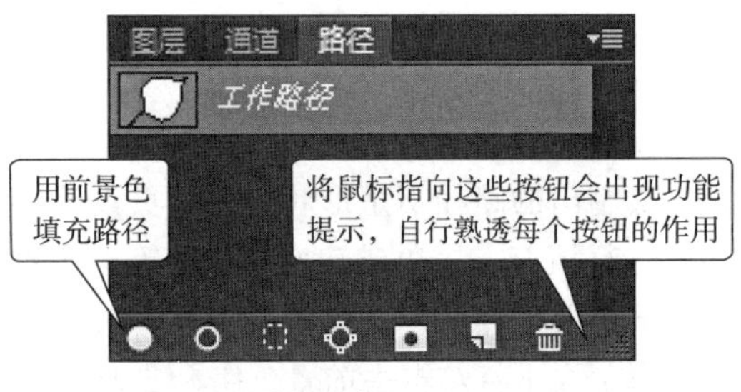

图4-42　路径面板

图4-43　修改图层类型

图4-44　最终效果

4.2.4　使用画笔工具

Photoshop的画图工具包括画笔工具和铅笔工具，使用它们绘图就像手绘一样，再加之丰富的笔触、灵活的模式等参数，定能设计出美轮美奂的网页底稿。

（1）单击选择“画笔工具”，在选项栏中单击此按钮，打开画笔面板（图4-45）；再点击左侧的“画笔预设选取器”，打开画笔预设窗口（图4-46）。

（2）我们在预设选取器里选择不同的画笔，会注意到画笔面板的选项会跟着改变，参照画笔面板我们能清楚地了解每个画笔的参数。这两个窗口对比发现，画笔面板的选

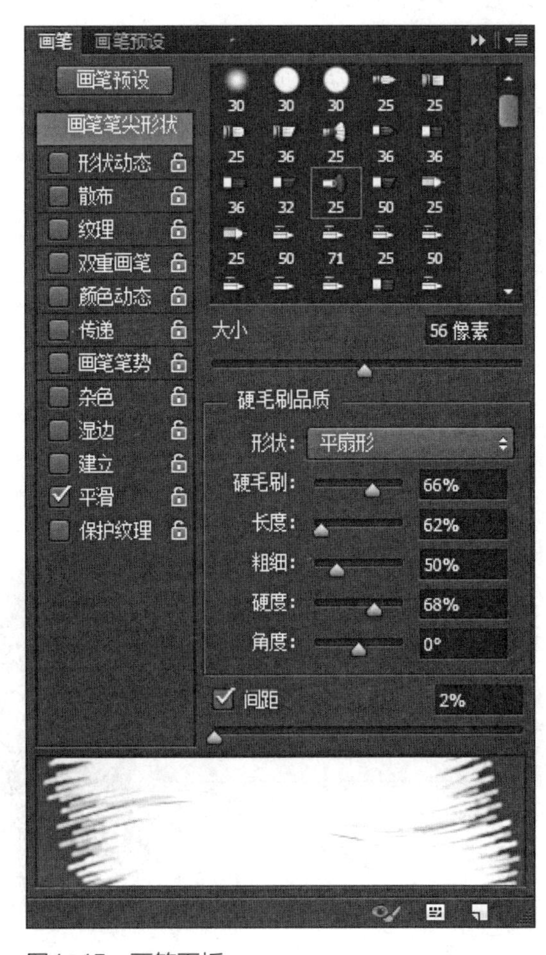

图4-45　画笔面板

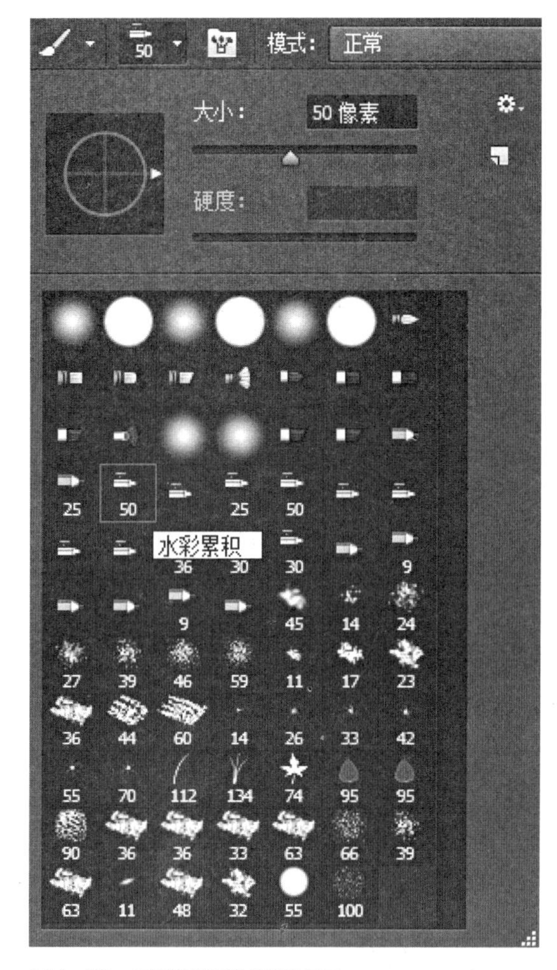

图4-46　画笔预设选取器窗口

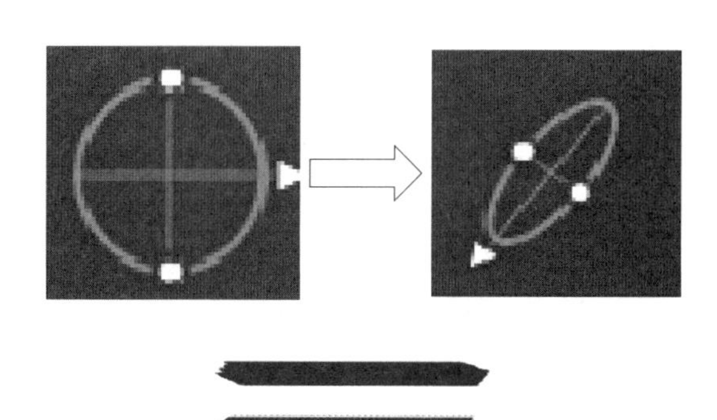

图4-47　修改笔刷形状及其效果图

择项更具体明了，“画笔预设选取器”的操作更简易快速。

（3）单击画笔预设选取器窗口右上角的设置按钮 ⚙（图4-46），在弹出的下拉菜单中可以选择其他画笔类型，进行追加。

（4）在画笔预设选取器窗口中，“主直径”用来设置画笔的大小，“硬度”用来设置画笔边缘的柔和程度，数值越小越柔和。有的笔刷选取后，在预览窗可以修改笔刷形状为椭圆（图4-47），右侧上下分别为左侧两个笔刷的效果图，这些参数需要反复尝试体会。

4.3　经典抠图方法

用Photoshop制作平面广告，素材的加工和处理是特别重要的操作，一个平面广告设计师，不可避免地要使用抠图方法，来提取大量原始素材，比如把所宣传的产品从原始照片中拿出来，合成到一个内容丰富的宣传图片中。抠图是平面设计的基本功，对于抠下来图片的精确度的要求是非常高的，它会决定后续合成工作的融合度与真实性。抠图的方法很多，下面我们来学习几个比较常用的抠图方法。

4.3.1　使用魔棒和快速选择工具抠图

魔棒工具和快速选择工具是在一个工具组里，这两个工具的作用都是完成快速选取指定对象的目的，可作为抠图的简单工具使用。

1．使用魔棒工具抠图

以抠取“红盒子.jpg”图片中的红色盒子为例，我们来讲解使用魔棒工具完成抠图的方法。

（1）运行Photoshop程序，并打开“红盒子.jpg”图片素材。

（2）选中工具箱中的魔棒工具，在

选项栏中选择容差值50 容差：50，这里值越大，对于颜色的区分度越低，考虑到背景有阴影变化，所以加大容差。

（3）在白色背景上点击鼠标，产生选区（图4-48），这时选中的是背景色。

（4）执行菜单“选择” | “反选”命令，选区翻转，这时选中的就是盒子了。

（5）执行快捷键 Ctrl + C 复制，Ctrl + V 粘贴图像。观察图层面板，选区里的内容已经存在于一个新图层上（图4-49），关闭背景层。查看抠图效果（图4-50）。

2．使用快速选择工具抠图

还是以上例中图片为例，我们用快速选择工具来完成抠图。

（1）运行Photoshop程序，并打开“红盒子.jpg”图片素材。

（2）选中工具箱中的快速选择工具，在选项栏中选择“添加到选区”按钮，画笔大小：50像素。

（3）在红色区域按下鼠标左键并拖动，进行选取，并且在没选中的区域多次重复拖选动作，直到盒子部分全部选中（图4-51）。

（4）执行快捷键 Ctrl + C 复制，Ctrl + V 粘贴图像。观察图层面板，选区里的内容已经存在于一个新图层上，关闭背景层，查看抠图效果（图4-52）。

4.3.2 使用磁性套索工具抠图

在工具箱里，磁性套索工具和套索工具、多边形套索工具在一个工具组中。磁性套索工具适用于针对边缘复杂且对比度较强的图片进行抠图。下面以抠取“菊花.jpg”图片中的菊花为例，我们来讲解使用磁性套索工具完成抠图的方法。

（1）运行Photoshop程序，并打开“菊花.jpg”图片素材（图4-53）。我们要抠取左侧这朵比较清晰完整的菊花（图4-54）。

（2）选中工具箱中的磁性套索工具，在选项栏中设置宽度10像素，对比度60%，频率70（图4-55）。

图4-48 选中白背景

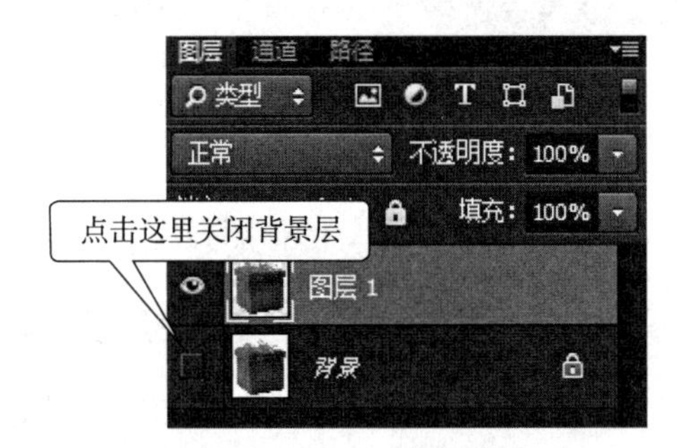

图4-49 抠出后的图层面板

图4-50 最终效果

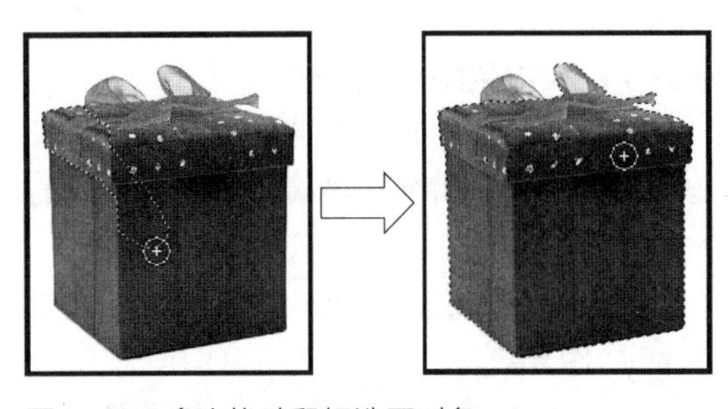

图4-51 多次拖动鼠标选区对象

图4-52 选区及抠图后的效果

图4-53　原始图

图4-54　最终效果

图4-55　磁性套索工具选项栏

（3）**提示：**宽度，指要检测的宽度，磁性套索只检测从指针开始到指定数值的距离内的边缘。对比度，指规定套索对图像边缘的灵敏度，边缘越分明，色差越大，数值设置可以越高，连缘模糊则要把对比度设置低些。频率，指套索操作过程中，产生锚点的频度，连线复杂越大，频度设置越高。

（4）在菊花边缘任选一处，点击鼠标开始沿花瓣边缘索边，直至套索闭合，生成选区（图4-56）。**提示：**索取边线时，用Delete键删除刚产生的锚点；点击鼠标，可强制产生锚点；双击鼠标可自动比例套索，生成选区。

（5）观察原图，花瓣的右侧有处空隙（图4-53），这时我们要选择选项栏中的“从选区减去”按钮，并设置宽度成4像素，按快捷键Ctrl+=放大图片，用磁性套索工具选出这个空隙。选好后，这个区域会从第一

图4-56　磁性套索工具索边效果

次索取的大选区中减去。

（6）执行快捷键Ctrl+C复制，Ctrl+V粘贴图像。观察图层面板，关闭背景层。查看抠图效果。

4.3.3 使用橡皮擦工具抠图

工具箱里的橡皮擦工具组包括橡皮擦、背景橡皮擦、魔术橡皮擦三个工具。橡皮擦顾名思义，是对图像做去除操作，背景橡皮擦和魔术橡皮擦都是去除单一色彩，不同的是背景橡皮擦需要操作者手动去除，魔术橡皮擦可自动擦除一种颜色。下面我们就结合三个工具完成“美女.jpg”素材中人物的抠图。

1. 使用橡皮擦工具去背景

下面我们就结合三个橡皮擦工具完成“美女.jpg”素材中人物的抠图。

（1）运行Photoshop程序，并打开“美女.jpg”图片素材（图4-57）。

图4-57　原始图

（2）在图层面板中，将背景层拖到新建图层按钮上，复制背景层（图4-59）。然后点击面板上的眼睛按钮，关闭背景层。**提示**：我们在进行修图工作中，一定要注意保留原始图像，橡皮擦工具会直接破坏原始素材，所以使用这个工具前要复制一个复本层。

（3）选中工具箱中的魔术橡皮擦工具，在选项栏中设置容差20像素，不透明度100%，然后在背景区域反复点击，最大范围去除背景色（图4-60），除了头发部位还不能擦干净，背景中还会留下些细小的杂色斑点。

（4）选中橡皮擦工具，笔刷大小同画笔大小一样可调整，不透明度和流量都设置成100%。用该工具将背景中留下的杂色斑点擦除。前后效果如图4-61所示。

（5）接下来就是对头发部位的处理。选中背景橡皮擦工具，点击工具箱里的背景色，吸取如图4-62所示的灰色背景；同理点击前景色，吸取头发部位棕色为前景（因头发颜色变化大，这里只能约个居中颜色）。在

图4-58　最终效果

图4-59　复制图层

图4-60　魔术橡皮擦后的效果

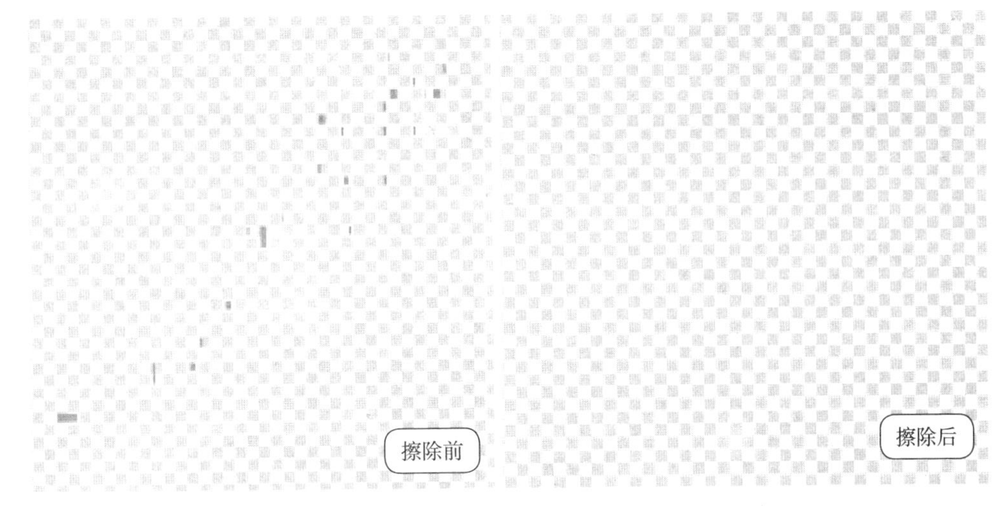

图4-61　橡皮擦工具擦除前后的效果

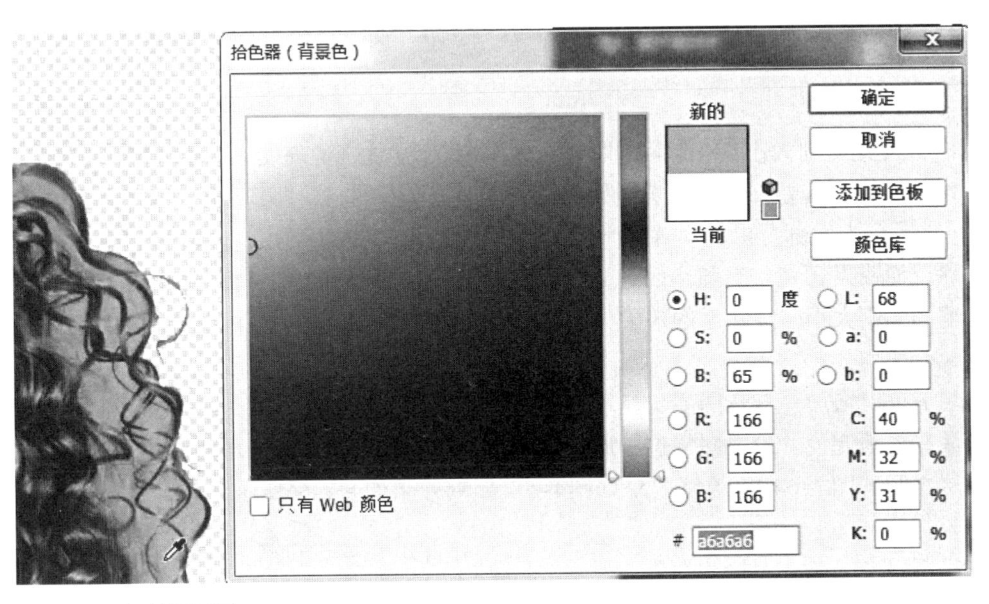

图4-62　复制图层图

图4-63 用背景橡皮擦抠取头发

图4-64 添加渐变色图层作为背景

图4-65 原始图

图4-66 最终效果

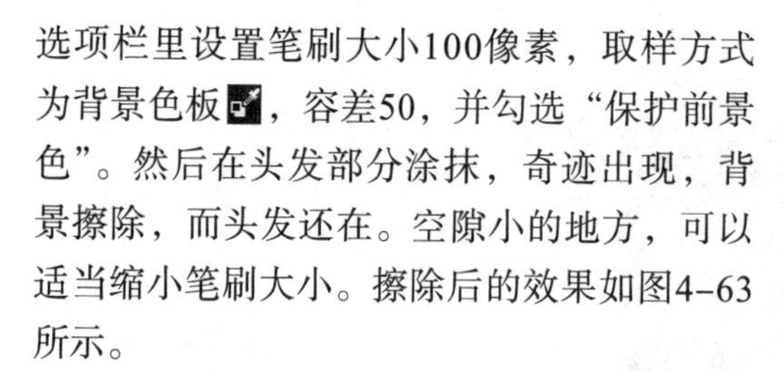

选项栏里设置笔刷大小100像素，取样方式为背景色板，容差50，并勾选“保护前景色”。然后在头发部分涂抹，奇迹出现，背景擦除，而头发还在。空隙小的地方，可以适当缩小笔刷大小。擦除后的效果如图4-63所示。

（6）可以增加一背景图层，查看抠图效果，最好是渐变色背景，图层位于原始层和抠图层之间（图4-64）。最终效果如图4-58所示。

2. 魔术橡皮擦出半透明效果

使用魔术橡皮擦还可以实现半透明抠图，这个功能在处理玻璃材质时特别有用。

（1）打开“眼镜.psd”素材（图4-65）。

（2）选中图层1，选中工具箱中的魔术橡皮擦工具，在选项栏中设置容差60，不透明度100%，然后在白色背景区域点击，去掉眼镜的背景。

（3）修改不透明度60%，在镜片位置点击，使镜片呈现半透明效果。制作完成，最终效果如图4-66所示。

4.3.4 使用钢笔工具抠图

钢笔工具在抠图界有着霸主的地位，用

图4-67　原始图

图4-68　最终效果

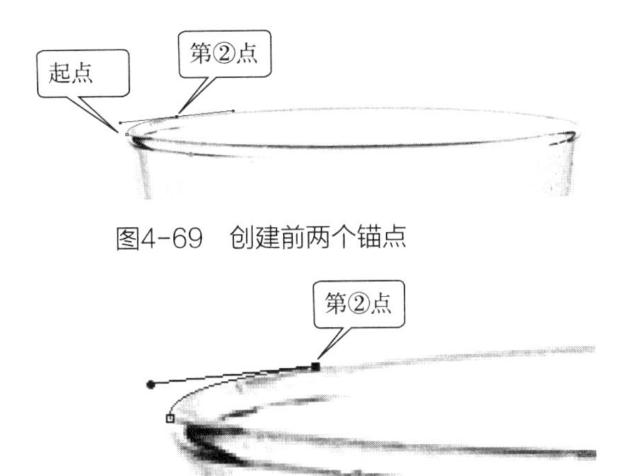

图4-69　创建前两个锚点

图4-70　删除锚点的一条方向线

它抠图的精度最高，但耗时长，需要细心和耐心。常用来抠取边缘并不清晰，又要求精确度高的图片。前一小节，我们介绍了用钢笔工具绘制路径，有了这个基础，我们就可以学习用钢笔工具抠图了。

（1）打开“玻璃杯1.jpg”素材（图4–67）。

（2）选中工具箱中的钢笔工具，在选项栏中选择“路径”模式。在杯口左侧点击，开始索边。观察杯子整体为曲线轮廓，因此从第②点开始，每次点击鼠标都要拖拉一下，出现两个方向线（图4–69），并且按住鼠标同时调整路径形状，至贴合图像，再释放鼠标左键。这样做，可以减少后面修整路径形状的工作量。

（3）**提示：**随时通过快捷键 Ctrl + = （放大图片）、Ctrl + – （缩小图片）来调整图片大小，查看索取的路径。

（4）创建好第②个锚点后，按住 Alt 键同时用鼠标点击锚点②，删除一个方向线（图4–70）。依此创建其他锚点，直至路径闭合（图4–71）。

图4-71　闭合路径后的效果

（5）路径创建好后，需要做进一步精确修整，比如调整锚点位置、调整路径提高精度。例如，通过放大查看，发现杯子右边路径与杯子边缘并不吻合，如图4–72左图所示，需要调整。选取工具箱中的直接选择工具，选中需要调整的锚点，如图4–72中图所示。拖移锚点位置（也可通过键盘上的方向键移动），完成路径调整，如图4–72右图所示。**提示：**如图移动锚点不能解决，需要拖曳如图方向线，调整路径。

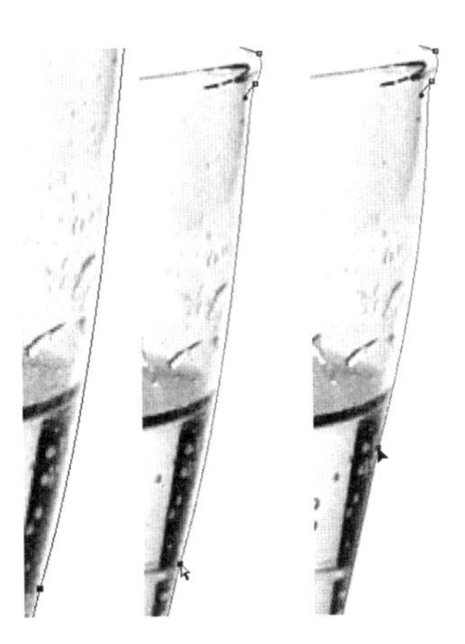

图4-72　移动锚点修改路径

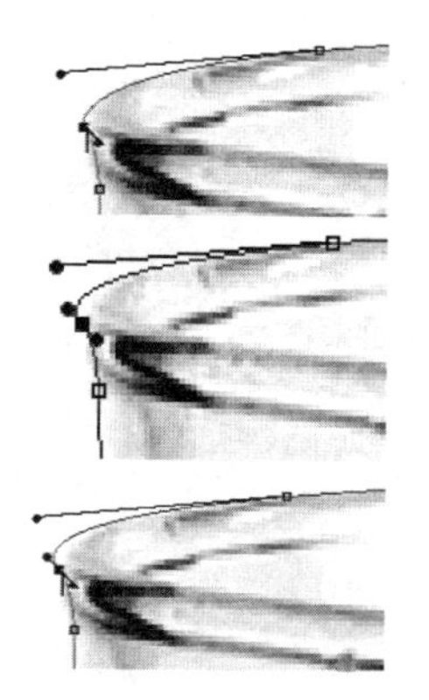

图4-73　修改起始锚点拟合边线

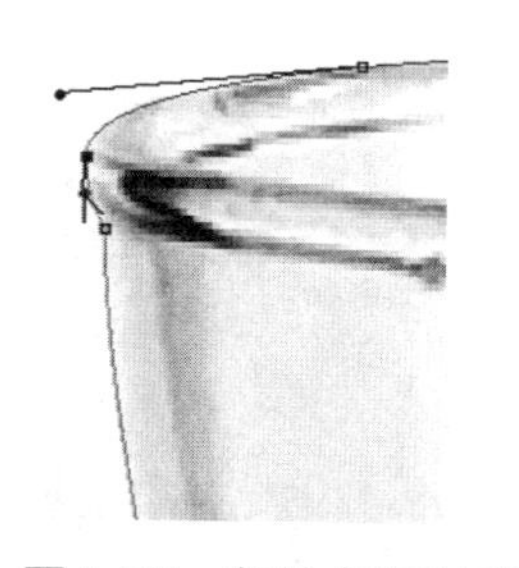

图4-74　起始点修改后效果

图4-75　将路径作为选区载入后效果

（6）其余锚点，参考此处修改。这里特别再说明下起始锚点的修改，如图4-73所示，放大后发现，这里的路径与杯子边缘不吻合，并且这点没有方向线。点击工具箱中的转换点工具，点击起始点并拖出方向线（图4-73），删除一侧方向线，方向同上（图4-73），调整保留下的方向线，使路径拟合（图4-74）。

（7）路径修改好后，打开路径面板，点击下面的“将路径作为选区载入”按钮，这时工作区里已生成选区（图4-75）。执行快捷键Ctrl+C复制，Ctrl+V粘贴命令，生成新图层，关闭背景层。查看抠图效果（图4-68）。

4.3.5　使用“调整边缘”抠图

我们在抠取对象时，对于动物或者人物的毛发处理，总是有些忌惮的。在CS 3.0版本以前，常结合抽出滤镜来处理毛发，CC版本没有了这个滤镜，取而代之的是“调整边缘”命令，相比抽出滤镜，它使用起来更为简单智能。下面我们以抠取“猫咪.jpg”图片中的猫咪为例，进行讲解。

（1）打开“猫咪.jpg”素材（图4-76）。这个图片有个特点，猫咪的毛色和背景色都是白的，很难用智能抠取工具的背景色，这里最好用的就是钢笔工具，我们再强化一下钢笔工具的使用。

（2）选中工具箱中的钢笔工具，在选项栏中选择“路径”模式。忽略边缘毛发，索出猫咪的轮廓（图4-78）。钢笔的使用参照上例，注意每产生一个锚点，一定要使用Alt+鼠标点击，删除一个方向线。

（3）打开路径面板，点击下面的“将路径作为选区载入”按钮，这时工作区里生成了选区（图4-79）。

（4）选中工具箱中的快速选择工具或者魔棒工具，这两个工具都有“调整边缘”命令，所以点击哪个都可以。点击选项栏中的“调整边缘”命令 调整边缘...，打开控制窗口（图4-80）。在视图模式下点击“视图”，在下拉列表中选择“黑底”，在选项栏里设置笔刷大小为28，沿猫咪的边缘涂抹（图4-81）。

（5）全部涂抹后，我们注意到动物的毛发已经显露出来，但有些地方增加了不该有的背景色，需要点击选项栏里的橡皮擦工具，将刚刚多补充进来的地方擦除，比如猫脚的位置（图4-82）。擦除也是精细活儿，需要将图片放大，笔刷变小。在调整过程中，可以点击调整边缘窗口中的“视图”，在下拉列表中选择其他视图方式，比如“背景图层”（图4-83），对比查看，精细修正。

（6）修正好后，在调整边缘窗口中，输出区内点击“输出到”后面的下拉列表，选择“新建图层”，然后点击“确定”按

图4-76　原始图

图4-77　最终效果

图4-78　钢笔工具索边

图4-79　生成选区

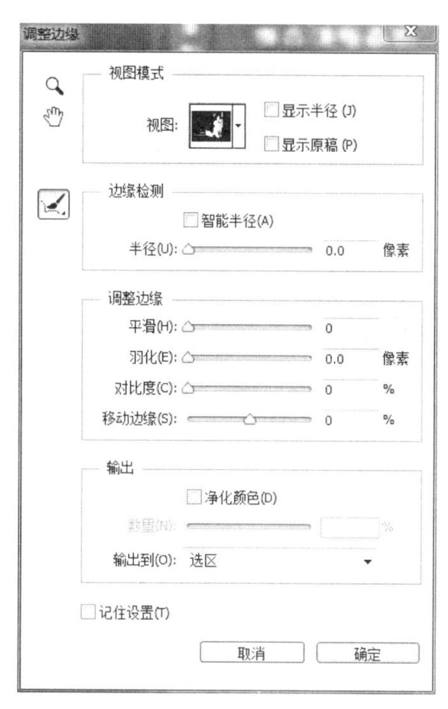

图4-80　调整边缘窗口

图4-81　涂抹边缘

图4-82　用橡皮擦修正

图4-83 “背景图层”视图

钮。此时观察工作区，抠图已经完成，并且以一个新图层的方式存在。我们也可以在抠取的动物层下面新建一个背景层，观察抠图效果（图4-77）。

抠图的方法还有许多种，比如形状工具抠图、磁性套索抠图、“色彩范围”抠图、“选取相似”抠图、通道抠图等，还有专门的抠图软件，比如KnockOut 、Vertus Fluid Mask、光影魔术手等，以上讲解的只是比较经典的几种方法，并且这几种方法好学、易理解，在实际操作中，我们都要灵活应用，以达到最好的效果为目的。

4.4 拼图调色

拼图和调色也是广告设计中经常用到的基本功。前一节我们讲的抠图实例中抠取的素材，就可以通过图层叠加的方式，达到简单的拼图效果（图4-84）。这样的简单操作我们不再做专门讲解，本节重点讲解蒙板的使用和拼图后色调的统一。

4.4.1 使用蒙板拼图

通过添加图层蒙版进行拼图，我们可以不破坏原有素材，并且后期修改也很便利。图层蒙版的使用有两种方式，一种是通过黑白渐变蒙版，让两幅图片产生融合效果，另一种是通过类似抠图的操作，制作蒙板。

1. 黑白渐变蒙版

通过在图层蒙版上添加黑色到白色渐变，使该图层图片与下面图层进行无缝融合。我们以两幅风景图为例，如图4-85所示，通过图层模版拼合成图4-86所示效果。

（1）在Photoshop中打开“风景1.jpg”素材图片（图4-85），执行快捷键Ctrl+A全选，Ctrl+C复制命令。然后打开“风景2.jpg”素材图片，执行Ctrl+V粘贴命令，此时两张图片已经叠加在一个文件中，并且

图4-84 简单拼图效果

图4-85　原始素材图

图4-86　最终效果

图4-87　复制图像

图4-88　调整图像大小

模式：正常　不透明度：100%　反向　仿色　透明区域

图4-89　复制图像

分居两个图层（图4-87）。

（2）执行Ctrl+T命令，对图层1进行自由变换，通过调整周边控制点（图4-88），使其与背景图层等大，调整完成后，点击选项栏中的提交变换✓按钮。

（3）图层面板上点击下方的“添加图层蒙版”按钮，为图层1创建蒙版。选中工具箱中的渐变工具，在选项栏中，渐变颜色选择“黑，白渐变”，渐变类型为“线性渐变”，勾选“反向”（图4-89）。在图层1的天空与草坪间按住鼠标左键并向下拖动，拉出一条直线（图4-90），松开鼠标，抠图完成，图层面板效果如图4-91所示。

图4-90　拖出直线以填充渐变色

（4）最后，将右上角的网址擦除。方法很多，比如用工具箱中的仿制图章工具，按住Alt键确定复制点，然后在有字的地方涂抹，反复修改复制点和涂抹，完成如

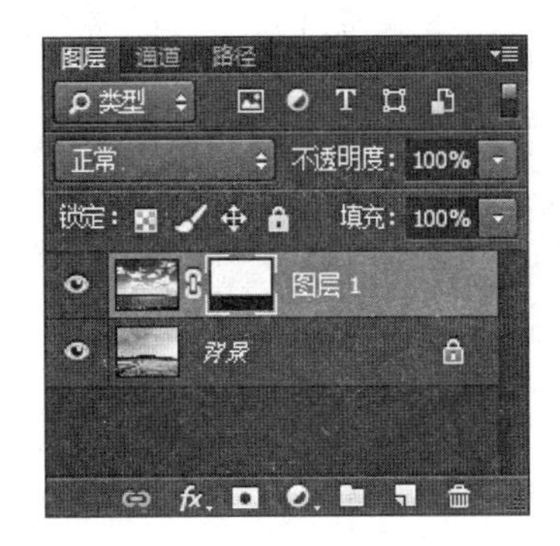

图4-91　图层面板效果

图4-92　右上角擦除文字后的效果

图4-92所示效果，最终效果如图4-86所示。

2. 形状蒙版

形状蒙版可以是任意形状，学生可以通过创建标准图形选区，并填充黑色或白色，自行练习。下面以“电视机”与“长颈鹿”的拼合为例，讲解复杂形状蒙版。

（1）在Photoshop中打开“长颈鹿.jpg”素材图片（图4-93），执行快捷键Ctrl+A全选，Ctrl+C复制命令。然后打开“电视机.jpg”素材图片（图4-93），执行Ctrl+V粘贴命令，此时两张图片已经叠加在一个文件中，并且分居两个图层（图4-95）。

（2）在图层面板上点击下方的“添加图层蒙版”按钮，为图层1创建蒙版。选中工具箱中的快速选择工具，在选项栏中选择“添加到选区”按钮，在图层1背景处涂抹，以选中所有背景区域（图4-96）。选中工具箱中的油漆桶工具，将前景色设置为黑色，在选中的区域里点击鼠标，填充前景色，效果如图4-97所示，抠图完成。

图4-93　原始素材图

图4-94　最终效果

图4-95　叠加后的工作区和图层面板

图4-96　快速选择工具选取背景图

图4-97　添加蒙版后

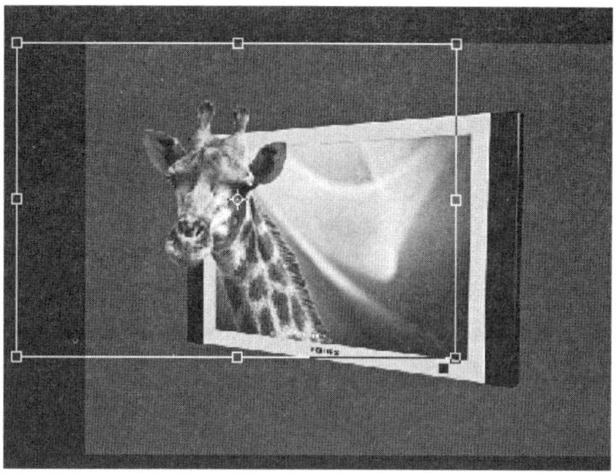

图4-98　通过自由变换进行调整

（3）执行Ctrl+D命令，取消选区。执行Ctrl+T命令，进行自由变换，通过调整8个控制点缩小、旋转图像（图4-98），并移动到合适位置上，完成拼图，最终效果如图4-94所示。

（4）**提示：**本例如果要做得精确，可以用快速选择工具选取长颈鹿，并执行“查找边缘”命令，参照上节，在边缘涂抹，以抠出毛发的效果，然后在输出区内点击“输出到”后面的下拉列表，选择“新建图层”，然后点击“确定”按钮。此时观察工作区，抠图已经完成，效果如图4-94所示一样，只是更精细了。

（5）**提示：**注意观察图层面板中蒙版层的特点，在原图片与蒙版之间有一个关联符，点击这里，可以取消原图与蒙版之间的关联，这样可以分别对原图和蒙版做修改。

（6）**提示：**注意观察长颈鹿右下部位，还有一串代码需要去掉，这里可以使用工具箱中的修复画笔工具，进行涂抹，不再赘述。

4.4.2　使用图层混合模式拼图

（1）在Photoshop中打开“月亮.jpg”素材图片（图4-99），在工具箱中选择磁性套索工具，在选项栏里设置羽化：2像素，在月亮边缘任意处点击，然后沿边缘移动鼠标，索取月亮轮廓（图4-101）。

（2）执行Ctrl+C命令，复制图像。然后打开“树影.jpg”素材图片（图4-99），执行Ctrl+V粘贴命令，此时两张图片已经叠加在一个文件中，并且分居两个图层（图4-102）。

图4-99　原始素材

图4-100　最终效果

图4-101 选取月亮

图4-102 复制月亮到新文件

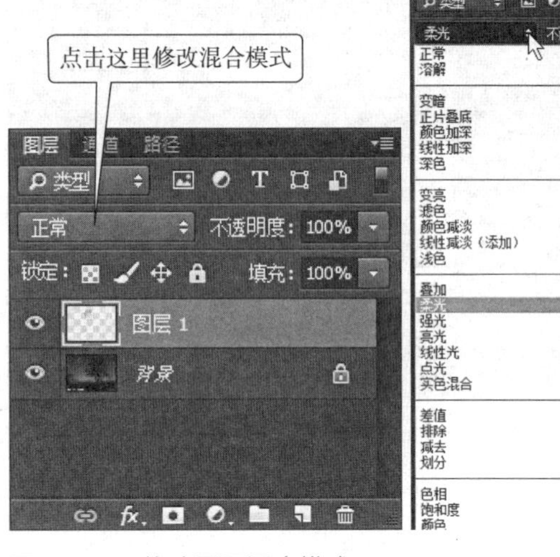

图4-104 修改图层混合模式

图4-103 调整月亮位置和大小

图4-105 调整月亮位置和大小

（3）执行Ctrl+T命令，调整月亮大小，并置于树梢上（图4-103）。现在月亮遮挡了树枝，且过于明亮，需要用图层混合模式，进一步处理。

（4）在图层面板中，点击如图4-104所示双三角，弹出图层样式下拉列表，选择“柔光”，选取后的效果如图，树枝显露出来，但月亮失去了光泽（图4-105）。将图层1拖入“新建图层”按钮，进行图层复制，生成“图层1拷贝”层，修改这一层的混合模式为“叠加”，效果如图4-106所示。

（5）为月亮添加发光效果。新建图层2，点击工具箱中的椭圆选框工具，按住Shift键，同时点击并拖动鼠标，在月亮外

图4-106　修改图层混合模式

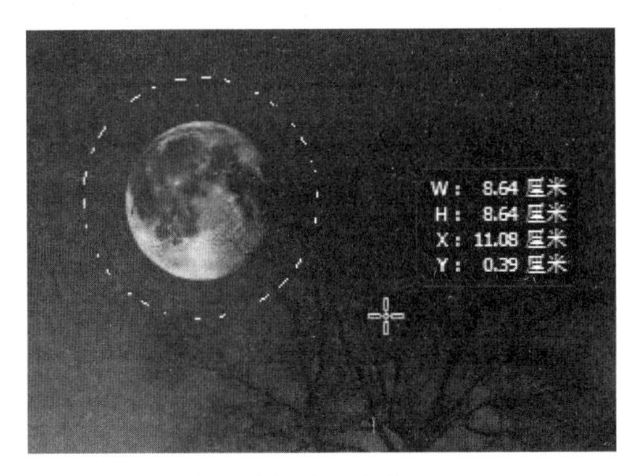

图4-107　调整月亮位置和大小

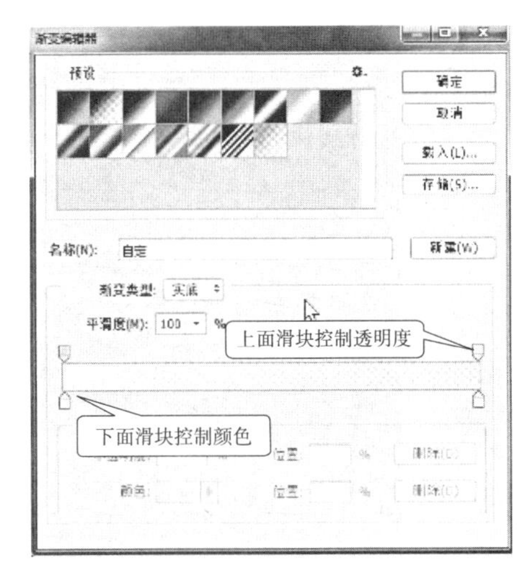

图4-108　渐变编辑器

绘一个圆形选区（图4-107）。在工具箱中选择渐变工具，在选项栏里选择“前景色到透明渐变”，并打开渐变编辑器，对色块进行调整（图4-108）。左侧滑块为白色，透明度35%；右侧滑块为白色，透明度0%，点击确定返回。选择渐变模式为“径向渐变”。在选区内，从圆心向外侧划一条直线，将渐变色填上，取消选区，本实例制作完成，最终效果如图4-100所示。

4.4.3　使用通道拼图

通道是Photoshop非常重要的一个功能，它用来保存图像的颜色信息，方便使用者利用颜色创建选区，进而完成抠图、拼图处理。下面我们来一起处理类似婚纱这种半透明效果的拼图。

（1）在Photoshop中打开“婚纱.jpg”素材图片（图4-109）。复制一背景层，并将原背景层关闭。先用磁性套索工具制作选区（图4-111）。执行菜单“选择”｜“反向”，反选背景，按Delete键删除背景，按Ctrl+D组合键，取消选区。

（2）打开图层面板，新建三个空白图层。打开通道面板（图4-112），按Ctrl键，同时点击红色通道，载入红色通道选区，回到图层面板，选中图层1为当前层，设置前景色为红色，按快捷键Alt+Delete，填充前景色（图4-113）。

（3）隐藏图层1，选中图层2，打开通道面板，按Ctrl键，同时点击绿色通道，载入绿色通道选区，回到图层面板，设置前景色为绿色，按快捷键Alt+Delete，填充前景色（图4-114）。隐藏图层2，选中图层3，打开通道面板，按Ctrl键，同时点击蓝色通道，载入选区，回到图层面板，设置前景色为蓝色，按快捷键Alt+Delete，填充蓝色（图4-115）。

（4）按Ctrl+D组合键，取消选区。在图层面板中，隐藏“背景拷贝”图层，显示

图4-109　原始素材图

图4-110　最终效果

图4-111　选取人物及婚纱

图4-112　通道面板

"图层1"和"图层2"，并且将"图层2"和"图层3"的图层混合模式改为"滤色"(图4-116)。

（5）在图层面板中，"图层1"、"图层2"、"图3"，按Ctrl+E组合键，合并图层。

（6）在图层面板中，复制"背景拷贝"图层，并将其移到最上层，按Alt键，同时点击下方的"添加图层蒙版"按钮，创建黑色蒙版。选择画笔工具，前景色设置为白色，在人物不应该透明的部位涂抹，让其清晰显示，效果如图4-117所示，同时选中最上方两个图层，按

图4-113　复制红色通道

图4-114　复制绿色通道

图4-115　复制蓝色通道

图4-116　图层面板设置及透明图像效果

图4-117　通过蒙版调整人物

图4-118　再次删除背景后

图4-119　背景素材

Ctrl+E组合键，合并图层。

（7）选中“背景拷贝”图层，使用魔棒工具，在该层空白中点击，获得选区。选中“背景拷贝2”图层，按Delete图键删除这一层背景，效果如图4-118所示。

（8）执行快捷键Ctrl+A全选，Ctrl+C复制命令，然后打开“背景.jpg”素材图片（图4-119），执行Ctrl+V粘贴命令，此时该抠取的女孩合并进这个文件。调整女孩的大小和位置，将裙子下摆处的文字用图章工具抹去，最终效果如图4-110所示。

4.4.4　调整图像色彩

对图像的处理，色彩和色调的调整也是关键所在，让拼合在一起的图像的色调相统一，往往是决定制作效果的最后一步。

图4-120　打开素材及直方图

Photoshop CC提供了许多专门针对色彩与色调调整的工具，它们基本都存在于菜单“图像”|“调整”里。本小节将重点例举几个常用且好用的调色工具。

1．使用直方图查看色彩信息

打开一幅图像，除了直观的判断其色彩是否存在不足，也常通过“直方图”来作分析。打开一张照片素材“丁香花.jpg”，并选择菜单“窗口”|“直方图”（图4-120），直方图窗口呈现出该图像的色彩分布。

直方图就是一个二维坐标系，横轴代表的是图像中的亮度，由左向右，从全黑逐渐过渡到全白；纵轴代表的则是图像中处于这个亮度范围的像素的相对数量。通过直方图我们便可以了解每张图片的明暗程度和色彩分布情况。

点击面板右上角的按钮，在下拉菜单中选择扩展视图，选取后的窗口如图4-121所示，窗口中多了“通道”选项，点击“颜色”，修改通道模式为“明度”（图4-122），这样可以先忽略颜色的干扰，明确判断图像的明暗度。如果是逆光拍摄会两边高，中间低。

通过观察直方图，发现两侧几乎没有信息点，我们可以明确判断，这张照片暗度和明度像素都缺失，需要进行图像调整。

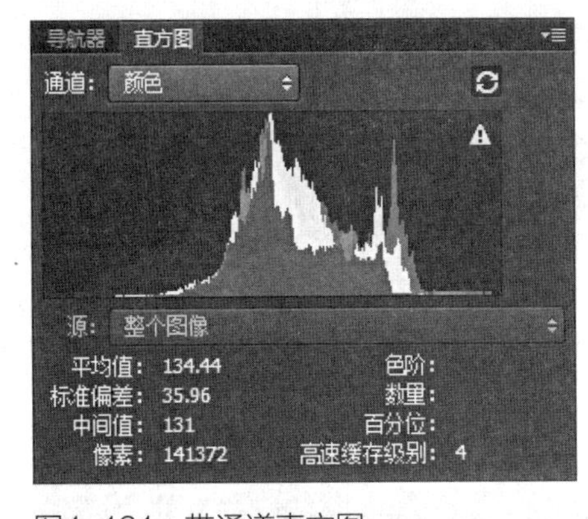

图4-121　带通道直方图

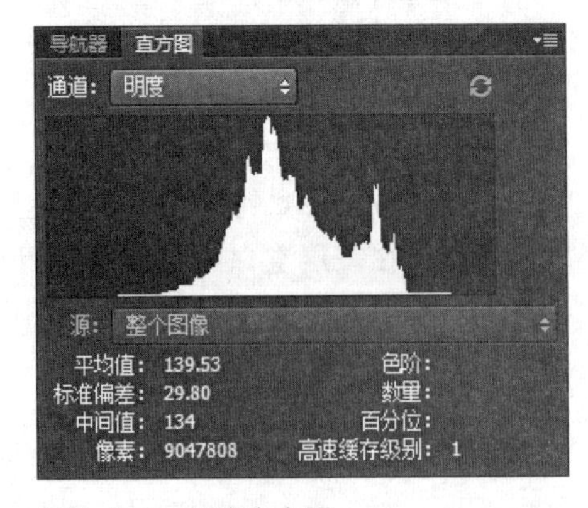

图4-122　明度直方图

2．色阶调整

色阶调整的方法，是通过调整图像的暗高、高光的亮度级别来校正图像色彩，与直方图的观察效果联系最为直接。我们继续以上一张丁香花的素材为例，完成色彩修正。主要是给照片增加暗度和高光区域。

（1）执行菜单“图像”｜“调整”｜“色阶”命令，打开色阶窗口（图4-123）。这个色阶图与直方图很相似，但多了些可以调整的滑块，点击面板右侧的“自动”按钮，先看下图片效果（图4-124），图片色彩对比度增加了，色阶窗口中控制暗度、灰度、高光度的滑块也被自动调整为：25、0.95、229。

（2）在色阶面板中，分别打开红、绿、蓝色通道，进行调整（图4-125）。调整的思想就是让每种色彩的暗调部分增加，高光部分适量增加。图像最终效果和修改后的直方图（图4-125）。此时的直方图与图4-122相比，分布已经比较均匀，且呈现正态分布效果，这是一张普通照片比较合理的色调分布状态（图4-126）。

3. 色调均化调整

打开素材“调色1.jpg”照片，并且打开直方图窗口（图4-127）。

图片整体色调偏灰，对比度不足，色彩也不明亮。这里介绍一个比较好用的工具：色调均化。执行“图像”｜“调整”｜“色调均化”命令（图4-128）。

当然，我们也可以用调整“亮度与对比度”的命令来调整图片。

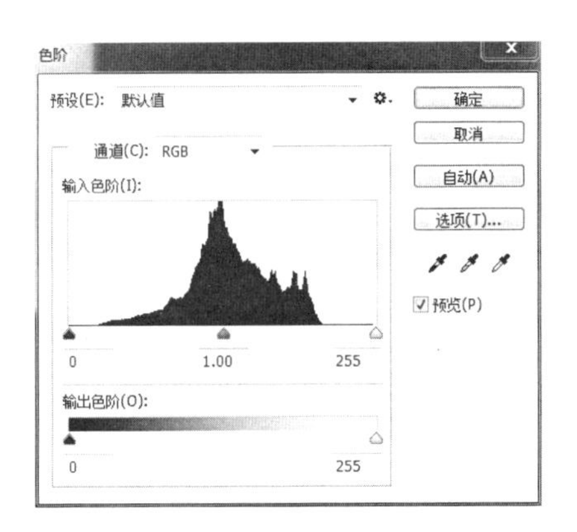

图4-123　色阶面板

图4-124　自动调整后效果

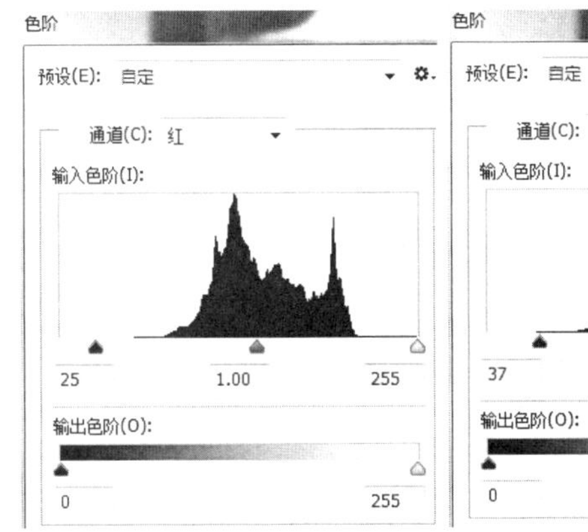

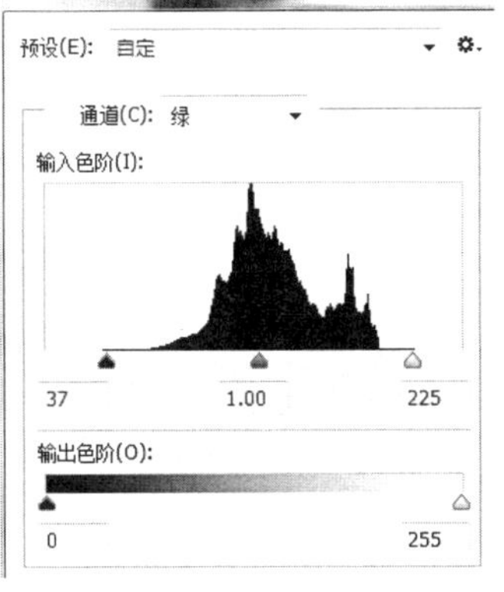

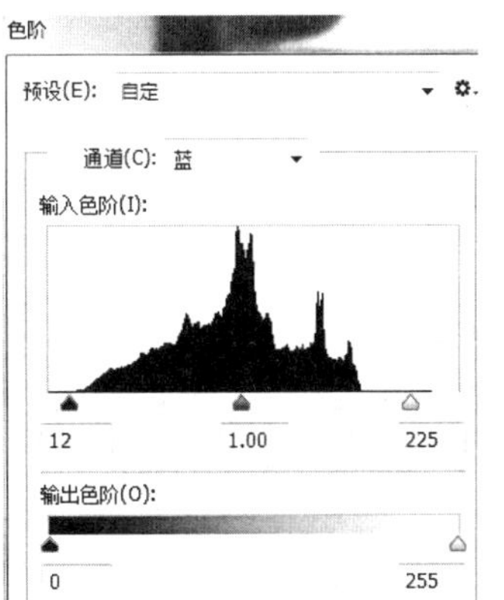

图4-125　色阶面板的通道调整

图4-126　最后调整效果和直方图

图4-127　原始素材和直方图

图4-128　色调均化效果

4. 阴影高光调整

打开素材"山色.jpg"照片，并且打开直方图窗口（图4-129）。

图片整体色调偏暗，通过直方图分析，两侧高，中间低，为反差过大。这类图片最适合用"阴影/高光"来调整。执行"图像"｜"调整"｜"阴影/高光"命令（图4-130），山色的细节呈现出来了。系统自动生成一个调整效果，如果对效果不满意，可以通过窗口中的参数进行微调。

5. 曲线调整

（1）打开素材"红叶.jpg"照片（图4-131），并且打开直方图窗口（图4-132）。窗口下方有三个吸管，分别是确定黑场、灰场和白场工具，可以用来协助纠正色偏。我们所讲的曲线调整，主要是通过调整主功能区的这条直线线形，来达到修正图像的目的。以下我们举4个典型曲线的例子，来说明线型与调色的关系（图4-133）。

（2）提示：我们有"亮度/对比度"工具，为什么我们要用曲线工具来调整呢？原因在于曲线工具的可调性特别强，几乎可以做到指哪

图4-129　原始素材和直方图

图4-130　阴影/高光调整后

图4-131　原始素材

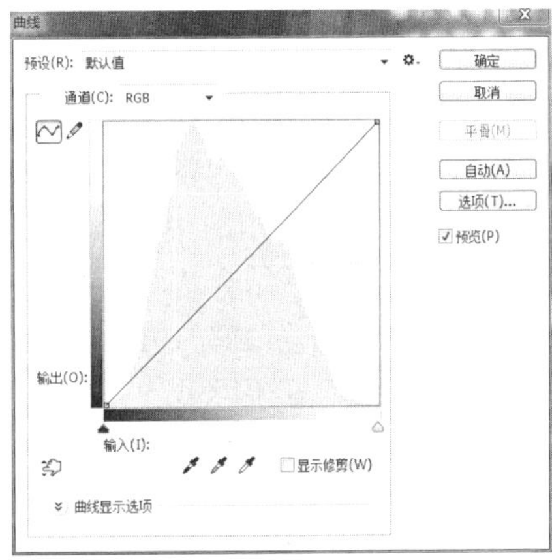

图4-132　曲线窗口

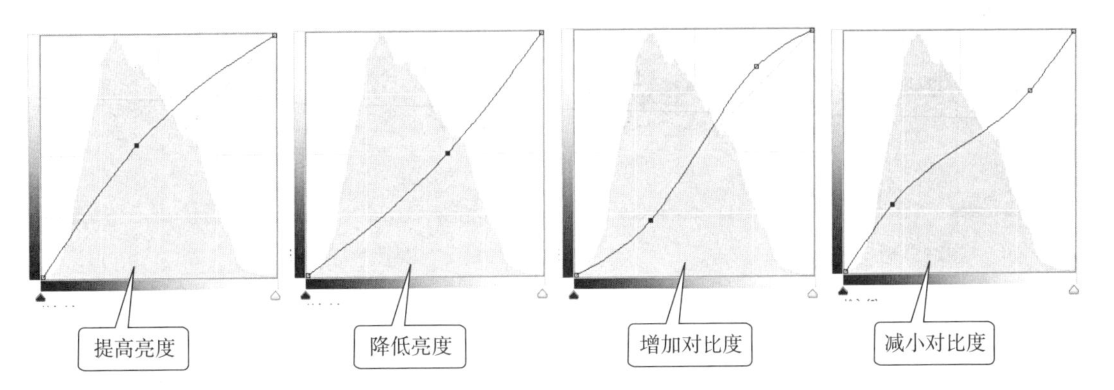

图4-133　曲线调整的含义

儿打哪儿。当然，我们也可以用调“亮度/对比度”命令来调整图片。

（3）下面我在曲线上点击鼠标左键，添加两个控制点，两个点的参数如图4-134所示，输入、输出值就是该点的横轴和纵轴坐标值。选择黑场调整吸管，在图像中颜色最深的地方点击，确认黑场，调整结束，最终效果如图4-135所示。

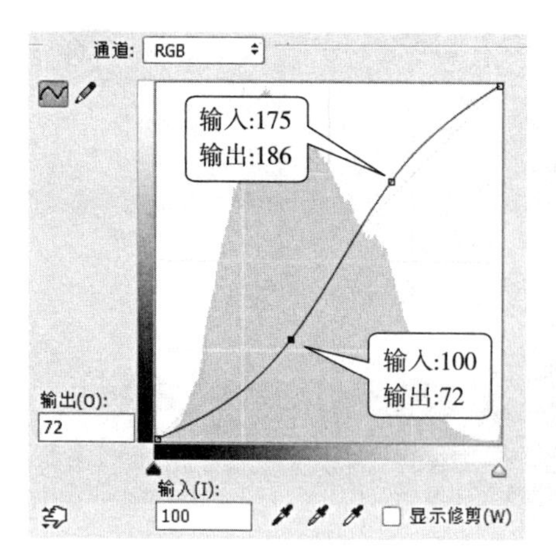

图4-134　曲线参数设置

图4-135　调整后效果

6．匹配颜色

（1）打开素材“匹配颜色.psd”（图4-136）。首先完成图层1中白鹤的抠图，可以使用快速选择工具结合“调整边缘”命令进行抠取，然后调整白鹤的位置及大小，效果如图4-138所示。我们发现夕阳的色彩使得人物都泛起红光，而白鹤显然与场景并不融合，这时我们就要调整白鹤的色彩以提升画面真实度。

（2）执行“图像”|“调整”|“匹配颜色”命令，打开“匹配颜色”窗口，参照图4-140设置“源”和“图层”两个参数后，图像效果如图4-139所示。白鹤吸取了背景层的色彩元素，进行了颜色自动匹配，这个效果

图4-136　原始素材

图4-137　调整后效果

图4-138　曲线参数设置

图4-139　调整后效果

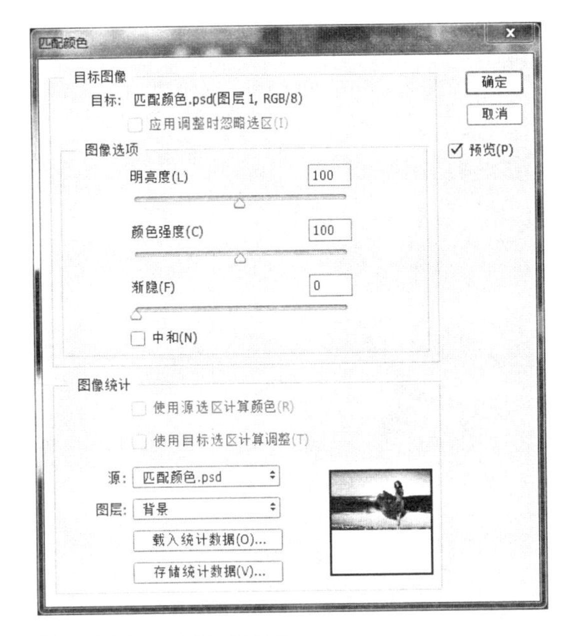

图4-140　曲线参数设置

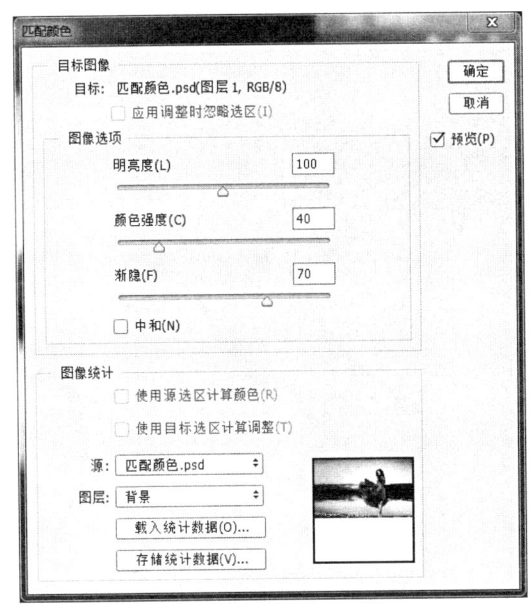

图4-141　修改曲线参数

图4-142　两张原始素材

图4-143　最终效果

又似乎有些夸张了，我们还需要手动调整。

（3）在“匹配颜色”窗口中，修改颜色强度为40，渐隐为70（图4-141），调整完毕，最终效果如图4-137所示。在实际参数修改过程中，要边修改边观察图像变化，直到获取满意效果。

7．色彩平衡

我们用图4-142所示的两幅原始素材图片，讲解利用“色彩平衡”命令，在拼图后，达到色彩相融合的效果（图4-143）。

（1）打开素材“水滴鸟.jpg”（图4-142）。首先抠取鸟儿，方法参照上一节，可以用魔

图4-144　选区鸟儿

图4-145　复制到鱼缸素材

图4-146　调整图像

棒工具和反相命令完成，抠取的鸟儿粘贴到新图层（图4-144）。执行Ctrl+C命令，复制图像。然后打开“鱼缸.jpg”素材图片（图4-142），执行Ctrl+V粘贴命令，此时两张图片已经叠加在一个文件中，并且分居两个图层（图4-145）。执行Ctrl+T命令，调整图像大小和位置，效果如图4-146所示。

（2）复制背景图层，并关闭背景图层。将前景色设置为白色，在“背景拷贝”层，用笔刷工具进行涂抹，擦掉干扰元素，整理图像，效果如图4-147所示。现在图像拼合基本完成，但色彩并不统一，下面我们就来处理颜色。

（3）当前层为鸟儿层，执行“图像”|“调整”|“去色”命令，去掉鸟儿颜色，效果如图4-148所示。执行“图像”|“调整”|“色彩平衡”命令，打开“色彩平衡”窗口，参照图4-149设置参数，这里我们只修改中间调就可以了。调整后效果如

图4-147　擦除干扰

图4-148　去色

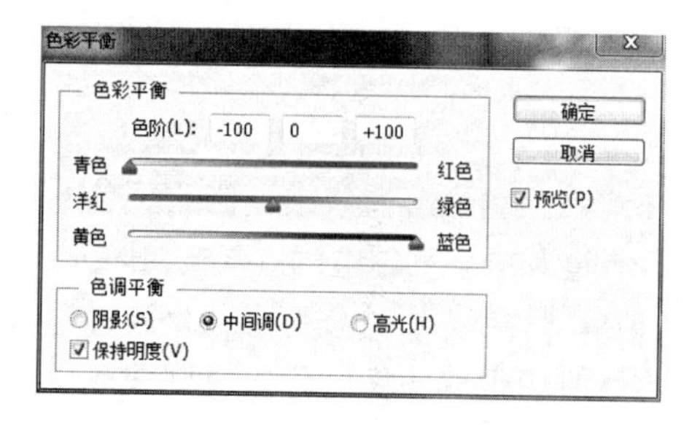

图4-149　调色

图4-150所示。

（4）执行“图像”｜“调整”｜“亮度/对比度”命令，降低亮度，增加对比度（图4-151），最终效果如图4-143所示。

综合本章所学，我们归纳抠图的原则为：

（1）根据需要选择抠图工具，达到同样的抠图效果，方法不唯一，效果决定方法的

简单或繁琐。

（2）抠图并不一定没有损失，尤其抠毛发等边缘不清晰的图片，只要尽可能保留细节就好。

（3）图像拼贴后一定要调色，使拼入的元素看起来自然融合。

图4-150　色彩平衡后

图4-151　调整亮度/对比度

本章习题

1. 打开素材“白纸盒.jpg”，将纸盒抠出。原始素材和抠图效果如下图：

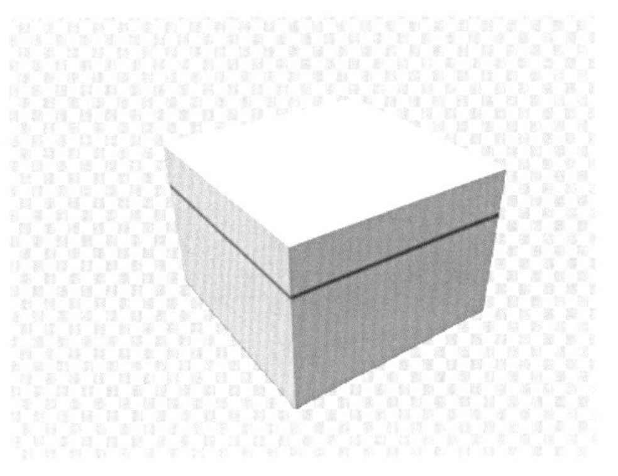

2．打开素材“美女2.jpg”，将人物抠出。原始素材和抠图效果如下图：

3．打开素材“车.jpg”，将汽车抠出，再打开“炫彩.jpg”素材，将汽车图拼入。原始素材和拼图效果如下图：

提示：汽车的抠取，最好用钢笔工具。

4．打开素材“肩.jpg”和“蝴蝶纹.jpg”素材，将蝴蝶纹图案贴在人体肩部。原始素材和拼图效果如下图：

提示：蝴蝶纹图层使用图层混合模式：变暗；颜色用“色相/饱和度”调整。

第5章

Photoshop互联网广告案例

5.1 按钮广告设计

按钮广告，通常表现为一个小图片或者按钮链接，多采用静态图片的方式，起到简单提示作用，比如Logo标识。一个设计独特的网站Logo能给浏览者以深刻的第一印象，它不仅代表了网站本身，也突出网站的性质，是网站的“眼睛”。

本案例利用Photoshop CC的多种绘图工具来绘制一个鲜花网店的Logo。作品简单醒目，很好地传递了网站的基本信息。范例效果如图5-1所示。

图5-1 网站Logo效果图

5.1.1 新建文件

（1）运行Photoshop CC，设置背景色为绿色。

（2）按下Ctrl+N组合键打开新建文档窗口。创建画布为500×250像素，背景内容为“背景色”，名称为“花开的声音”，其他参数默认的文档（图5-2）。单击“确定”按钮，进入设计窗口。

提示：背景选用的绿色就是网页的主色调。绿色会给浏览者生机盎然的感觉。

5.1.2 文字的输入与编辑

（1）在工具箱中选择横排文字工具T，

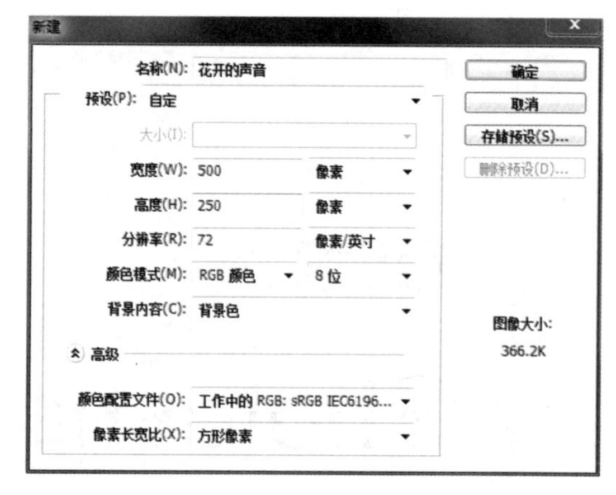

图5-2 新建窗口

设置字体为“方正粗活意简体”，字号大小为80，颜色为白色（图5-3）。在画布区输入“花开的声音”几个字。选择文字“的”，将字体修改成“方正彩云简体”。选项栏如图5-4所示。

（2）展开图层面板，右击文字图层，在弹出的快捷菜单中选择“栅格化文字”命令。

（3）选择“视图”|“标尺”命令，打开标尺。从顶部标尺处拖出一条参考线至文字顶端处。

（4）选择矩形选取工具，框选“花”字，按下Ctrl+C组合键复制文字，选择

图5-4 文字输入

方正粗活意... 80点 平滑

图5-3 字体设置

“图层”|“新建”|“通过拷贝的图层”命令，将文字复制到“图层1”中，将“图层1”命名为“花”。同理，将其他几个文字分别复制到新图层，并重命名，完成后图层效果如图5-5所示。

（5）单击隐藏“花开的声音”图层，按下Ctrl+=组合键放大画布显示比例至300%，将文字“花”向上移动，使它的上端一横与参考线齐平。同理，将“开”、“声”、“音”三字移动，“的”不动。效果如图5-6所示。

（6）**提示**：由于图层是重叠在一起的，设计中常常需要隐藏图层以方便操作，另外设计网页作品时要随时对新建的图层重新命名，这是提高制作效率的良好习惯。

图5-5 图层效果

图5-6 文字移动后效果

5.1.3 文字变形

（1）新建图层，命名为“横线”，将此层移至顶，再拖出一条参考线，选择矩形选取工具，在前两个文字上绘制矩形选区（图5-7）。

（2）按下Alt+Delete组合键，为选区填充白色。按下Ctrl+D组合键取消选区，效果如图5-8所示。

（3）按照同样的方法将其他两个文字的笔画连接，最终效果如图5-9所示。

（4）对文字“开”和“声”的竖笔划的编辑方法是向下延长并将下端制作成圆角效果，具体方法不再赘述，可以使用圆角矩形工具画出竖线，再配合直接选择工具，调整上圆角为直角。效果如图5-10所示。

（5）选择橡皮擦工具，将“的”字的中心擦除，同样将“花”字和“音”字上面部分各擦除一些，效果如图5-11所示。

图5-7 绘制矩形选区

图5-8 填充前景色

图5-9 文字连接后效果

5.1.4 用自定形状修饰文字

（1）选择自定形状工具，在形状选取栏中选择花形，如图5-12中小手指示。

提示：因为本例所用的自定形状来源于外部，所以读者可以把随书素材库中的自定形状文件复制到“C:\Program Files\Adobe\Adobe Photoshop CC（64 Bit）\Presets\Custom Shapes”文件夹中，然后追加形状即可。

（2）在画布上绘制出花朵形状，选择“编辑”|“变换路径”|“水平翻转”命令，将其移动文字

图5-10 完成效果

图5-11 擦除笔划

上，然后按下Ctrl+T组合键来调整形状的大小和角度。效果如图5-13所示。

（3）按同样的方法，选择其他花形装饰文字。完成后效果如图5-14所示。

（4）选择钢笔工具为文字绘制卷曲的线条，使字体显得活泼生动。效果如图5-15所示。

5.1.5　加入网址文字及说明

（1）选择横排文字工具，字体设置为Broadway，字号为18点，输入网址“huakaideshengyin.net”。

（2）设置字体为方正准圆简体，大小为18点，分别输入“引领课件制作”、“提供视频教程”等文字，效果如图5-16所示。

（3）保存文档，网站Logo就制作完成了，最后可以将其输出为Gif图像格式。

图5-12　选取自定形状

图5-13　加入花朵形状

图5-14　完成的效果

图5-15　加入卷曲的线条

图5-16　加入网址文字及说明

5.2　通栏广告设计

网页通栏广告是指左右与网页同宽，高度一般为100至200像素的图片广告，这种广告多为静态或者有很少的运动效果。通栏广告以抢眼的位置和旖旎的色彩以达到较高关注率的目的。下面我们就以图5-17所示效果为例，一起来完成一幅950×120像素的通栏广告。

5.2.1　调入素材

（1）运行Photoshop CC，按下Ctrl+N组合键打开“新建”对话框。创建画布为950×120像素，分辨率为72像素/英寸，名称为“茶叶店”，背景色为白色，其他参数默认的文档。

（2）新建图层，将前景色设置为白色，背景色为蓝色，执行“滤镜”|“渲染”|“云彩”，效果如图5-18所示。

（3）打开随书素材库中的“茶叶店素材1.PSD”文件，将其中的四个图片都复制过来，置于如图5-19所示位置，并调整好大小。

（4）选中“水墨”层，混合模式选“正片叠

图5-17　通栏广告效果图

图5-18　云彩效果

图5-19　素材定位

图5-20　素材调整

图5-21　选中茶杯

图5-22　图层面板

图5-23　放置茶杯后效果图

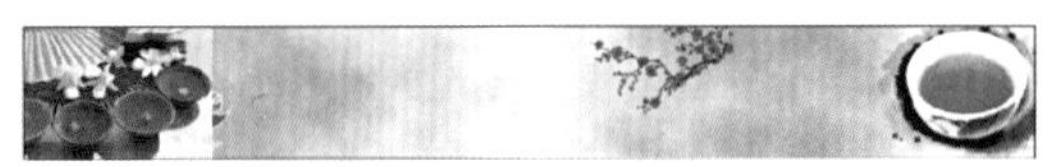

图5-24　花茶图位置和效果

图5-25　渐变属性设置

底”。选中“插画”层，不透明度调整为“60%”。选中“梅花”层，将梅花图水平翻转，并适当缩小。效果如图5-20所示。

（5）打开素材库中“茶杯.PSD”文件，选择钢笔工具沿茶杯外轮廓创建路径，然后将路径转换成选区（图5-21）。将选中图片复制，粘贴到我们编辑的广告文档，并将该层移到顶部，此时的图层面板如图5-22所示。将茶杯放置在如图5-23所示位置。

提示：随着素材的不断增多，素材的大小和位置要不断调整以求完美自然的整合效果。这些细微的调整笔者没有一一记录，需要制作者在制作过程中观察体会。图层越来越多时，一定要给图层以方便查找的命名，以使制作有条不紊。总之，在Photoshop的制作过程中，手要勤快，要多尝试。

（6）导入素材库中“花茶图.JPG”文件，按下Ctrl+T调整图片大小，使长宽都缩小到17%，并置于如图5-24所示位置。将该图层命名为“花茶”，添加图层蒙板，选取渐变工具，属性如图5-25所示设置，从左向右拖一条直线，将“花茶图”的右侧边缘虚掉，然后将此图层移动到“茶道”层下，图层面板如图5-26所示。给“茶道”图层添加“外

图5-26　图层面板

图5-27　局部效果图

发光”样式，设置扩展6，大小8，不透明度68，画布局部效果如图5-27所示。

5.2.2　文字的编排

（1）打开素材库“一杯茶.JPG”文件，我们想用这幅字，但和我们的幅宽不相符，所以要选修改成四列文字。

（2）新建一个300×400像素，分辨率为72像素/英寸，背景色为白色的文档。将“一杯茶”的文字部分拷入，并调整大小，效果如图5-28所示。将文字通过剪切粘贴重新排列，效果如图5-29所示，蓝色为辅助线。合并图层。**提示：**创建选区用“多边形套索工具”会比较准确和方便。如果感觉文字有点斜，可以稍稍旋转1度角。

（3）将上一步建立的图片粘贴到我们编辑的广告文档，并将该层移到顶部，混合模式选“正片叠底”，调整位置和大小，效果如图5-30所示。

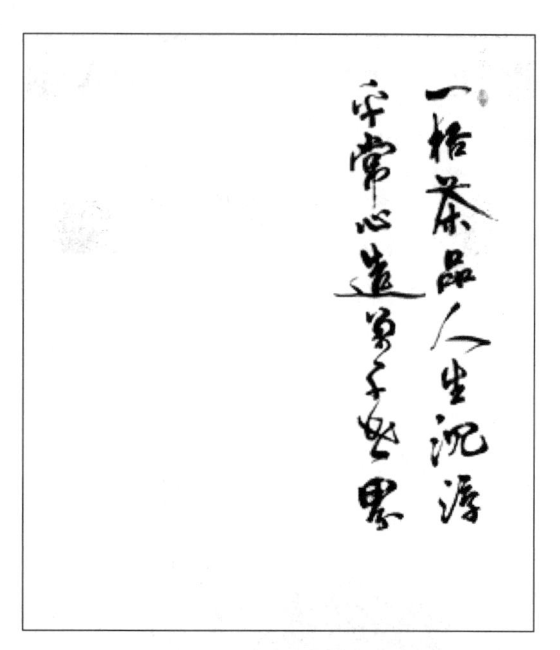

图5-28　图层面板

图5-29　局部效果图

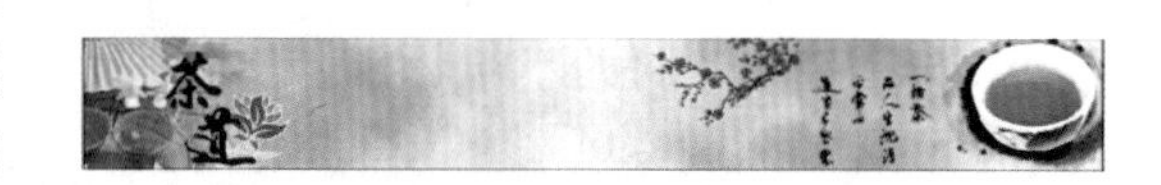

图5-30　加入茶语后的效果

图5-31　文字属性设置

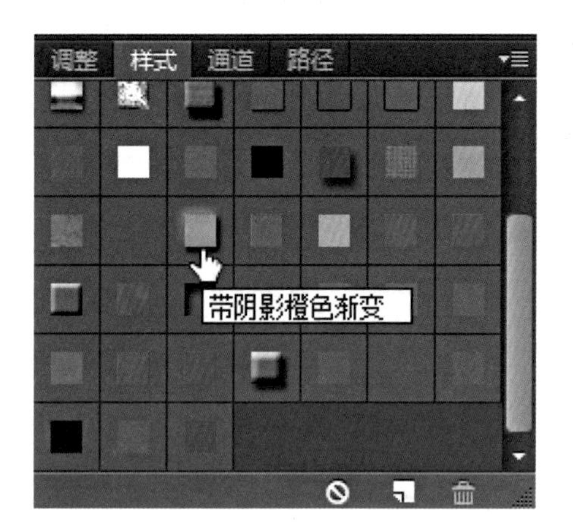

图5-32　选择样式

图5-33　局部效果图

图5-34　用多边形套索创建选区

图5-35　删除选区后效果

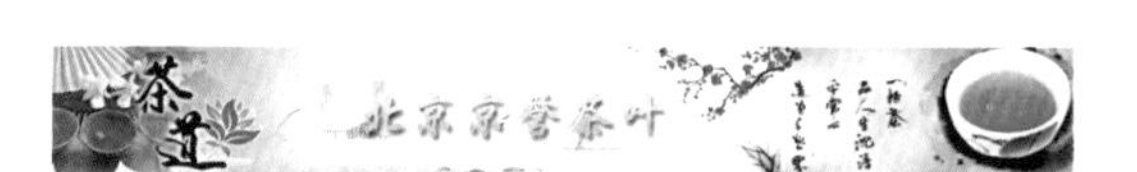

图5-36　添加“背景图片2”后效果

图5-37　添加图层蒙板后效果

（4）选择文字工具，属性设置如图5-31所示，字体颜色为#f2e403。在画布中输入文字“北京京誉茶叶”，打开样式面板，追加“摄影效果”样式，选择如图5-32所示样式，文字的效果如图5-33所示。

5.2.3　最后的修饰

（1）选择“云彩背”为当前层，选择多边形套索工具，羽化20Px，勾画出文字区域（图5-34），曲线闭合后自动生成选区，按下Delete删除选区内容后，效果如图5-35所示，取消选区。

（2）将素材库中“背景图片2”导入，调整大小位置，如图5-36所示。

（3）水平翻转图片，并添加图层蒙板，使用渐变工具，参数如图5-25所示，在图片右边从左向右拖一条水平短直线，将右侧边缘虚掉。在图层面板上，右击该层选择“应用图层蒙板”。同理再次创建图层蒙板，将左侧边虚掉，以达到两侧自然过渡效果（图5-37）。

（4）选中“梅花”层，将其混合模式改成“正片叠底”。

（5）选中“北京京誉茶叶”层，打开图层样式窗口，选中“内阴影”项，将混合模式改为正片叠底，距离6，阻塞26，大小7，如图5-38所示。选中“投影”项，将距离改为2，大小改为4（图5-39）。使文字效果更贴切。

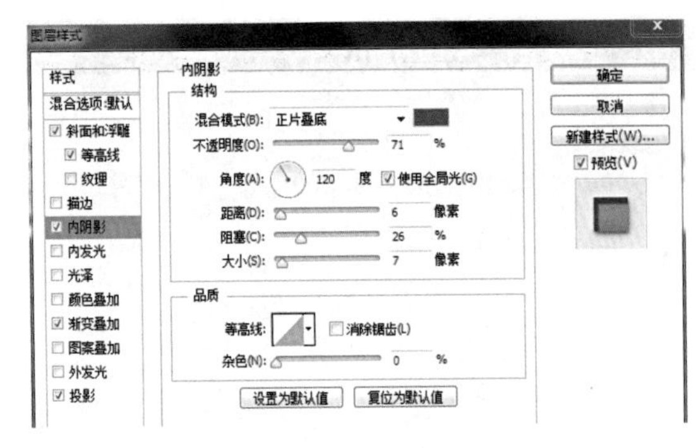

图5-38 添加图层样式“内阴影”

我们设计的茶叶店广告已经完成，保存成jpg图片，看看效果吧。

5.3 动态旗帜广告设计

旗帜广告（Banner），是指网页中的广告条，也称横幅广告，现在越来越多的Banner使用动态图像形式，比如Flash、Gif格式，以达到吸引观者注意力的目的。下面我们一起来制作一个时装Banner。案例效果如图5-40所示，实际图片是动态的。

图5-40 网站banner效果图

5.3.1 调入素材

（1）运行Photoshop CC，按下Ctrl+N组合键打开“新建”对话框。创建画布为360×140像素，分辨率为72像素/英寸，名称为“banner”，背景色为白色，其他参数默认的文档。

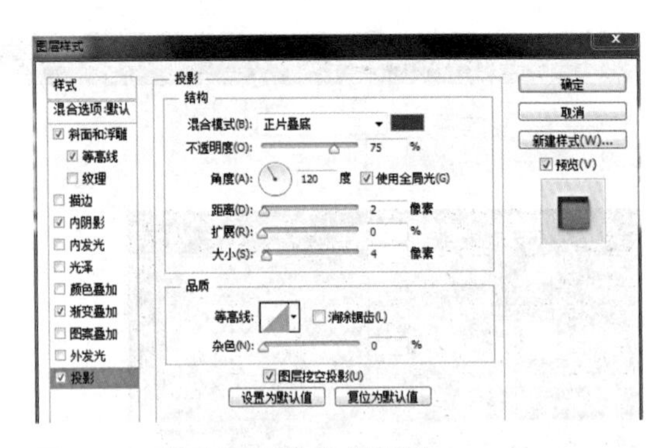

图5-39 修改图层样式“投影”

（2）执行“文件”|“打开”命令，打开素材库中名为“紫背景.jpg”文件。将图片复制粘贴到banner文件的画布中，作为广告的背景图（图5-41），也可利用渐变工具自己创建背景图。

图5-41 调入背景图

专家点拨：此广告条以淡紫色为主色调，给人幽雅、高贵、神秘的感觉，这种色调很适用于女性产品的广告。

（3）依照步骤（2）分别调入四张如图5-42所示的服装图片，四张图片各占一个图层，且都要与画布右下角对齐。

（4）在工具箱中选择椭圆选框工具，在画布右下角创建正圆形选区，大小和圆形图片吻合或者略小一点都可以。执行Ctrl+Shift+I命令，反转选区（图5-43）。按下Delete键删除选区。更换当前图层，将其余三张服装图片的外白边也删除。按下Ctrl+D取消选区。

（5）按住Shift键，同时点击服装1、服装2、服装3、服装4，使四个服装层都处于选

图5-42　服装图片

图5-43　服装图片

图5-44　图层面板

图5-45　调整图片后效果

图5-46　拷入“人物一”后的效果

图5-47　拷入“绸带”后的效果

取状态（图5-44）。按下Ctrl+T组合键调整图像大小，按住Shift键同时调整缩小图片大小，使长宽比例不变。调整好点击确定按钮，或者直接双击调整窗以确认，结果如图5-45所示。

（6）拷入素材“人物一.PSD”，并用Ctrl+C调整大小和位置，效果如图5-46所示。

（7）拷入素材“绸带.PSD”，并放置在如图5-47所示位置。

（8）新建图层，命名为“星光”。选择画笔工具，在画笔选项栏中点击小黑三角（图5-48），展开画笔选项。选择“星形55像素”画笔，在画面中随意点击加入星光效

图5-48　画笔选项栏

图5-49　加入星光效果

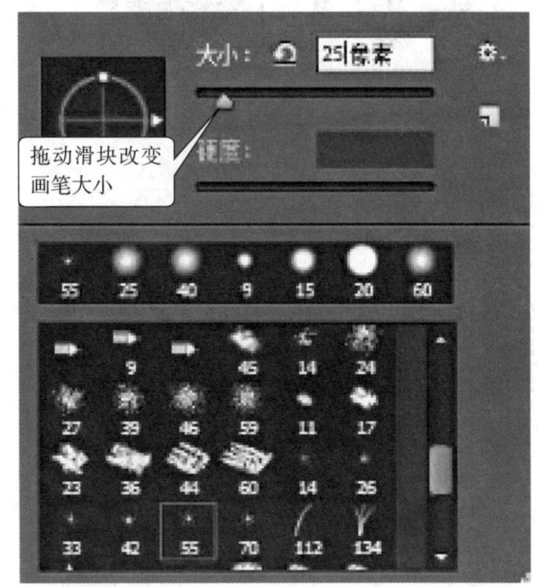

图5-50　修改画笔粗细

图5-51　加入星光效果

果（图5-49）。再次展开画笔选项，缩小画笔主直径（图5-50），在画布中继续点击加入星光，参考效果如图5-51所示。

5.3.2　加入文字

（1）选择文字工具，字体为创意简中圆；大小为30像素；颜色为#F64489；字形为平滑，输入“颖薇”两字。添加图层样式：外发光，参数默认。位置及效果如图5-52所示。

（2）选择文字工具，字体为方正细黑一简体；大小为14像素；颜色为#0C0C0C；字形为平滑，输入“品牌女装”四个字，位置及效果如图5-53所示。

（3）选择文字工具，字体为Copperplate Gothic Bold Regular；大小为14像素；颜色为#363435；字形为平滑，输入“YingV”，位置及效果如图5-54所示。

（4）最后的图层面板（图5-54）。

图5-52　文字效果

图5-53　最终文字效果

图5-54　图层面板

5.3.3　加入动画效果

（1）执行“窗口”|“时间轴”命令，在工作区下方出现时间轴窗口（图5-55）。**提示：**如果使用的是CS4以前的版本，则打开“动画”窗口。

（2）我们看到现在动画只有一帧，点击动画面板下方的“新建”图标，新建立一帧，面板如图5-56所示。这一帧和前一帧完全一样，现在我们把图层面板上“服装1”前面的眼睛关上，点击动画窗口的播放按钮，就可以看到变化了。

（3）重复步骤（2）新建帧，将“服装2”前面的眼睛关闭。再新建一帧，将“服装3”前面的眼睛关闭。

（4）按住Ctrl键，同时用鼠标选中四帧（图5-57），单击鼠标右键，在弹出列表中选择0.2，表示每帧持续0.2秒。点击播放按钮测试动画。

（5）动画窗口中选中第二帧，图层面板中选中“人物”为当前层，工具箱中选中“移动工具”，按住Shift键，同时在画布中用鼠标向下拖动图片，调位置如图5-58所示。同理选中第三帧，调整图片位置（图5-59）。再选中第四帧，调整图片位置（图5-60）。

（6）新建第5帧，单击鼠标右键，将帧长改为0.1秒，如图5-61所示。图层面板中选中“颖薇”为当前层，关掉图层效果前的眼睛（图5-62）。新建第6帧，这次将图层效果前的眼睛打开。新建第7帧，再将图层效果前的眼睛关闭。动画窗口如图5-63所示。

提示：在动画制作过程中，每一步后，都要用播放预览方式进行测试，确认动画成

图5-55　时间轴窗口

图5-56　添加帧

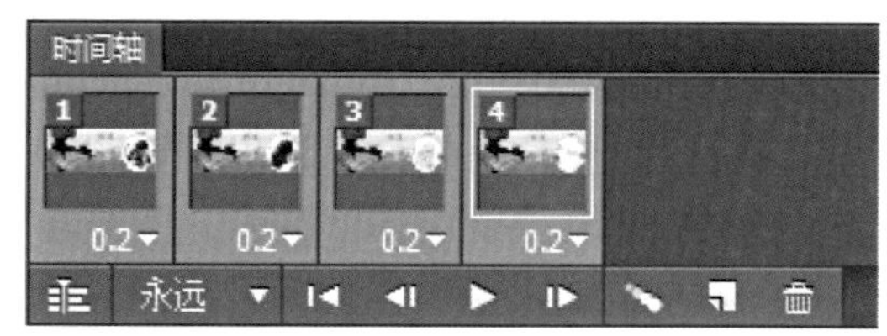

图5-57　选择所有帧修改动画时间

图5-58　第2帧图片

图5-59　第3帧图片

图5-60　第4帧图片

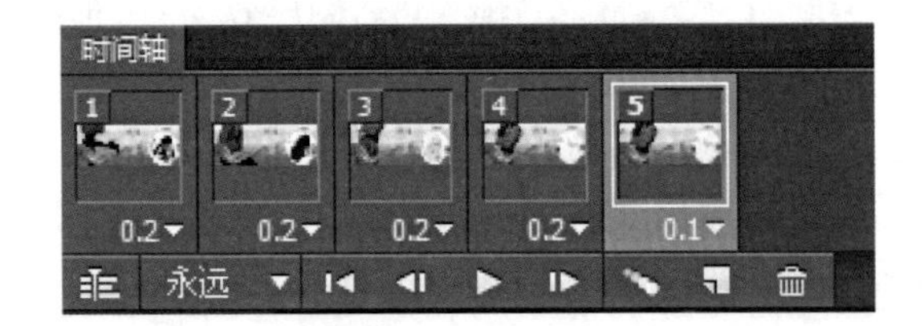

图5-61　添加第5帧

图5-62　关闭文字效果

图5-63　加入文字动画后的动画窗口

功后，再进入下一步操作，否则可能使动画混乱，难以修复。

（7）分别选中第1、3、5、7帧，将图层面板中“星光”层关闭。第6、7帧将“服装1”图层打开。播放动画预览效果。

5.3.4　保存输出动画

执行“文件”|“存储为web所用格式…”命令，格式选择Gif，其他参数默认（图5-64）。点击下方的“存储…”按钮，在弹出窗口中输入文件名“banner.gif”，点击“保存”。

至此，动画制作完毕，保存源文件。

提示：播放Gif动画，需要用支持Gif播放的软件，比如美图看看。Windows自带的图片浏览器不支持Gif，只能看到第一帧效果。

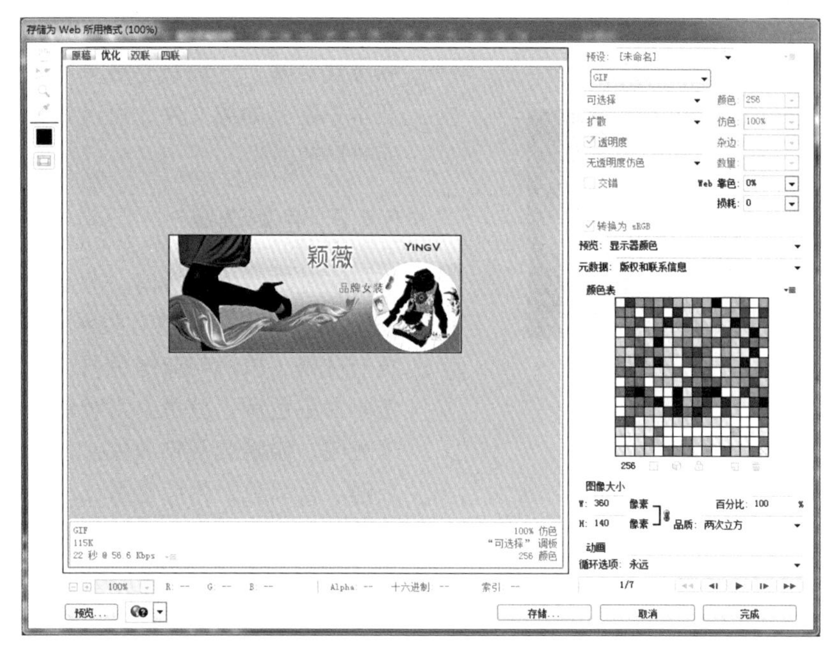

图5-64　存储为web所用格式

5.4　手机界面及界面元素设计

在第2章和第3章中，我们全面学习了有关UI界面设计的知识，本节我们以一个教育APP网站为例，实战中学习界面设计制作。案例效果（图5-65）。

图5-65　手机界面效果图

5.4.1　界面布局

（1）运行Photoshop CC，按下Ctrl+N组合键打开“新建”对话框。创建画布为720×1200像素，分辨率为150像素/英寸，名称为“教育APP”，背景色为白色，其他参数默认的文档。

（2）执行“文件”|“打开”命令，打开素材库中名为“手机背景.jpg”文件。将图片复制粘贴到新文档的画布中，成为独立一层，并调整大小与画布等大。

（3）在图层面板中，双击“背景”层，使背景层解锁，成为普通图层，交换两图层顺序，并将白色背景层不透明度调整为65%（图5-66）。

（4）打开标尺，并打开菜单“编辑”|“首选项”|“单位与标尺”命令，设置单位为“像素”。在画布上通过添加辅助线，进行分区构图（图5-67）。

图5-66　背景效果及图层

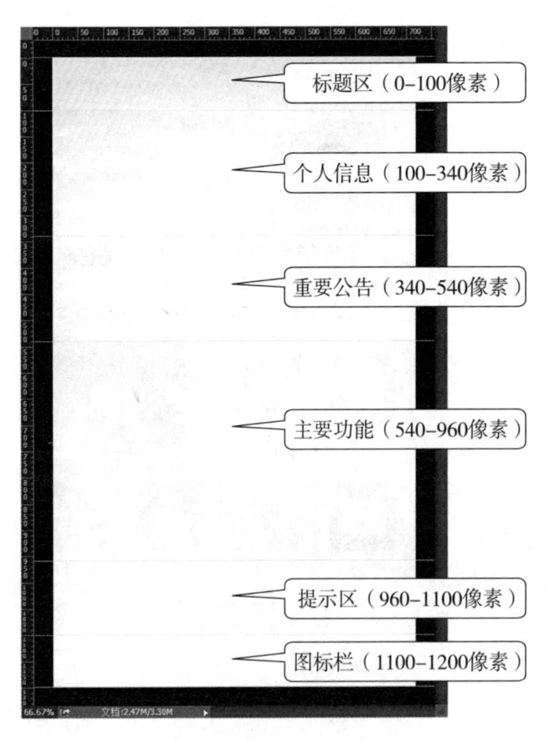

图5-67　添加辅助线分区

提示：利用辅助线分区前，要经过草图和细致计算。上面只是最基本的辅助线，打开本书配套的源文件，可以查看更细致的界面布局辅助线。

5.4.2　色彩选择

在进入具体设计前，对于用色我们要有一个统一设定。从教育类网站的特色出发，我们选择了橙色与蓝绿色两个对比比较强的色彩为主色调。橙色，为暖色系，会给人带来光明、温暖的视觉效果，进而激发人们的兴趣。蓝绿色，为冷色系，给人平和恬静的感觉。两色相配合，在视觉上可以更好地吸引使用者，再以传统的黑灰白为辅助颜色，整体效果活泼又不失稳重，所选色彩值如图5–68所示。

本界面设计还借鉴了IOS 7的图标按钮设计风格，主要功能区的按钮都采用了彩色渐变底，这些按钮对应的色彩值如图5–69所示。

图5-68　配色色值

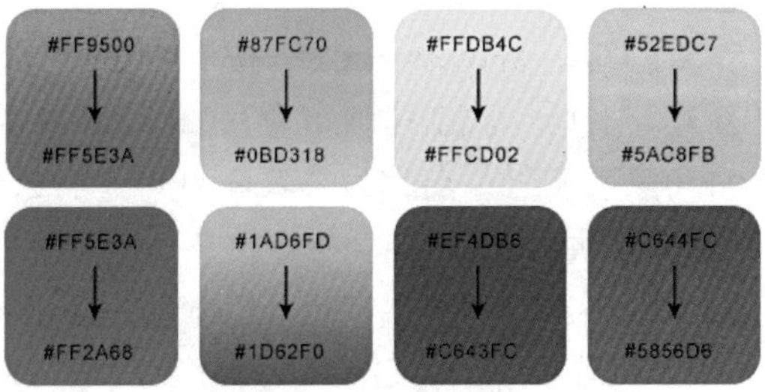

图5-69　主要功能图标配色

5.4.3　图形元素设计

1. 绘制分割线

（1）使用“矩形工具”，模式为形状，前景色为#F3A83C，在画布上方绘制一长矩形。

图5-70　绘制上下两底色块　　图5-71　绘制分割线

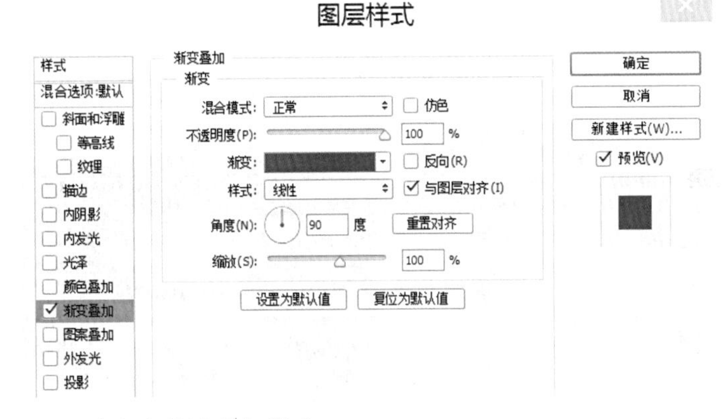

图5-72　添加渐变叠加样式

修改前景色为#BFBFBF，再在画布下方绘制一长方形（图5-70）。

（2）使用“直线工具”，前景色为#BFBFBF，在画布上绘制分割线，效果如图5-71所示。大部分线宽是10像素，左右两边侧的线宽15像素，重要公告区的细分割线线宽3像素。

2. 主要功能按钮

以缴费图标为例。

（1）使用“圆角矩形工具”，圆角值20，在画布上绘制一个120×120像素的矩形。

（2）为该图层添加图层样式：渐变叠加，参数如图5-72所示，渐变范围见图5-69。

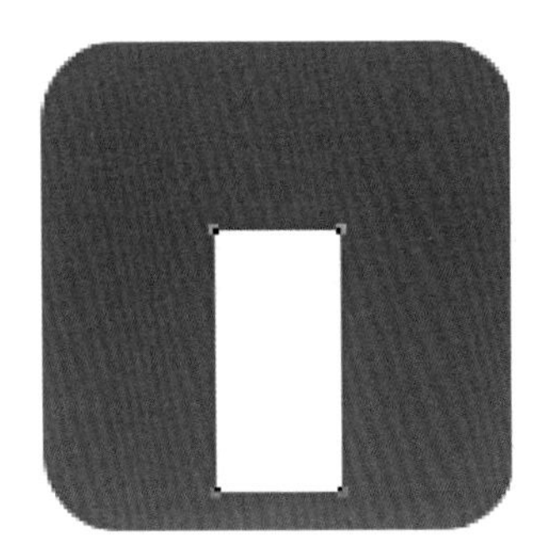

图5-73　绘制矩形

（3）使用“矩形工具”，前景色为白色，关闭描边，绘制一矩形（图5-73）。

（4）使用“转换点工具”，点选矩形左上角点，并按下鼠标左键向外拖曳出两个方向线，调整方向线；再点选矩形右下角点，拖曳出方向线，并调整（图5-74）。

（5）使用“横排文字蒙版工具”，字号20，在钱袋上点击，选择一中文输入法，输入人民币标识（键位在4的上档）（图5-75）。

（6）执行菜单“选择”|“反向”命令，使选区反向；在图层面板点击“添加蒙版”按钮，给该图层添加蒙版，效果如图5-76所示。**提示：**如果文字位置不正，可以取消图层面板中蒙板与图层的链接，调整蒙板位置。

（7）参照上面的操作，也是先画一个矩形，然后通过“添加锚点工具”和“转换点工具”绘制钱袋的袋嘴效果（图5-77）。

（8）为这两个图层分别添加图层样式：投影，参数如

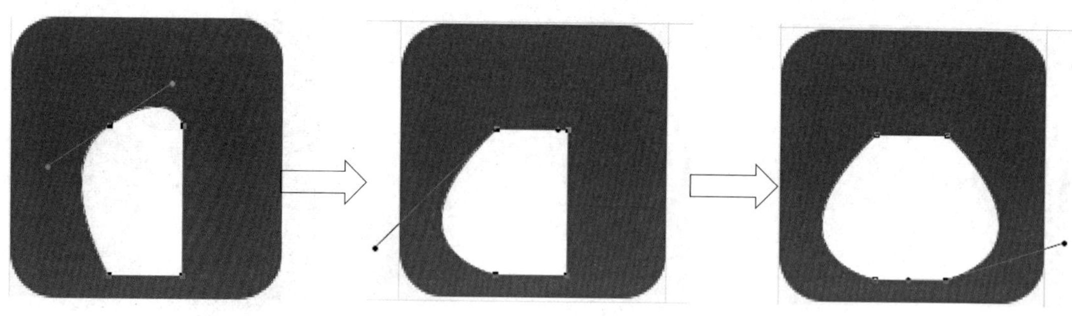

图5-74　钱袋的袋身绘制

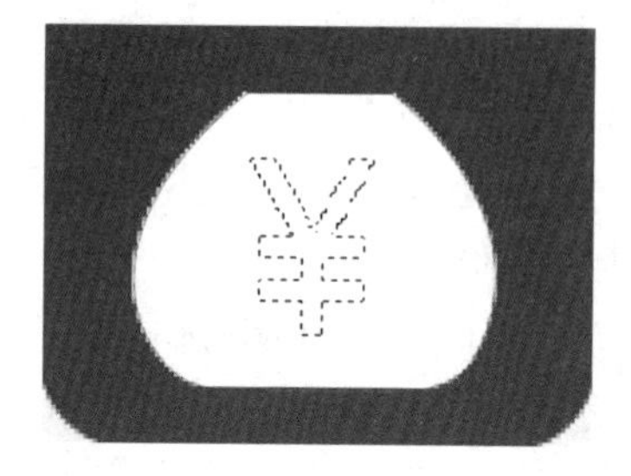

图5-75　输入文字蒙版

图5-76　添加图层蒙版

图5-77　绘制袋嘴

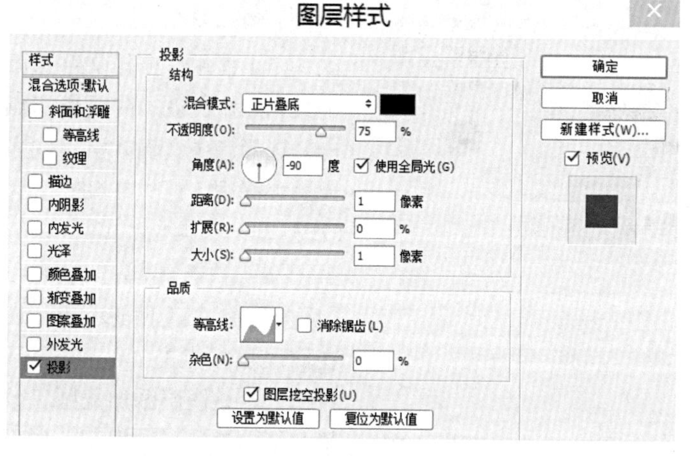

图5-78　输入文字蒙版

图5-79　缴费图标最终效果

图5-78所示，图标最终效果如图5-79所示。

其他功能图标如图5-80所示，不再一一讲述，可参见本书配套资料中的源文件。

3. 图标栏中按钮

以学习图标▯为例。

（1）使用“椭圆工具”，模式选择：形状，填充颜色#0BB59B，在画布上绘制一个62×62像素的正圆，如图5-81所示。

（2）使用“矩形工具”，填充颜色#FFFFFF，绘制一个矩形，如图5-81第2幅所示。

（3）使用“转换点工具”，点选矩形右上角点，并按下鼠标左键向外拖曳出两个方向线，调整方向线；再点选矩形左下角点，拖曳出方向线，并调整，如图5-81第3～5幅所示。

图5-80　主功能区图标

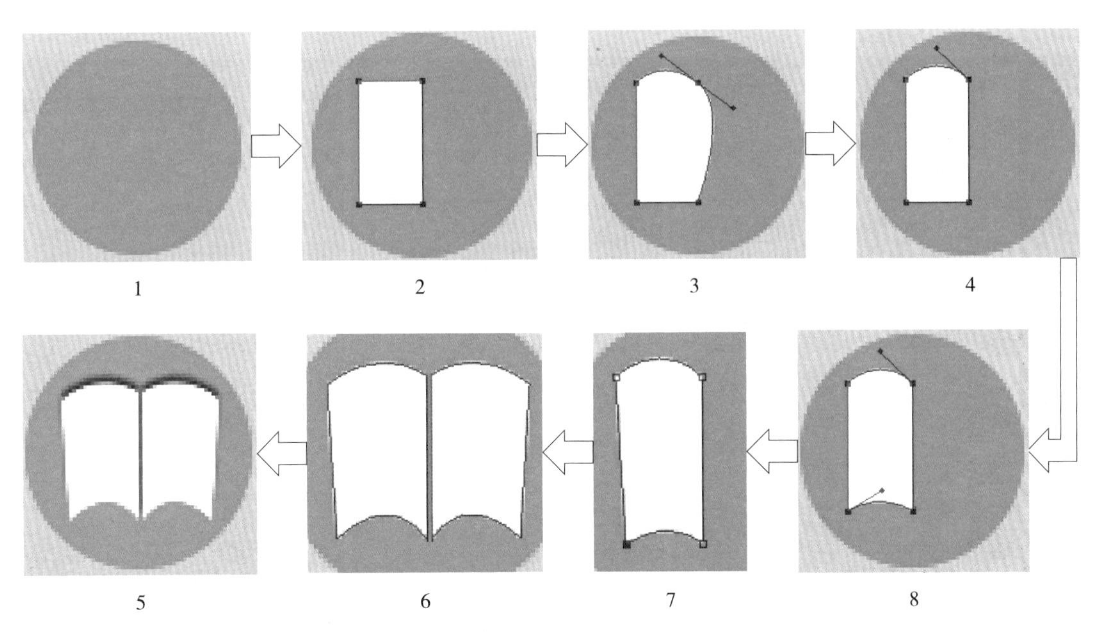

图5-81　学习图标的绘制

（4）使用“直接选择工具”，选中左下角点，向右侧移动2个像素，如图5-81第6幅所示。

（5）复制这半页书，并粘贴一份，然后进行水平翻转并摆放在如图5-81第7幅所示位置。

（6）为书页图层添加图层样式：投影，参数如图5-78所示。

图5-82　图标栏效果图

其他功能图标如图5-82所示，不再一一讲述，可参见本书配套资料中的源文件。

5.4.4　完善效果

（1）首先将界面中其他元素添加完整，其次再将文字部分补充上，字体主要使用的“微软雅黑”，最终效果参见图5-65。

（2）要整理图层。图层随建随命名，如本案例使用了几十个图层，如果不命名，会非常混乱，以至修改时找图层成为大工程。整理图层要用到图层文件夹，依设计者喜好分类，本案例是将所有文字放入一个文件夹，然后将图形按类或者位置归类，每一个文件夹中都是按照页首到页尾的顺序排列图层，如图5-83所示。

本章习题

请同学们自行选定一个主题，并设计其APP界面。

图5-83　图层归类示意

第6章

Flash软件使用基础

6.1 Flash动画的基础知识

6.2 Flash广告的基础知识

6.3 Flash工作面板及类型

2015年底Adobe公司宣布，将Flash Professional更名为Animate CC，并将在2016年推出的新版本中正式更名为“Adobe Animate CC”，缩写为An。新版本An是对原有Flash版本软件的升级，保留了原有动画格式，同时对HTML5有更好的支持。但因本书写作过程中还没有拿到新版本，并且Flash的称呼深入民心，我们还继续使用这个称呼来代称动画软件。在2017年初笔者试用了新版Adobe Animate CC，界面与本书所用版本一致，即使读者未来安装了新版An，本书所讲解的各项功能与制作方法依然没有问题。

如果读者选用Adobe Animate CC版本为学习用软件，需要特别区分其他一款软件Adobe Edge Animate CC，这两个软件是不一样的。Edge Animate是Adobe公司的一款新型网页互动软件，而Animate CC只是Flash CC的升级更名。

6.1 Flash动画的基础知识

6.1.1 动画的定义

1. 理解“动画”

动画在不同的国家有不同的理解，如“卡通（cartoon）”、“动画（animation）”、“动漫（アニメ）”、“美术片”等，1980年国际动画协会对动画名称作了国际化统一命名——“Animation”，并将这个名称定义为：“动画艺术是指除使用真实的人或事物造成动作的方法之外，使用各种技术所创作之活动影像，亦即是以人工的方式创造出来的动态影像。”[①]

简单概括，动画就是利用某种机械装置使单幅的图像连续而快速地运动起来，从而在视觉上产生运动的效果。动画从诞生起，就是技术与艺术的集合，“动”一般理解为指的是技术，而“画”指的是艺术。从动画的发展来看，其阶段划分，是以技术的进步为标志的。

经研究证实，人的眼睛看到一幅画或一个物体后，在1/24秒内不会消失。利用这一原理，在一幅画面还没有消失前播放出下一幅画面，就会给人造成一种流畅的视觉变化效果。

2. 动画的起源与发展

可以用一张图大致概括动画的发展情况（图6–1），动画发源于欧洲；在美国得到了大规模的发展，主要是电影动画领域；日本动画是后起之秀，特别是在电视动画制作方面具有绝对优势；最后介绍下我们动画的现状。

早在19世纪初，英国和比利时就出现了最早的动画“魔鬼轮”和“幻透镜”，并被人们喜爱而不断地改进发展。第一部动画电影的创造者是法国艺术家查尔斯–埃米尔·雷诺（Charles–Émile Reynaud）。雷诺先后于1877年、1888年发明了“活动视镜”（Praxinoscope）和光学影戏机（ThéâtreOptique），随后他用了三年多的时间自编自导了他的第一部动画电影《可怜的比埃洛》，并在巴黎蜡像馆公开放映，这部电影也是动画史上第一部胶片电影动画。

欧洲作为现代动画起源地，其深远的文化和历史推动着动画的发展，也影响着欧洲动画的表现风格。在欧洲，动画总是与艺术文化联系在一起进行研究分析和讨论。

动画虽然源于欧洲，却兴于美国。动画技术在美国大力应用，动画片在美国的地位不断提升，世界知名的迪士尼公司在这一时期崛起。“但是，在20世纪60年代，当电影作为一种知识出现在学术期刊和大学课程中时，好莱坞的主流动画片却被人们所忽视，动画被排在轻松的音乐剧和喜剧电影等

① 金辅堂. 动画艺术概论［M］. 北京：中国人民大学出版社，2006.

源于欧洲	兴于美国	日本赶超	我国现状
早在19世纪初，英国和比利时就出现了最早的动画“魔鬼轮”和“幻透镜”。	随着迪斯尼等动画公司的崛起，动画技术在美国大力应用，动画片的地位不断提升。	日本动画的兴起初期，是学习美国模式，在发展过程中找到了自己的动画技术和动画文化方面的特色。	1926年，万氏兄弟制作的《大闹画室》是中国动画片的开始。水墨动画是属于中国特有的动画技术样式。改革开放后，随着动画产业的蓬勃发展，动画越来越被人们重视，动画研究的视角不断扩大，动画研究探索的程度不断加深。

图6-1 动画发展简图

形式之后，甚至被驱逐出知识与美学的领域。在主流文化及研究机构中，动画没有任何地位”。①

19世纪二三十年代，动画在日本开始兴起，最初是学习美国模式，但在发展过程中日本找到了自己的动画技术和动画文化方面的特色。比如为了提高产量，发明了一拍二技术，并广泛使用在日本产的动画片中。比如动画爱好者不仅仅是欣赏动画，也着手研究动画。“因为不同的作画监督会有不同的风格，他们会敏感地注意到不同作画监督所导致的动画画面细微的差别，这种观察其实必须建立在反复细致的揣摩基础上”。

我国的动画技术同样有着悠久的历史，早年的走马灯、皮影戏等民间艺术都是动画技术的雏形。1926年，万氏兄弟制作的《大闹画室》是中国动画片的开始。20世纪60年代，随着我国动画的发展，创造出了属于中国特色的动画技术——水墨动画。《小蝌蚪找妈妈》、《大闹天宫》、《山水情》等一批优秀的水墨动画成为中国动画的标志，树立了中国动画学派的旗帜。②改革开放后，随着动画产业的蓬勃发展，动画研究越来越被人们重视，动画研究的视角不断扩大，动画研究探索的程度不断加深。

3. 动画分类

人们通常从媒介传播的角度，将动画分为电影动画、电视动画、网络动画和新媒体动画（图6-2）。电影时代的介质是胶片，早期的动画片也都是胶片的；电视的介质是磁带和录影带，通过介质可以区分好电影动画和电视动画；随着网络的发展，流媒体技术越来越进步，网络动画以流媒体技术为介质，得以快速成长和发展；新媒体动画主要是指的手机、平板电脑等依靠无线蓝牙技术传播的动画。也有分类将网络动画归入新媒体动画。我们要讲的Flash动画在网络动画和新媒体动画中普遍被使用。

从艺术形式角度分类，动画可分为平面动画、立体动画、电脑动画三大类，每一类又依据表现形式有进一步细分（图6-3）。比

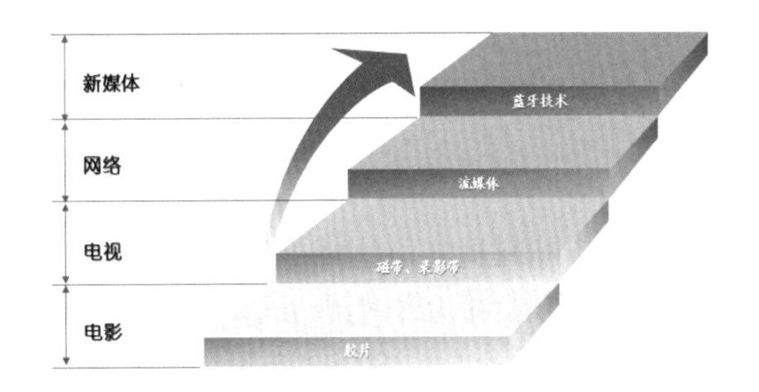

图6-2 动画从媒介传播的角度分类

① 苏锋，方淑芬．美国“动画文化”现象的成因及演变机制［J］．国外社会科学，2006.
② 张任智．我国动画技术发展过程的问题研究［D］．沈阳工业大学，2012

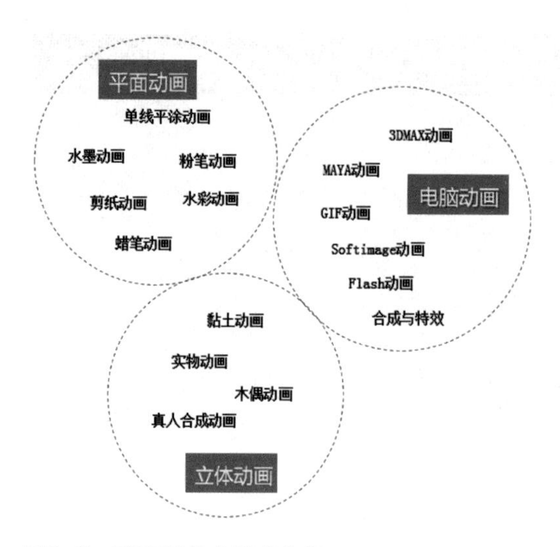

图6-3 动画以艺术形式分类

如我们众所周知的《白雪公主》、《猫和老鼠》、《大闹天宫》都是单线平涂动画，我们传统动画片《猪八戒吃西瓜》是剪纸动画，《仲夏夜之梦》、《皇帝梦》是木偶动画，《小鸡快跑》、《超级无敌掌门狗》是黏土动画，《毛线玉石》、《糖果体操》、《桌面大战》是实物动画，《谁陷害了兔子罗杰》、《精灵鼠小弟》是真人合成动画，《玩具总动员》、《冰雪奇缘》、《功夫熊猫》这些大片都是电脑动画。这里需要解释下实物动画和电脑动画的区别，实物动画保持了动画对象的原貌，比如台灯、桌椅，电脑动画则是依据作者的设计用材料重新塑造形象。合成与特效，指的是实拍的影片结合电脑效果，比如《泰坦尼克号》沉船时的特效。而我们本书要讲的在互联网上发布的广告宣传动画片，基本都是Flash动画。

6.1.2 Flash动画简介

Flash动画是美国的Macromedia公司于1999年6月推出的优秀网页动画设计软件，当时的版本是Flash 4.0。2006年，Macromedia公司被Adobe公司收购，推出了Flash CS3，并且成为Adobe公司设计软件包Adobe Creative Studio（CS3）中的一员。

Flash是一种可交互的矢量动画，能够在低速率下实现高质量的动画效果，具有体积小、兼容性好、直观动感、互动性强、支持MP3音乐等诸多优点。本书中讲解所用版本为Adobe公司2013年推出的Flash CC。

总体来说，Flash动画具有以下特点：

1. 文件的数据量小

通过使用关键帧、矢量图、组件等技术，使Flash所生成的动画（.swf格式）文件非常小，一般一个30秒的广告动画，只有几百K字节大小，在网页上实时播放时，对网速的要求比较低，而制作效果生动。

2. 图像质量高

Flash使用的是矢量图形，矢量图只能靠软件生成，文件占用内在空间较小，并且与位图图形不同的是，图形可以放大任意尺寸不会失真，和分辨率无关，矢量图形色彩也非常丰富，因此图像质量高。

3. 文件格式多样

Flash支持图片、音乐、动画、视频等多种形式的素材，每种形式又可以包括多种格式，比如图片格式可以是bmp、png、gif、jpg等，音乐格式可以是wav、aif、mp3等，视频格式可以是swf、mov、avi、flv、mp4等。

Flash动画在导出时，也支持多种格式，除了本身swf格式外，还可以直接导出单帧图像，或者导出mov影片、可执行文件（exe或者app）、网页格式等。

4. 交互式动画

传统动画或者影片，在观看时我们不能参与其中，实现互动。Flash制作的游戏、课件、广告宣传片，依靠ActionScipt脚本技术，可以实现和用户的互动交流，这样的动画片应用的领域更多，更具有吸引力。

5. 流式播放技术

很多视频播放格式，都要求全部下载完影片文件才可以播放，流式播放，或者叫流媒体技术，是指一边播放一边下载，可以缓解网民等待的时间，最好的解决视频文件的大容量和网络带宽之间的矛盾。

6. 插件工作方式

我们在网页上观看Flash动画，都是需要安装Flash插件的，插件为Adobe Flash Player，也称为Flash播放器，它是由Adobe公司开发的，支持mozilla核心的所有浏览器。如果我们的浏览器上不安装此插件，或者安装的版本过低，就不能看到Flash制作的动画。目前很多网站的视频播放也嵌入了Flash播放技术，它还有很好的防盗版功能。

6.1.3 传统动画与Flash动画的区别

传统动画是用画笔画出的一张张不动的、但又是逐渐变化着的连续画面，经过摄像机或电脑的逐格拍摄或扫描，然后以每秒24格或25帧的速度连续放映或播放。传统动画已形成了一套完整的体系，包括制作流程、分工、市场运作等。传统动画分工太细，例如动画制作人员一般分为：原画师、动画模型师、灯光师、绑定师、特效师、动画渲染师、概念设计师、数字绘影师、动作捕捉师、动画剪辑师，等等，这样的细化，使人成为长长流水线某一环节的机器，工作单调重复，造成人的片面化发展。

Flash动画是近些年来出现的动画软件，可以将音乐、音效、动画方便地融合在一起，以制作出高品质的动画影片；让观众在一定程度上参与动画进行；软件操作简单、设备要求低；许多元件可以重复利用，减少了工作量。但是在Flash软件中使用逐帧动画难度比较大，鼠标和绘图笔没有纸上画起来那么方便。

6.1.4 Flash动画的应用领域

Flash软件应用领域很多，特别是在网络平台上，不仅受到“正规军”的欢迎，比如大的网站、广告公司，也受草根网民的喜爱，进行个性创作。以下列举几个Flash动画的主要应用领域。

1. 网页设计

Flash可以直接导入网页格式，网页中也可以很好地融合swf格式动画，由于Flash可以制作出丰富的动画效果以吸引用户眼球，很多网站开发者会选择用Flash进行网页设计。Flash可以完成全网站的设计，即网站中每个页面都是一个完整的Flash动画。对于Flash网页，完成网页的信息更新是比较复杂的事，所以这种整网站的动画只在一些中小企业网站、个人网站会被应用，一旦建站基本不做信息更新。

更多的Flash参与的网页设计是局部的，比如网站的片头设计，或者网站导航条设计。片头的动画效果会吸引用户进一步点击深入网站；导航条的动画效果，同样是起到吸引用户尝试点击不同的栏目链接，进而了解更多网站内容。

2. 网页广告

如何在网页上有限的空间内，吸引观者，让自己宣传的产品或服务跳入受众眼球？这是广告主想方设法想达到的目标。相比于静态广告，动态的广告更有优势，而面对带宽与网速的限制，Flash短小精干的特点又胜于拍摄的视频。这也正是目前Flash广告在网页广告中占据霸主地位的原因。根据调查，很多企业都愿意采用Flash软件来制作广告，因为它既可以在网络上发布推广，又可以存为视频格式在电视台播放，一次制作，可多平台发布。

3. 多媒体教学

Flash课件具有体积小，表现力丰富，交互性强等特点，在制作教学演示课件，模拟实验过程，或多媒体教学光盘时，Flash动画得到大量的应用。

4. 游戏设计

使用Flash的动作脚本功能，可以开发制作一些有趣的在线小游戏，如看图识字游戏、贪吃蛇游戏、棋牌类游戏等。目前一些手机厂商也已在手机中嵌入了Flash游戏。

5. 短剧

用Flash制作的故事短片。我们在电视

和网络中经常会看到，比如小破孩系列、三国系列，还有相声段子、小品等的Flash版。Flash制作能很好地展现人物轻松、幽默、诙谐的特点，使人物形象生动有趣。

6. MTV

用Flash将喜欢的歌曲制成MTV，是很多草根网民学用Flash制作动画的乐趣所在。用自己的理解诠释一首歌，无需拍摄成本，成品还可以方便地上传在网络中，展示分享。当然也有专业团队，会使用Flash制作的高水平的MTV。

7. 贺卡

一张电子贺卡，画面清晰，配以小动画，悦耳音乐，简单、明了、温馨。网络中流传的贺卡，基本都是用Flash制作的，比如我们常在QQ上互送的贺卡。

6.2 Flash广告的基础知识

在学习制作Flash广告之前，首先需要了解Flash广告的特点以及常见的表现形式。了解了这些，才能根据实际投放网络广告的需要，选择是否用Flash来制作广告，以及应当采用何种广告形式。

6.2.1 Flash广告的特点

由于使用Flash制作的广告具有以下诸多特点，这使得Flash软件成为制作网页广告的首选工具。

1. 适合网络传输

使用Flash技术制作的动画，多是采用矢量图的形式，色彩丰富，放大不失真，并且还使得生成的动画文件比较小，一个30秒的广告，只有几百K字节大小，在网络上发布与传播的速度都比较快，受到广告主青睐。

2. 表现形式多样

在网络上出现的Flash广告，可以以多种形式呈现，比如横幅广告，标识广告，整个网页的广告，还可以制作成动画片的形式上传到相关网站。Flash广告在网络上的投放成本相对于电视等传统媒体还是比较低的。

3. 可以实现交互

Flash动画中的交互功能基本都是通过鼠标来实现的。通过Flash动画编程处理，用户通过拖动动画片中的对象完成特殊动画效果。也可以通过键盘中的指定按键，完成对象的移动，输入相关内容等。交互功能使用用户参与到广告宣传中，不仅不会对广告产生反感和抵触，还会有兴趣关注广告内容。

6.2.2 Flash广告的常见形式

1. 嵌入式

嵌入式广告指广告栏隶属于网页的一部分，比如网上的Logo广告、Banner广告、通栏广告，嵌入式广告是广告展示的主要形式（图6-4、图6-5）。

2. 浮动式

浮动式广告指会随鼠标或光标移动的网

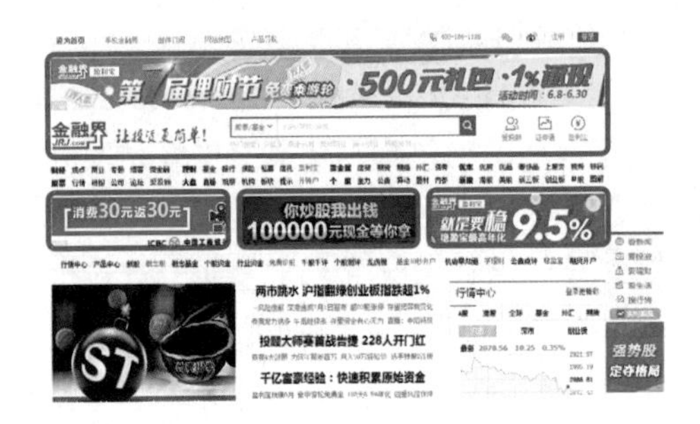

图6-4 网页上的Banner广告与通栏广告

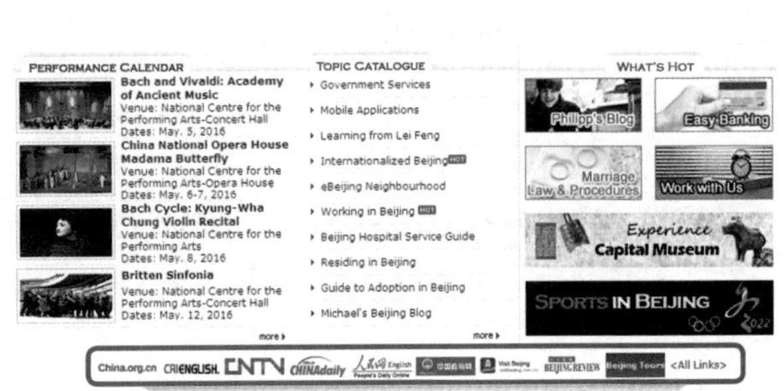

图6-5 网页上的Logo广告

图6-6　网页上的浮动广告

图6-7　网页上的游标广告

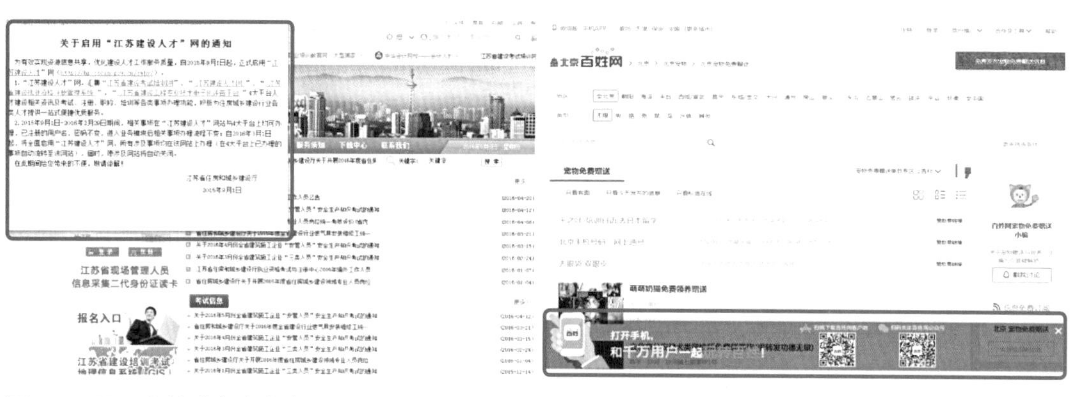

图6-8　网页上的弹出式广告

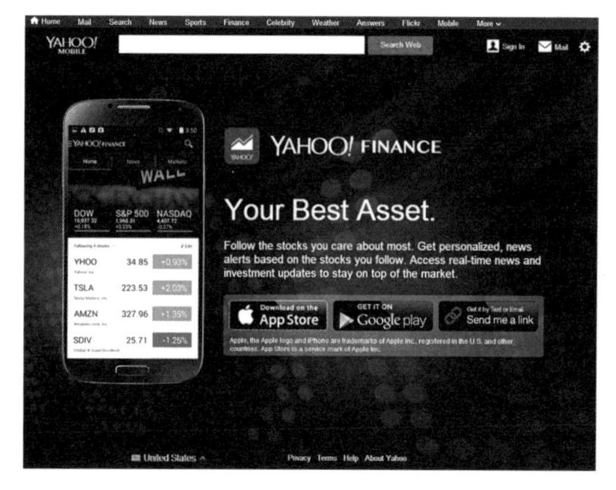

图6-9　全网页广告

络广告，一般又分为浮动广告和游标广告。浮动广告，当网页向上或向下移动时，在页面左边或是右边的广告条跟着上下移动，保持相对于桌面不变的位置。游标广告，广告条在网页窗口中向左或右不规则飘动，常会遮挡浏览内容（图6–6、图6–7）。

3. 弹出式

弹出式广告指在打开某个网页时，会自动打开另一个窗口，展示广告内容。早期广告弹出窗口的位置一般在左上角，现在弹出窗口的位置很随意，分为遮挡式窗口和半透明窗口两种。弹出式广告与嵌入式广告不同，会有明显的关闭窗口的按钮（图6–8）。

4. 全网页式

全网页广告，顾名思义，用整个网页来做广告宣传，常用于产品宣传，或者企业网站的片头（图6–9）。

6.2.3　Flash广告的一般流程

就像拍一部电影一样，创作一个优秀的Flash动画作品也要经过很多环节，每一个环节都关系到作品的最终质量。使用Flash制作网页广告的流程一般包括以下内容：

1. 确定广告主题

2. 撰写广告脚本

3．制作广告动画

4．调试并发布

首先，广告主题就是指广告要宣传的重点及所要表达的中心思想，是进行广告创意的根本。广告主题是否恰当直接关系到整个广告的成败。看似简单，却不可草率。

其次要撰写脚本，脚本一般包括创意脚本、文学脚本、分镜头脚本等，其中分镜头脚本是拍摄广告片所必备的脚本，是导演在拍摄前对自己剧本进行深思熟虑后的体现，也是他与演员、摄像、布景等参与拍摄其他人员进行有效沟通的依据。

第三步才是利用Flash完成广告制作。有了前面清晰的思路与脚本，制作虽然最复杂且需要更长时间，但返工率会大大降低，有的放矢而不是随性而为，这是使动画最终效果更接近完美的最有效方法。具体来说，动画制作主要包括绘制主要角色及场景设计、动作添加、角色与背景的合成、声音与动画的同步等。

第四步是对制作完成的动画进行调试和发布。广告制作完还要与广告主进行反复沟通与修改，这一阶段就是我们所说的调试。调试好后就要发布这则广告动画了，Flash支持多种发布的格式，常用swf格式，也可以直接生成网页格式，使动画独立占据整幅网页。然后我们就可以将发布的文档上传到指定网站。

6.3 Flash工作面板及类型

本书事例中所使用的软件版本为Flash CC for Windows 15版。对于制作版本，作者一直坚持的观点是够用就好，适合最好，不必追逐最新版本，这里使用最新版本主要为了体现图书编写的时代性。

Flash文件有个兼容问题。Flash高版本可以读取低版本的源文件，但低版本不能读取高版本的文件，这点与Photoshop不同，Photoshop不同版本可以互读文件。所以，Flash源文件的可移植性差，只能用相同或者更高版本的Flash才能打开并修改。书中所用到的功能，编程部分只支持AS3.0版本，其他功能在CS以上的版本都有。目前很多人使用MAC（苹果）系统进行设计，这个版本在两个系统下只有极小差别，书中所讲述的功能，两个系统下可以通用。但Flash CC只能安装在64位的Windows系统中。

6.3.1 了解Flash工作面板

1．开始页

运行Flash CC后，首先打开的是开始页（图6–10）。在这个页面中，我们要选取打开还是新建一个怎样的文件。早期版本还有ActionScript 2.0版本的脚本语言，从CS6开始就只有ActionScript3.0版本了，但是CC版本各方面工作的性能更稳定。

2．工作窗口

在“开始页”中，点击“新建”下面的“ActionScript 3.0”，打开Flash CC工作窗口，并新建一个空白文档（图6–11）。工作窗口包括菜单栏、舞台、时间轴、面板组、工具箱等。

窗口最上方是“菜单栏”，在其下拉菜单中包括了几乎所有的Flash命令项。

“舞台”是旋转动画内容的矩形区域，默认是白色背景，这些内容可以是矢量图形、文本、按钮、导入的位图或视频等。

“时间轴”用于组织和控制文档内容在一定时间内播放的图层数和帧数。时间轴规定了电影中每一帧的播放顺序，或者是电影中元件的变化范围，所有规定的电影变化行为都是依据时间轴的规定而有条不紊地进行的。时间轴上的主要功能区如图6–12所示。

“面板组”里有很多面板，主要是帮助查看、组织和修改文档中的元素。常用的面板

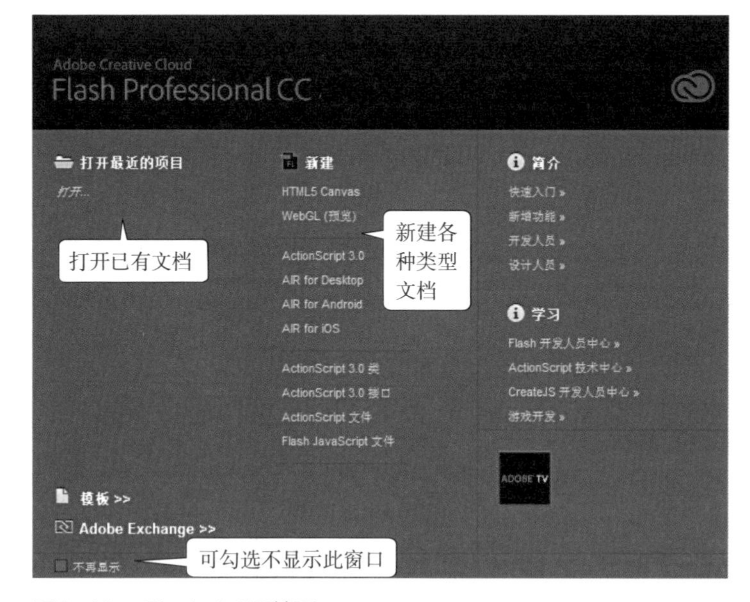

图6-10　Flash CC开始页

图6-11　Flash CC的工作窗口

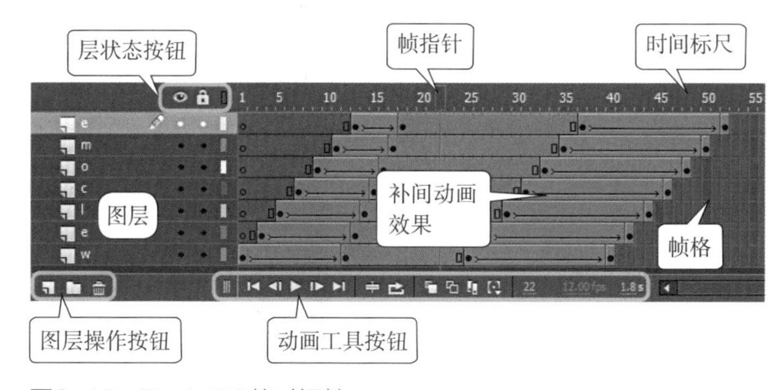

图6-12　Flash CC的时间轴

可以在窗口菜单中通过勾选，使之常驻面板组（图6-13、图6-14）。

“工具箱”也叫绘图工具箱，主要承担绘制自由形状或准确的线条、形状和路径等工作或者对舞台中的图形进行编辑处理。在Flash CC中，绘图工具箱只能单列显示，点击工具箱上方的三角按钮▶可以收缩或者展开工具箱。

在工具箱上，可以注意到有黑色隔离线把工具箱分隔成六个区域：选择工具区；绘画工具区；涂色工具区；

窗口(W)	帮助(H)
直接复制窗口(D)	Ctrl+Alt+K
√ 编辑栏(E)	
√ 时间轴(M)	Ctrl+Alt+T
√ 工具(T)	Ctrl+F2
√ 属性(P)	Ctrl+F3
库(L)	Ctrl+L
动画预设	
动作(A)	F9
代码片断(C)	
编译器错误(E)	Alt+F2
调试面板(D)	▸
输出(U)	F2
对齐(N)	Ctrl+K
颜色(C)	Ctrl+Shift+F9
信息(I)	Ctrl+I
样本(W)	Ctrl+F9
变形(T)	Ctrl+T
组件(C)	Ctrl+F7
历史记录(H)	Ctrl+F10
场景(S)	Shift+F2
浏览插件...	
扩展	▸
工作区(W)	▸
隐藏面板	F4

图6-13　Flash CC窗口菜单

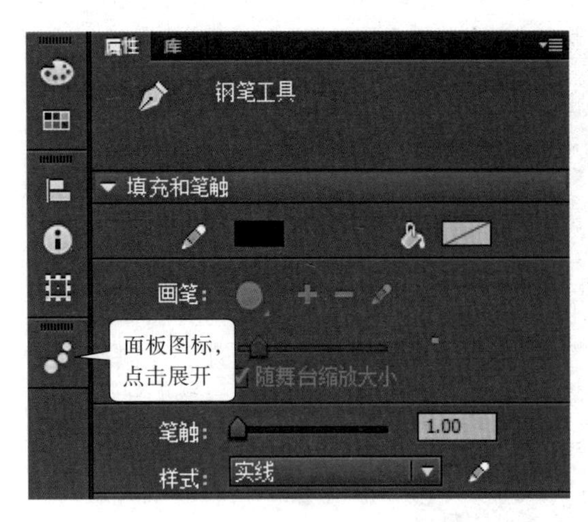

图6-14　Flash CC面板组

查看工具区；颜色工具区；选项区。工具箱中的各工具的名称如图6-15所示。

6.3.2　Flash动画的类型

1. Flash文件的类型

Flash文件主要包括FLA和SWF两种类型。FLA文件通常称为源文件，其扩展名默认为.fla，可以在Flash中打开、编辑和保存，但源文件只能在Flash环境中运行；SWF文件英文全称是Shack Wave File，是Flash编辑完成后输出的成品文件，其扩展名默认为.swf，可以脱离Flash环境独立运行。

Flash源文件有1个不足之处，低版本的软件打不开高版本Flash制作的源文件。比如Flash CS3软件不能读取Flash CS6制作的源文件。

2. 动画的制作类型

Flash CC按动画制作类型分为逐帧动画、补间动画和高级动画（表6-1）。补间动画又分为运动补间、形状补间和补间动画三种；高级动画又分为引导层动画、遮罩动画和骨骼动画。其中传统补间动画和骨骼动画是Flash CS3及以下的低版本软件没有的。

逐帧动画，全部由关键帧组成，可以导入外部动画文件，比如导入Gif动画和Swf动

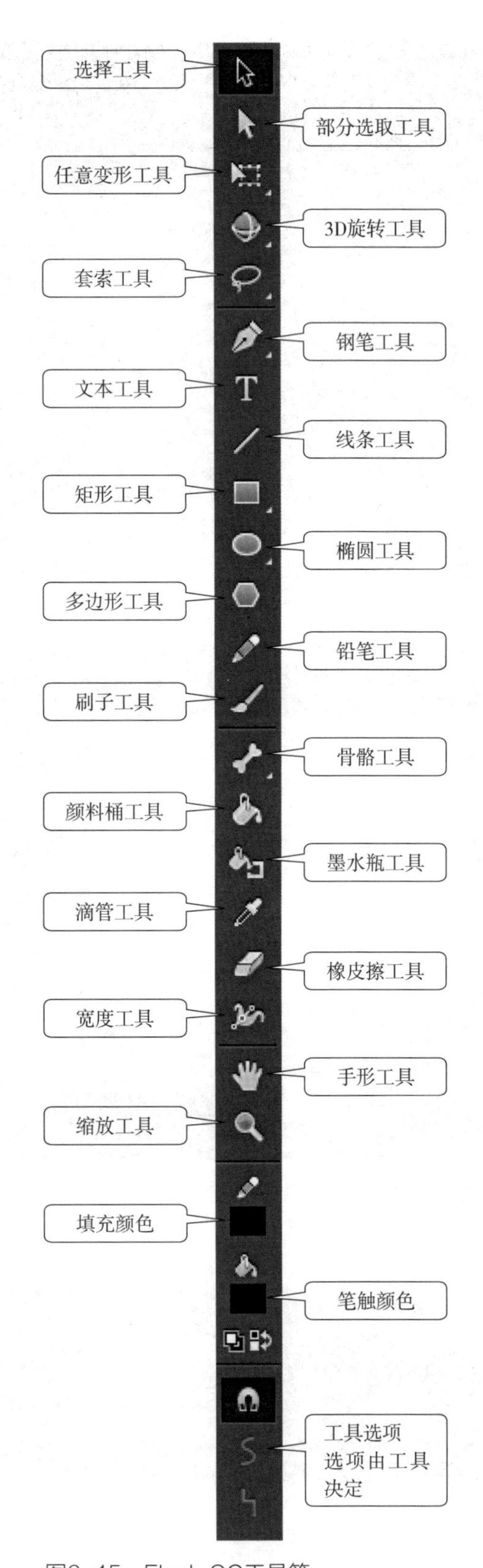

图6-15　Flash CC工具箱

动画制作类型图表 表6-1

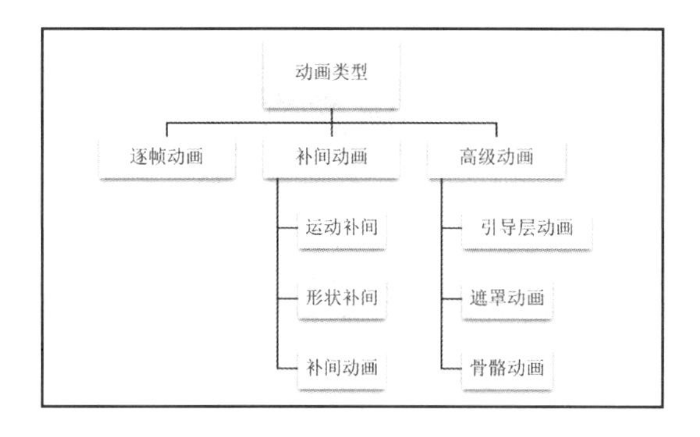

画，也可以一帧一帧地绘制或者修改已有图形。

运动补间，就是传统补间动画，是一种基于元件的动画。动画开始与结尾的两个关键帧中的对象是一个元件，后者只是改变了前者的整体形状，如位置变动、形状整体压扁、拉长、旋转等。这样形成的动画，在时间轴上用浅蓝色箭头表示。

形状补间，也叫补间形状动画，用于创建形状变化的动画效果，使一个形状变成另一个形状，同时也可以设置图形的形状、位置、大小、颜色的变化。这样形成的动画，在时间轴上用浅绿色箭头表示。

补间动画，与运动补间类似，但这种动画不再作用于关键帧，而是作用于元件本身，并且还可通过调整运动路径，修正对象在运动过程中的变化。这样形式的动画在时间轴上呈现蓝底无箭头，动画的关键点有轴坐标（图6-16）。

引导层动画，让元件按照设定的路径完成运动补间动画。这个动画至少需要两个图层配合完成，路径放在引导层上，元件放在被引导层上，动画播放时，引导层的路径自动隐藏。一个运动引导层，可以引导多个被引导层。

遮罩动画，下面被遮罩层中的对象，透过上面，遮罩层对象的填充区域而显示。遮罩动画至少需要两层：遮罩层和被遮罩层，动画显示的内容是下面被遮罩层中的对象，动画显示的外形是上面遮罩层中的对象。一个遮罩层，可以遮盖多个被遮罩层。

骨骼动画，也称之为反向运动（IK）动画，是一种使用骨骼的关节结构对一个对象或彼此相关的一组对象进行动画处理的方法。首先要绘制骨骼，在Flash CS4中创建骨骼动画对象分为两种，一种是元件的实例对象，另一种是图形形状。

交互动画，动画的产生依靠编程语言ActionScript完成。

6.3.3 Flash动画的基本操作

1. 新建影片文档

Flash影片文档有两种创建方法，一种是新建空白的影片文档，另一种是从模板创建影片文档。在Flash CC中，新建空白影片文档，我们一般选择类型为“ActionScript 3.0”（图6-17）。这里选择每一种类型后，在描述窗口都有对该类型的说明。ActionScript指的是动作脚本语言，是传统Flash制作一直

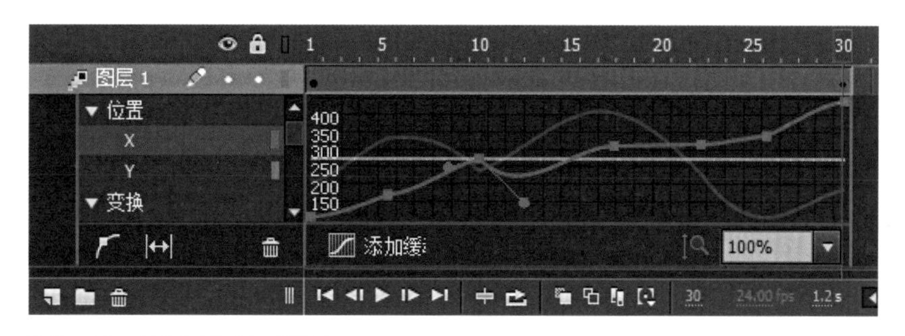

图6-16 补间动画的时间轴

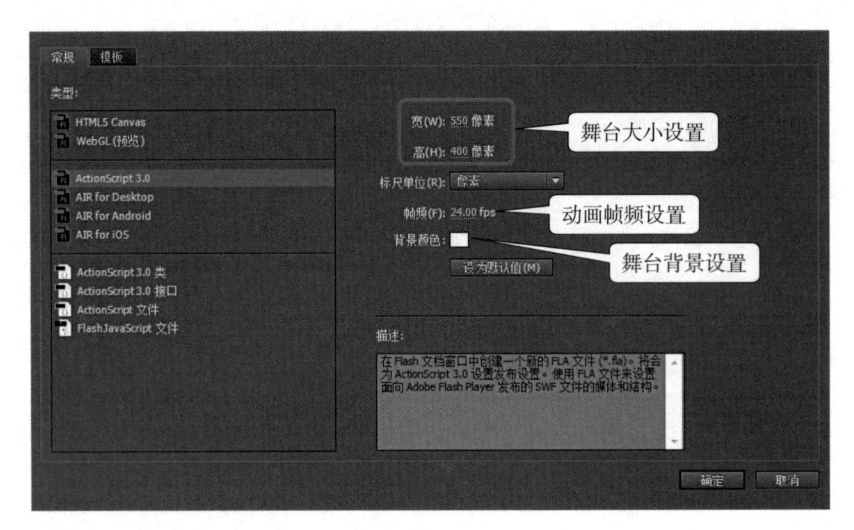

图6-17　新建影片文档的对话框—常规

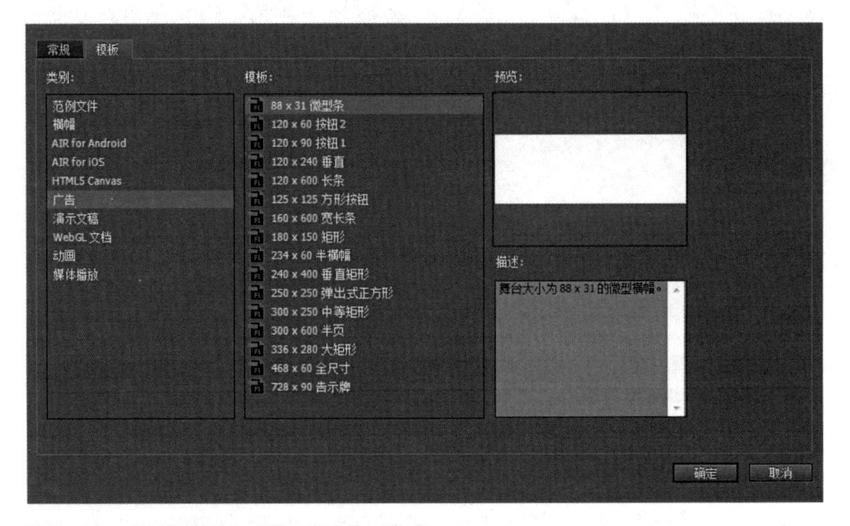

图6-18　新建影片文档的对话框—模板

延用的类型；HTML5是时下最热门的移动App软件开发工具，Flash CC版本可直接支持HTML5语言的编程。

在新建影片文档的对话框右侧，还有一些参数，来设定文档尺寸、背景、动画帧频等参数。

打击如图6-18所示的“模板”标签，可以通过预设好的模板来创建影片。比如我们要制作一则网页广告，选择类别“广告”后，常用的尺寸都罗列出来了，我们选择所需要的尺寸后，点击“确定”按钮，就完成了新文档的创建。

2. 基本图形绘制

Flash绘图与Photoshop方法基本一样，设计软件都有共性，所以会用Photoshop后，Flash绘图是很好上手的，只是在Flash中的图形分为“笔触”和“填充”两个部分，可以分别进行设置和操作，这一点与Photoshop不同，并且要特别注意。下面我们以矩形工具为例，进行绘制。

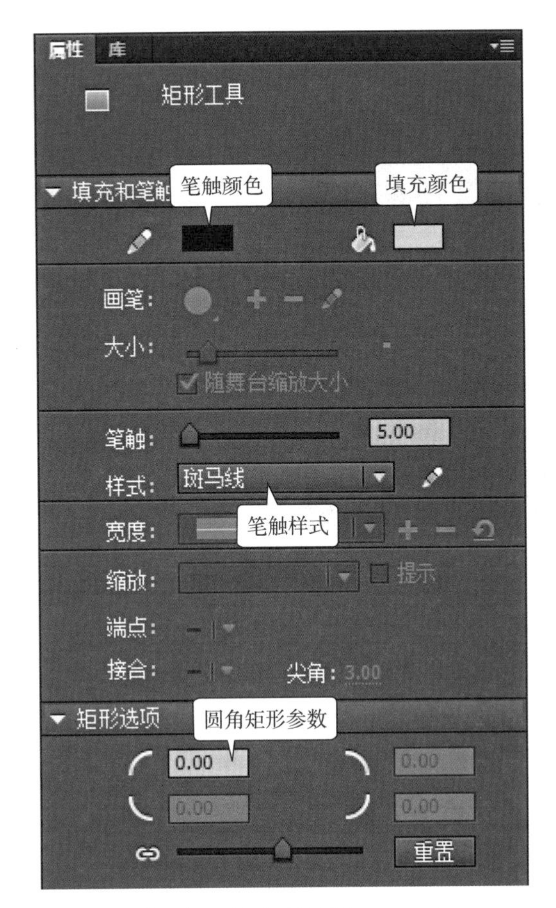

图6-19　矩形工具的属性面板

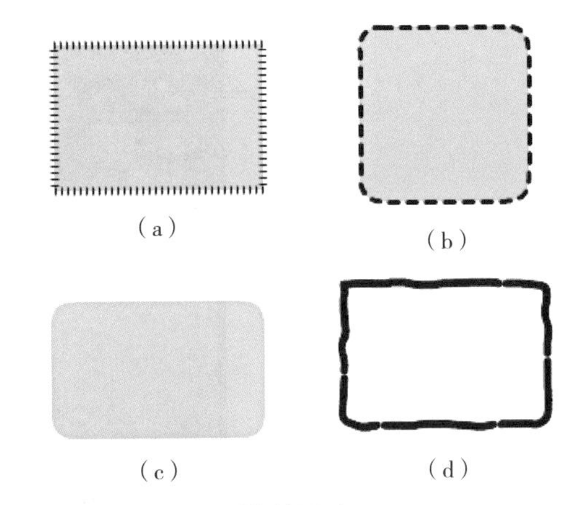

图6-20　矩形工具绘制图形

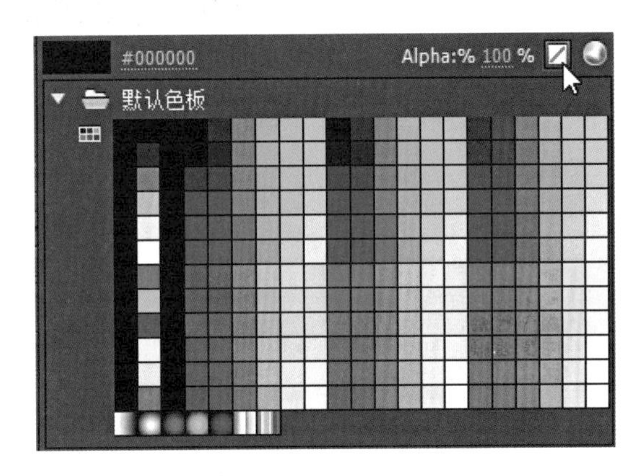

图6-21　色板窗口

（1）快速新建一个Flash文档，参数都用默认值。

（2）选取工具栏里的矩形工具，同时打开属性面板，在属性面板里设置笔触颜色为“黑色”，填充颜色为“浅绿色”，笔触宽度为“5”，样式为“斑马线”，面板及参数如图6–19所示。

（3）在舞台中拖动鼠标，即可绘制一个矩形，效果如图6–20（a）所示。

（4）修改参数，笔触宽度为“3”，样式为“虚线”，圆角矩形参数为“15”，按住Shift键同时在舞台中拖动鼠标，即可绘制一个长宽相等的圆角矩形。效果如图6–20（b）所示。这里Shift键的使用与Photoshop一样，是绘制长宽相等的图形。

（5）点击笔触颜色，在弹出的色板中选择如图6–21所示的关闭颜色按钮，在舞台中拖动鼠标，即可绘制一个无边框圆角矩形，效果如图6–20（c）所示。

（6）同理，我们也可以关闭填充颜色，绘制一个只有边框的矩形，效果如图6–20（d）所示，参数请读者自行修改。

3. 设置图形色彩

（1）颜色面板

上面操作中我们只试用了单一颜色，在Flash中也支持多种颜色的渐变填充，一般会通过颜色面板对线条和形状的颜色进行创建编辑。“颜色”面板一般停留在面板区，双击缩略图标可以折叠或者打开该面板。如果面板区没有“颜色”面板，可能通过选择菜单

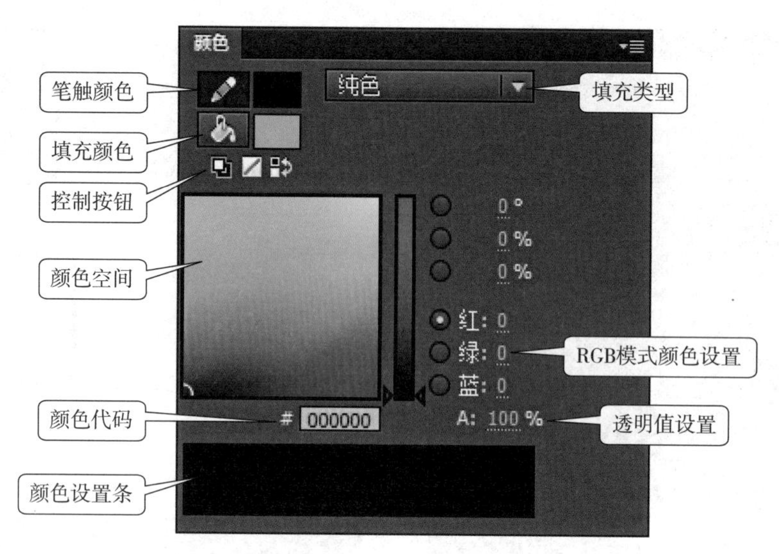

图6-22 颜色面板

"窗口" | "颜色"命令将其打开。颜色面板如图6-22所示。

"笔触颜色"和"填充颜色"是两个控制按钮,"笔触颜色"是设置图形的边框颜色,"填充颜色"是设置图形内容颜色,设置哪个颜色需要将这个按钮按下,然后在下方修改颜色参数,或者点击左侧颜色块,打开色板做设置。

"控制按钮"包括"黑白"、"无色"、"交换颜色"三个按钮。"黑白"按钮,是默认"笔触颜色"为黑色、"填充颜色"为白色;"无色"按钮,或设置当前的颜色为无色;"交换颜色"按钮,是将当前设置的"笔触颜色"和"填充颜色"的色块做交换。

"填充类型"包括纯色、线性渐变、径向渐变、位图填充和无色5种类型。渐变类的填充变化多而复杂,后面会专门介绍。

"颜色空间"、"RGB模式颜色设置"和"颜色代码"都是可以直接选取颜色或者设置颜色值。

"透明值设置",我们一般称之为Alpha值,用来设置当前颜色的透明度,范围在0~100%之间,0为完全透明,100%为完全不透明。

"颜色设置条",纯色时会显示已经选中的颜色和当前正在选择的颜色;渐变色时在这里显示和编辑渐变色。

(2)渐变填充

渐变填充有两种类型:线性渐变和径向渐变。两种渐变的设置基本一样,不同的是,"线性渐变"所设置的颜色是从起点到终点的直线变化,"径向渐变"所设置的颜色是从圆心点沿半径向外的放射状变化。下面以线性渐变为例,讲解下颜色的设置。

点击如图6-22中的填充类型,选择"线性渐变",颜色面板如图6-23所示。注意下方的渐变色设置,默认时有两个滑块,左边滑块标示颜色渐变区域的起始色,右边滑块标示渐变区域的终止色。每个滑块又分上下两部分,上面的小三角,标示是否为当前选中滑块,当前滑块小三角是黑色,否则是白色;下面的小方块,标示当前颜色,图中,左滑块为白色,右滑块为黑色。

"增加渐变色",如果颜色变化超过两种,我们就需要通过添加滑块的方法,增加渐变色(图6-24),只要在渐变条上需要增加色彩的位置点击,就可以增加颜色了。Flash最多可以支持15个滑块。

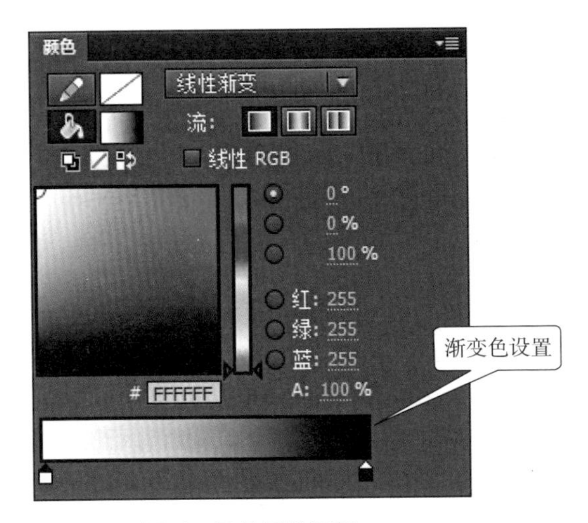

图6-23 矩形工具的属性面板

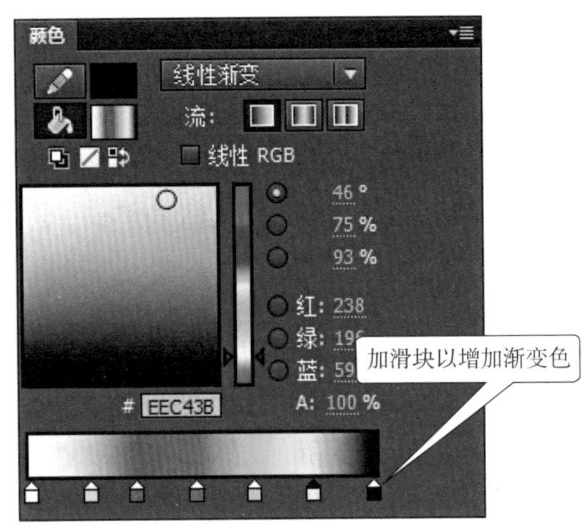

图6-24 矩形工具绘制图形

“修改渐变色”，这里包括两种，一是修改渐变区域，二是修改色块颜色。修改渐变区域，是通过用鼠标拖动滑块左右移动来修改；修改色块颜色，是点击要修改的滑块，在颜色空间选择颜色，或者直接输入颜色值，或者打开色板进行修改。

“删除渐变色”，当色彩设置需要简化时，我们只需将滑块向下拖住，便删除了渐变色。

4. 文档导入导出

我们在使用平面制作软件时，很少遇到导入导出的功能，对于视频类软件，这两个功能还是很常见的。导入多用来添加制作素材，导出是将制作好的影片生成多种格式。

（1）文档导入

执行“文件”|“导入”命令，我们可以看到Flash所支持的导入项（图6–25）。

“导入到舞台”，把需要的图片或者动画，直接导入到工作区。

“导入到库”，把需要的图片或者动画，导入到库中，供我们编辑，需要使用时再拖入舞台。

“打开外部库”，打开其他Flash源文件的库，这样可以直接调用其他文档的素材，供当前文档使用。

“导入视频”，特指在Flash中导入FLV格式的视频，并且一定要选择“在SWF中嵌入FLV并在时间轴中播放”这一选项。

（2）文档导出

动画制作完成后，我们最后一步是导出或者发布影片。执行“文件”|“导出”|“导出影片”命令，可以导出影片（图6–26）。选择“文件”|“发布”命令可以发布影片。

“导出图像”，指导出当前帧的图像，这种方法导出来的不是动画，而是一张静态图片。

导入到舞台(I)...	Ctrl+R
导入到库(L)...	
打开外部库(O)...	Ctrl+Shift+O
导入视频...	

图6-25 导入菜单

导出图像(E)...	
导出影片(M)...	Ctrl+Shift+Alt+S
导出视频(V)...	

图6-26 导出菜单

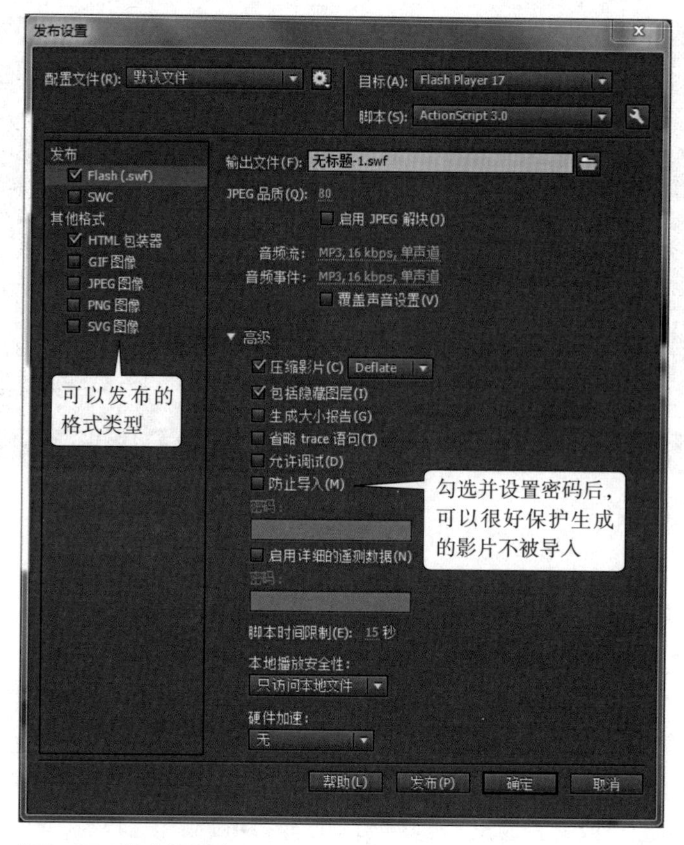

图6-27　发布设置窗口

“导出影片”，指导出指定格式的视频，这里我们常用两个保存类型，一个是“SWF影片（*.swf）”，一个是“GIF动画（*.gif）”。提示，查看GIF格式动画，要用“美图看看”等照片器打开才能播放，Windows自带的图片查看器不能播放GIF动画。这里还有个导出序列，是指导出动画中的每一帧图片，动画有多少帧就会导出多少张静态图片。

“导出视频”，特指导出Mov格式的视频影片。

（3）文档的发布

对于制作完的影片直接生成swf格式动画，我们常用的方法是“发布”，发布除了swf格式外，还可以发布网页、GIF等格式。

我们首先执行“文件”｜“发布设置”命令，打开发布设置窗口（图6-27）。其中，“目标”是指导出的影片所支持的播放器版本，比如目前是Flash Player 17，生成的SWF影片在脱离Flash环境后，需要Flash Player 17或者更高版本的播放器才能播放。

Flash CC版本取消了直接生成EXE或者APP可执行文件的设置，只有生成SWF后，再用格式转换工具转成可执行文件。

本章习题

1. 简述Flash动画的特点。
2. 简述Flash广告的特点。
3. 简述Flash广告的常见形式。
4. Flash软件的工作面板包括哪几部分？
5. Flash动画的格式类型是什么？

第7章

Flash使用技巧

从本章开始，我们通过制作实例的方式，由简入繁，从兴趣出发，来讲解Flash软件的使用。

7.1 逐帧动画制作

逐帧动画，顾名思义，每一帧动画都需要手动制作，不能依靠程序算法来生成。逐帧动画对制作者的电脑绘画功底往往要求比较高，在Flash制作中掌握起来相对简单，是最不能体现Flash技术特点的动画。这种动画效果与使用Photoshop制作的Gif动画基本一样，但当多种动画技巧相配合时，逐帧动画有不可或缺的作用。下面我们介绍几种在Flash里常用的逐帧动画。

7.1.1 行走的人

行走与奔跑这样的动画，基本都是用逐帧动画完成的。一个人行走的动作分解（图7–1），一般是8帧完成一个行走动作。

本实例的制作中，我们涉及的知识点有：

- 新建文档
- 修改文档属性
- 导入素材
- 插入帧
- 保存、测试、发布

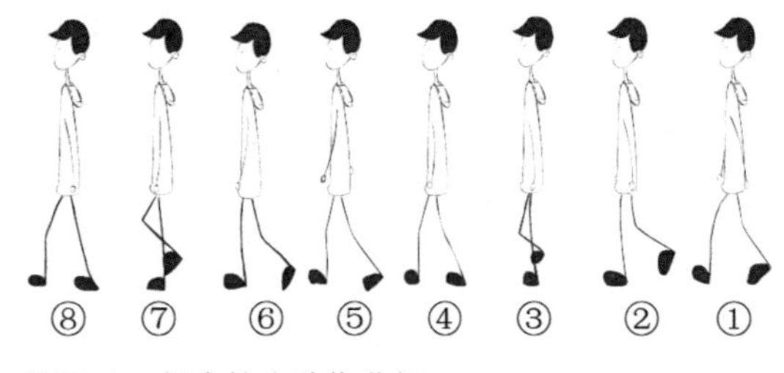

图7–1 行走的人动作分解

1. 文档设置及素材导入

（1）运行Flash CC软件，在弹出窗口选择ActionScript3.0，新建一个Flash文档。

（2）执行“文件” | “导入” | “导入到库”命令，在打开的窗口中，找到本书提供的素材“行走的人”文件夹并打开，全部选中里面的8张图片，点击“打开”按钮。**提示**：Flash支持图片的批量导入，如果逐一图片导入，这一操作就要反复执行。

（3）按下Ctrl+L组合键，打开库面板，在库面板中，可以看到刚导入的8幅图片（图7–2）。

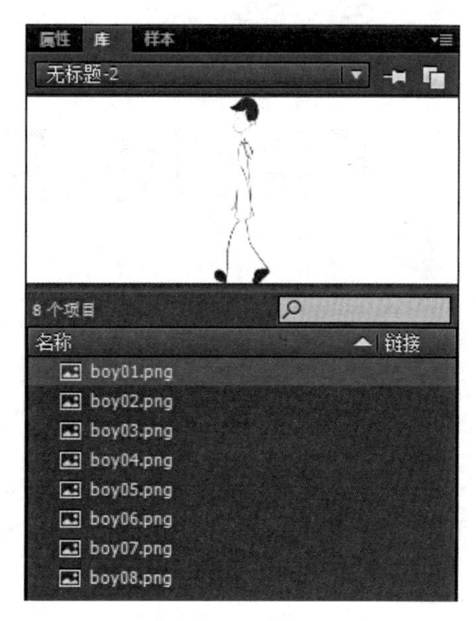

图7–2 库面板

（4）执行“修改” | “文档”命令，或者Ctrl+J组合键，打开文档设置窗口（图7–3）。设置舞台大小为150×300像素，帧频12，点击“确定”完成设置。

2. 舞台与时间轴编辑

（5）选中库面板中的“boy01.png”，并将其拖到舞台上（图7–4）。

（6）执行“窗口” | “对齐”命令，或者Ctrl+K组合键，打开对齐面板，先勾选上“与舞台对齐”，然后分别点击“水平中齐”按钮和“垂直中齐”按钮，让人物居中对齐，效果如图7–5所示。

（7）注意观察时间轴（图7–6），此时第一帧处是实心黑点，表示这里有一个关键帧，

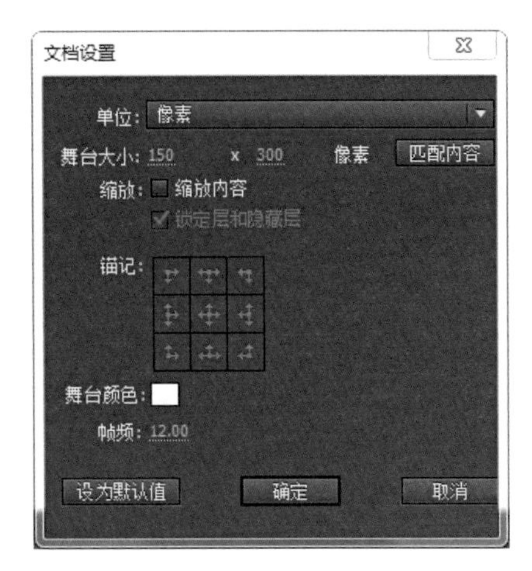

图7-3　文档设置窗口

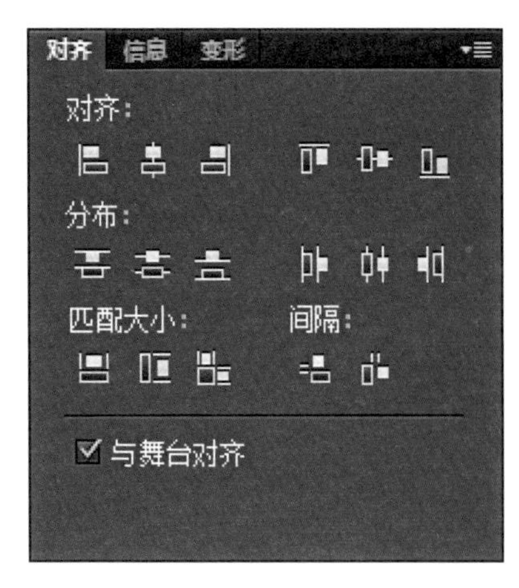

图7-4　对齐面板

图7-5　舞台窗口

红色时间线停放的地方为当前帧，当前帧的内容在舞台上呈现。即当前帧为第1帧，舞台上显示的是第1帧的内容。

（8）点选时间轴的第3帧，并按F7键，插入一个空白关键帧（图7-7）。此时观察舞台，什么内容也没有。

（9）选中库面板中的“boy02.png”，并将其拖到舞台上，并重复执行第（6）步，居中对齐。

（10）重得第8、9步，分别在第5、7、9、11、13、15帧建立关键帧，并将库面板中的图片，按顺序分别拖入各帧中。时间轴效果如图7–8所示，至此动画基本完成。

（11）在时间轴上，点选第16帧，并按F5键，插入一个普通帧，普通帧的作用是保持前一关键帧中的动画到此帧位置，即为了保持动作的节奏不变，将15帧动画延续到16帧。

3. 测试与保存

（12）执行“文件” | “保存”命令，或者Ctrl+S组合键，保存源文件。文件类型为Fla。

（13）按Ctrl+Enter组合键，测试影片，这是一个小人原地走的动画。测试影片在动画制作的过程中，随时都可以进行。执行此操作会在源文件相同目录下，生成Swf格式的影片。

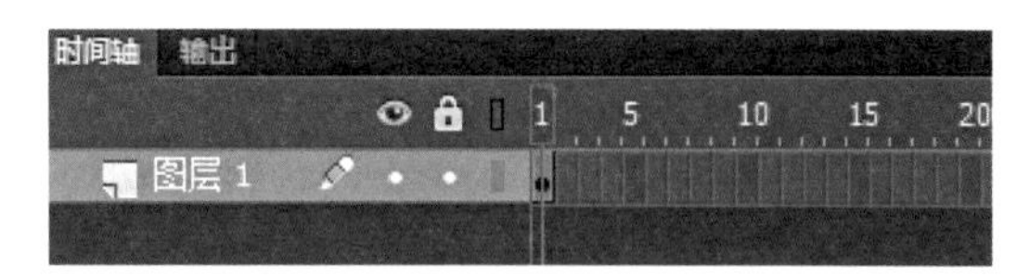

图7-6　时间轴第1帧

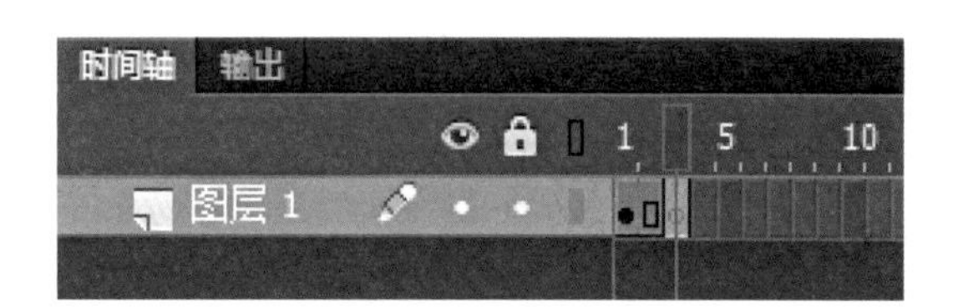

图7-7　时间轴前3帧

图7-8　时间轴前15帧

图7-9　时间轴帧

（14）如果要生成网页等其他格式，可以执行“文件” | “发布设置”命令进行设置后，再执行“文件” | “发布”命令，发布后在源文件相同的目录下会生成一个网页格式动画。

7.1.2 读秒倒计时

在广告或者影片的开头，经常会有一个倒计时器，这个实例的制作就是模拟一个5秒倒计时器（图7–10）。

在本实例的制作中，我们涉及的知识点有：

- 图形的绘制
- 图层的使用
- 文字工具的使用
- 体会帧频的意义

1. 背景图形绘制

（1）新建一个Flash文档，并按Ctrl+J组合键，打开文档设置窗口，设置帧频12，其他默认，点击“确定”完成设置。执行Ctrl+S组合键，保存源文件为“倒计时.fla”。

（2）选取工具箱里的“矩形工具”，点击工具箱里的“填充颜色”色块，选择颜色：灰色，色号#999999；点击工具箱里的“笔触颜色”色块，选择无填充（图7–11）。

（3）拖动鼠标，框选整个舞台，放开鼠标后，舞台填充灰色。**提示**：这和设置文档背景灰色不一样，在将Flash作为透明效果插入网页时会去掉文档背景，但舞台填充的颜色不会去掉。

（4）在时间轴新建一图层，用来绘制两条中心线。点击时间轴下方新建图层按钮，新建“图层2”（图7–12）。

（5）选取工具箱里的“直线工具”，点击工具箱里的“笔触颜色”色块，选择黑色（图7–13）。打开属性面板，设置直线宽度3像素（图7–14）。

（6）按住Shift键同时拖动鼠标，在舞台上绘制一条水平直线（图7–13）。选取工具箱里的“选择工具”，点击选中刚绘制的直线，执行“窗口” | “对齐”命令，或者Ctrl+K组合键，打开对齐面板，点击垂直居中对齐按钮（图7–15）。

图7–10　动画最后效果

图7–11　绘制灰色背景

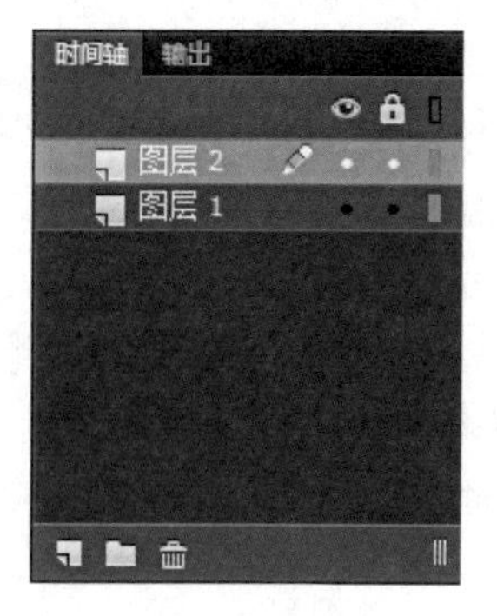

图7–12　新建图层

图7-13　绘制直线

图7-14　属性面板

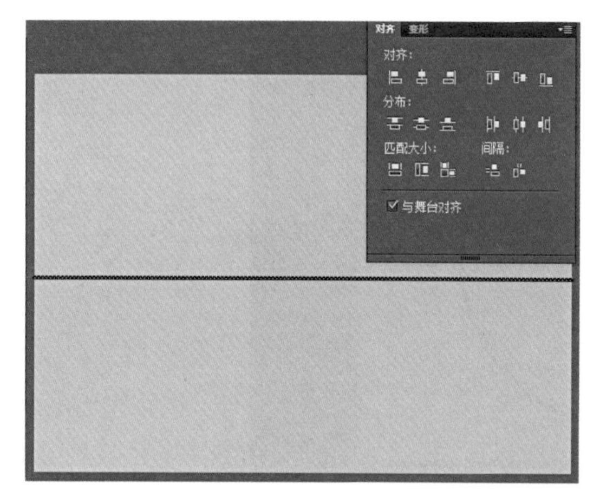

图7-15　绘制水平直线

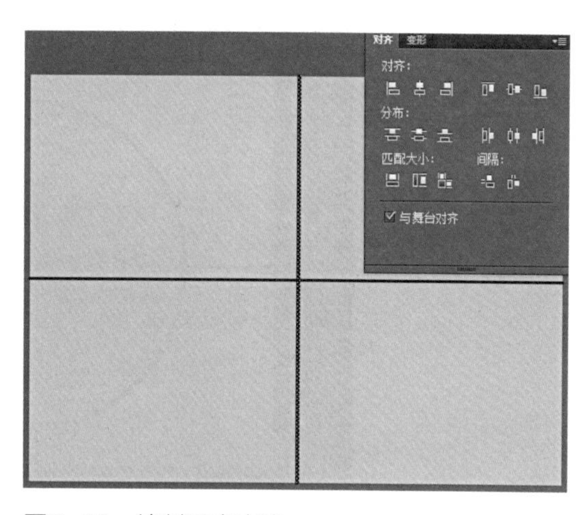

图7-16　绘制垂直直线

（7）再选取“直线工具”，按住Shift键同时拖动鼠标，在舞台上绘制一条垂直直线。选取“选择工具”，选中刚绘制的垂线，因为被水平线分割成两部分，需要按住Shift键同时点击下半部分，加选中整个垂线。在对齐面板中，点击水平居中对齐按钮（图7–16）。

（8）绘制外圆形。在时间轴新建一图层3，选取工具箱里的“基本椭圆工具”，打开属性面板，设置“笔触颜色”为黑色，“填充颜色”为蓝色（#3399CC），笔触宽度5像素（图7–17）。

（9）按住Shift键同时拖动鼠标，在舞台上绘制一个正圆，并在对齐面板中，点击水平居中对齐按钮和垂直居中对齐按钮（图7–18）。

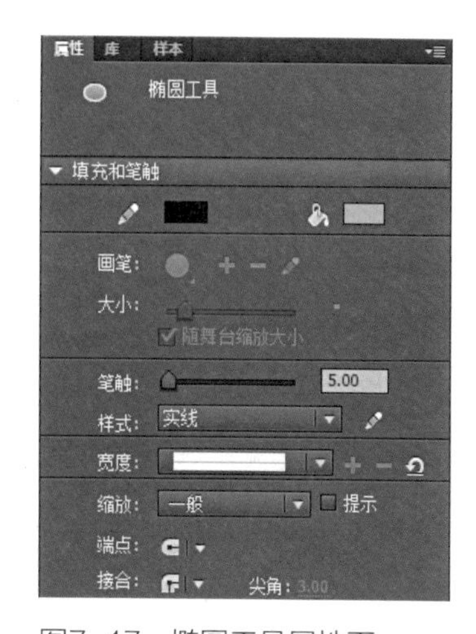

图7-17　椭圆工具属性面

（10）绘制内圆。重复步骤（8）、（9），步骤（8）中“填充颜色”改为黄色（#FFFF99）。至此背景绘制完成（图7-19）。时间轴上共四个图层。

（11）背景制作好后，可以将这四个图层合并成一个图层。用鼠标点击“内圆”图层第1帧，以选中该帧所有内容，按住Shift键同时用鼠标点击“直线”图层第1帧，这样就选中了连续3个图层的第1帧内容，图层如图7-20所示。执行Ctrl+C组合键，复制3个帧的内容，关闭上面三个图层，点击“底色”图层第1帧，以选中该帧（图7-21）。执行Ctrl+V组合键，将刚复制的3层内容粘贴到当前层。

（12）删除图层。点击“内圆”图层名称（与上一步区别开，不是选中帧，是选中图层），按住Shift键同时点击“直线”图层，效果如图7-22所示，然后点击时间轴面板下方的删除按钮，删除这3个图层。图层合并完成，效果如图7-23所示。

提示：Flash没有合并图层的选项，只能通过复制、粘贴的方法，把其他图层的内容复制到一个图层，再把其他图层删除。

2. 文字输入

（13）点击时间轴上方的锁定图层按钮，将图层锁住。点击新建图层按钮，新建立

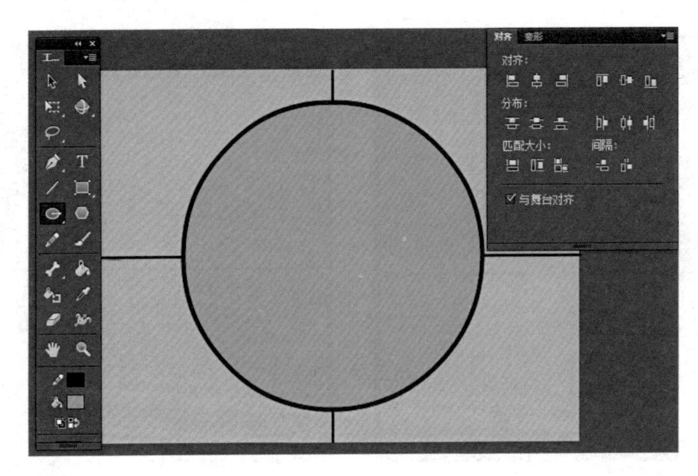

图7-18　绘制圆形

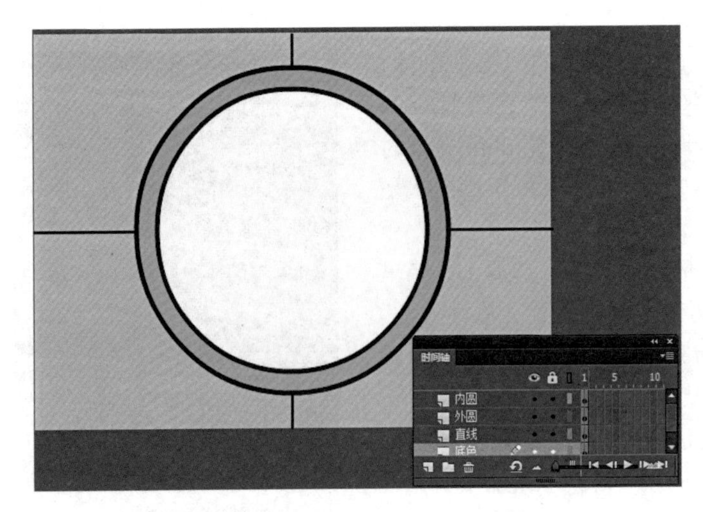

图7-19　背景图形效果

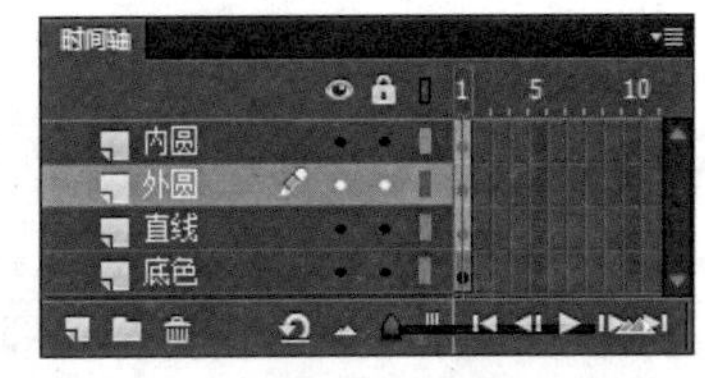

图7-20　选择多个帧

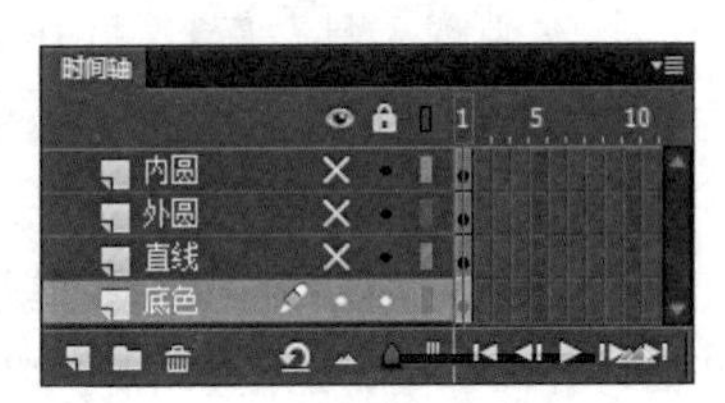

图7-21　关闭图层

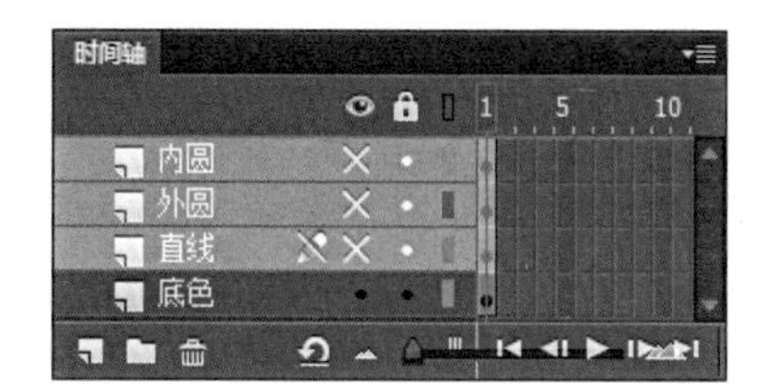

图7-22 选择多个图层

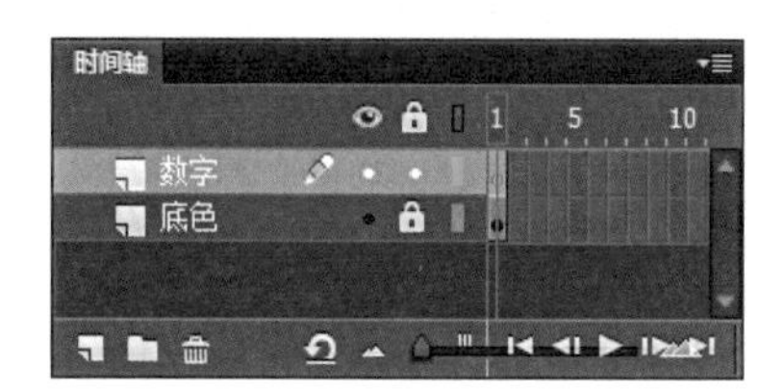

图7-24 选择多个图层

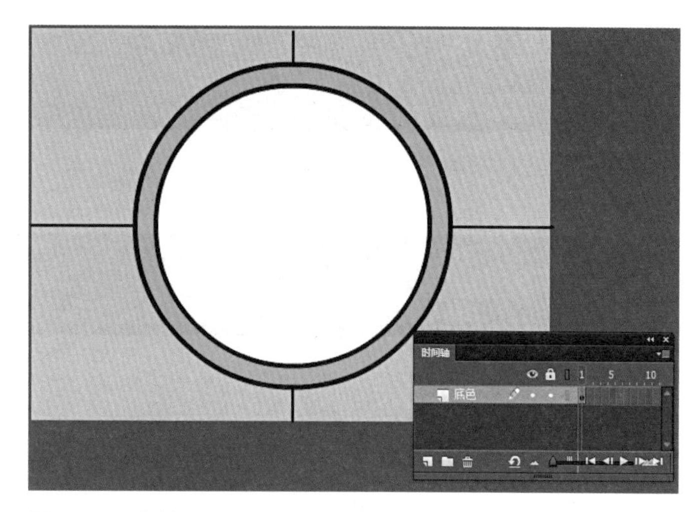

图7-23 合并图层后

一图层命名“数字”（图7-24）。

（14）选取工具箱里的“文字工具”，并打开属性面板，设置字体：“MS Reference Sans Serif”，大小：250磅，颜色：黑色，其他默认（图7-25）。

（15）在舞台上点击，并输入数字“5”。打开对齐面板，点击水平居中对齐按钮和垂直居中对齐按钮（图7-26）。

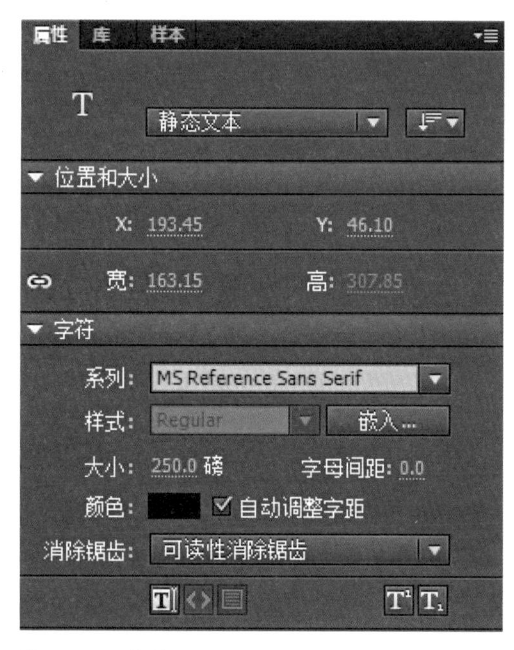

图7-25 合并图层后

（16）选中时间轴面板中，“数字”图层第13帧，按F6插入一关键帧，选中“文字工具”，点击舞台上的数字5，改成数字“4”（图7-27）。

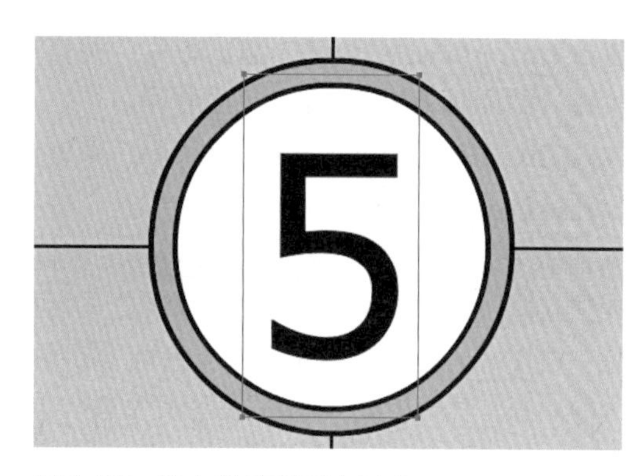

图7-26 输入数字并居中对齐

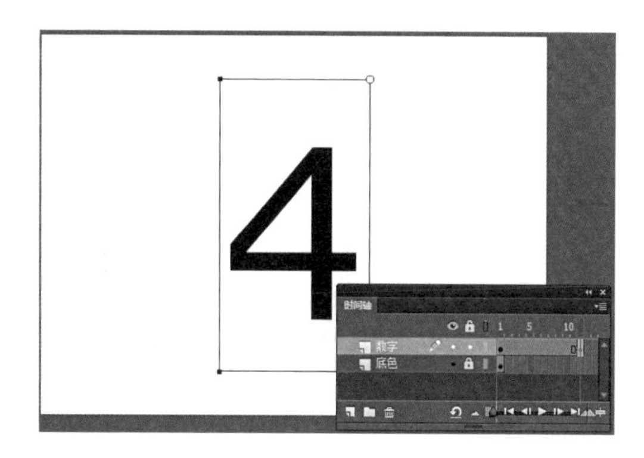

图7-27 添加关键帧并修改数字

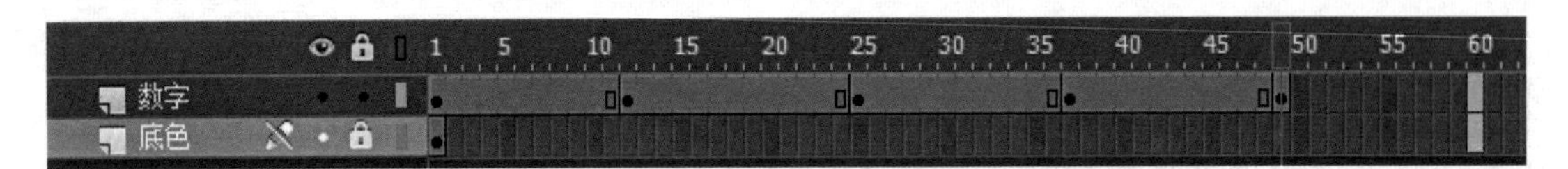

图7-28　同时选中多帧

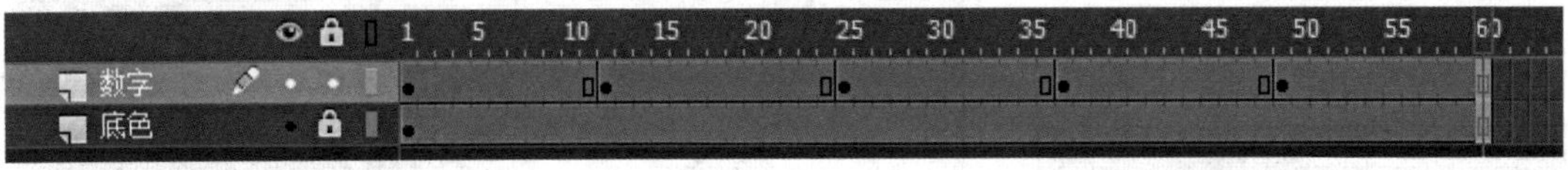

图7-29　时间轴最后效果

（17）重复（16）步操作，分别在25、37、49帧插入关键帧，并修改数字分别为“3”、“2”、“1”。

（18）在时间轴中，拖动鼠标，同时选中两个图层的60帧（图7-28）。按F5同时插入一普通帧（图7-29）。这也是时间轴最后效果。

3. 测试与保存

（19）执行“控制” | “测试”命令，或者按Ctrl+Enter组合键，测试影片，并自动生成“倒计时.swf”文件，完成制作。

（20）提示：在影片制作过程中，随时可以通过按Enter键，在舞台中播放影片，查看制作效果，也可以通过Ctrl+Enter组合键，在独立窗口中测试制作效果。两者操作的区别是：按Enter键，看不到元件（后面会讲解）内的动画，且不生成.swf格式的影片文件。

7.1.3　写出书法字

这个动画是模仿手写字的过程，文字看似一笔一画书写出来的。动画最后效果可参见资料盘中“书法字.swf”文件，主要关键帧截图如图7-30所示。我们分析这个动画的制作，实际是在Flash中逐帧擦除的过程，从最后一笔开始擦，直到第一笔擦完，然后倒着播放，给人以手写的感觉。

在本实例的制作中，我们涉及的知识点有：

• 图形的绘制
• 图层的使用
• 对文字进行“分离”后，可以按图形进行编辑
• 熟练使用“复制帧”与“粘贴帧”命令

1. 文档与文字设置

（1）新建一个Flash文档，并按Ctrl+J

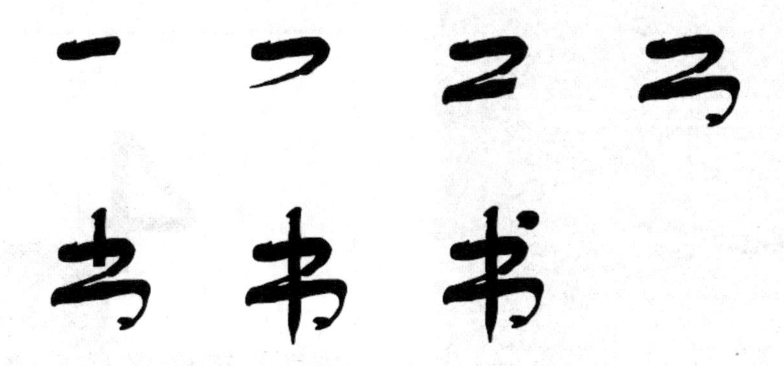
图7-30　动画部分关键帧截图

组合键，打开文档设置窗口，设置文档大小400×400像素，填充颜色#FFFFCCC，帧频12，点击“确定”完成设置。执行Ctrl+S组合键，保存源文件为“书法字.fla”。

（2）选取工具箱里的“文字工具”，打开属性面板，设置字体为“方正新舒体简体”，大小“300”磅，颜色“黑色”，其他值不变（图7–31）。

（3）在舞台上点击，并输入文字“书”。并使用“选择工具”，将其摆放在合适位置（图7–32）。

2. 擦除文字

（4）执行“修改”|“分离”命令，或者Ctrl+B组合键，将文字打散成图形（图7–33）。注意这个图与图7–32的区别：没有蓝色框框住，并且文字呈像素状。

（5）在时间轴中点击第2帧，按F6插入关键帧，选取工具箱里的“橡皮擦工具”，并点击工具箱最下面的“橡皮擦形状”按钮，选择最大的圆形（图7–34）。

（6）在舞台中涂抹，擦去右上角的“点”，即最后一笔（图7–35）。

（7）在时间轴中点击第3帧，按F6插入关键帧，并继续从后往前擦除笔划（图7–36）。

（8）在时间轴中点击第4帧，按F6插入关键帧，这次要擦除笔划交叉的部分，这也是本实例的难点。点击舞台右上角的比例控制条（图7–37），选择“400%”，将文字放大，对笔划交叉部位，做细致擦除（图7–38）。

（9）重复步骤（8），先插入关键帧，再

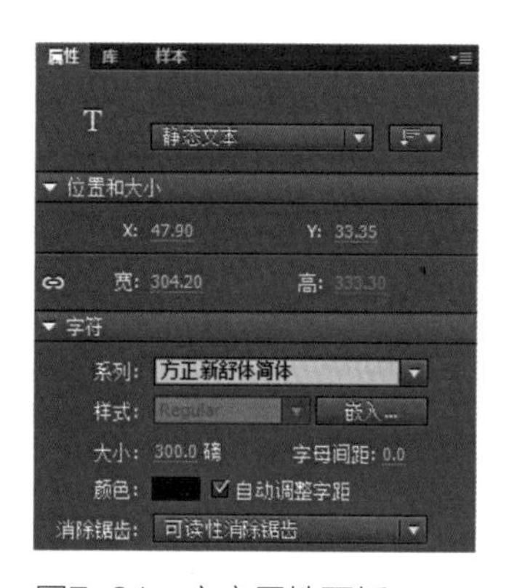

图7–31　文字属性面板

图7–32　输入文字与居中

图7–33　文字属性面板

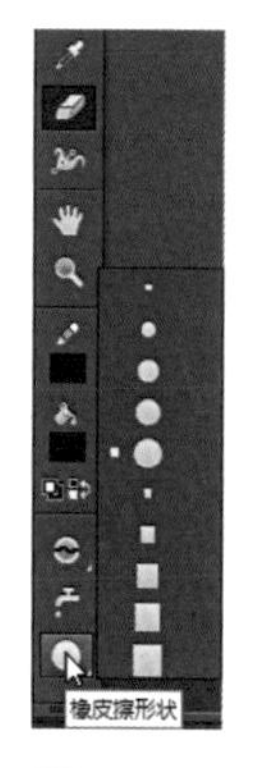

图7–34 橡皮擦工具

图7–35　擦除一笔后

图7–36　第2帧效果

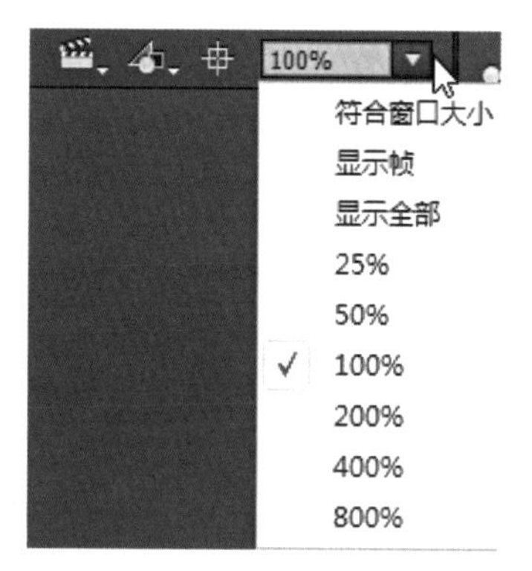

图7–37　放大舞台

图7-38　第3帧局部效果

擦除笔划，配合舞台的放大缩小，一直到整个字都擦除掉。笔者用了14帧，读者可根据自己的体会来控制每帧内容。

3. 颠倒帧顺序

动画做到此，可以预览下，目前是个从有到无的擦除动画，而我们要实现的是从无到有的书写动画，如果可以倒播放就好了，Flash中恰好提供了这样的功能。

（10）在时间轴上，选中所有关键帧，点击鼠标右键，在弹出的快捷菜单中选择“翻转帧”，这时的时间轴（图7-39），并没有变化，但按 Enter 键播放时，字已经是从无到有的书写动画了。

4. 完善动画

（11）选中最后一帧，即14帧，将它移动到15帧，这样做的目的是让最后一笔“点”出现的稍慢一点，有个运笔的感觉。

（12）选第20帧，按 F5 插入一普通帧，将动画最后一帧做延时处理（图7-40）。提示：注意时间轴下面的控制按钮中，有一个当前帧的提示（图7-40），可以帮助我们确认当前帧。

至此，动画制作完成，测试并保存文档。

5. 帧的总结

在制作以上几个动画时，我们用到了三种帧，下面对这三种帧做一总结说明。

• F5，插入一个普通帧（静止帧），作用：静止延长画面，产生停顿效果。

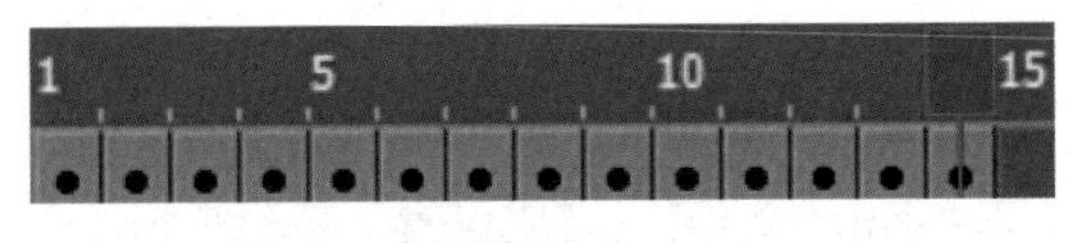

图7-39　翻转后的时间轴

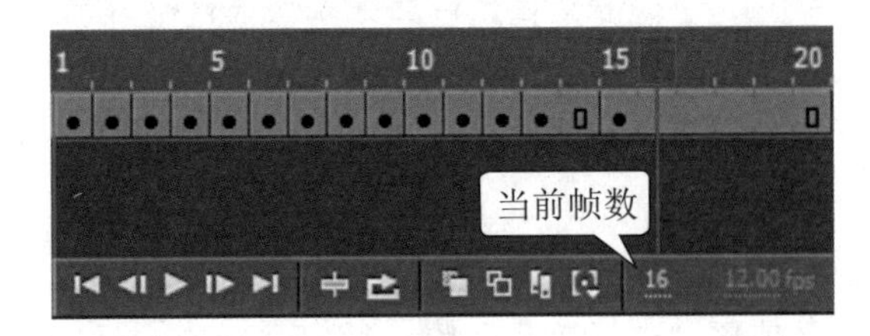

图7-40　第12帧移至16帧

• F6，插入一个关键帧（后一帧，完全复制前一帧所有内容），作用：先复制再修改。

• F7，插入一个空白关键帧（空白的画面），作用：用于创建新的对象。

• 帧的复制、剪切、粘贴、删除等操作一般用快捷菜单来完成。帧的操作需要一个慢慢熟练的过程。

7.2　形状补间动画

补间动画一直是Flash里常用的效果。所谓的补间动画，其实就是建立在两个关键帧间的渐变动画，我们只要建立好开始帧和结束帧，中间部分软件会帮我们填补进去，非常方便好用。

本节我们来学习形状补间动画，形状补间用于创建形状变化的动画效果，使一个形状变成另一个形状，同时也可以设置图形的形状、位置、大小、颜色的变化。这样形成的动画，在时间轴上用绿色底黑箭头表示。

7.2.1　云卷云舒

这个动画是模仿云朵的变化过程，云朵

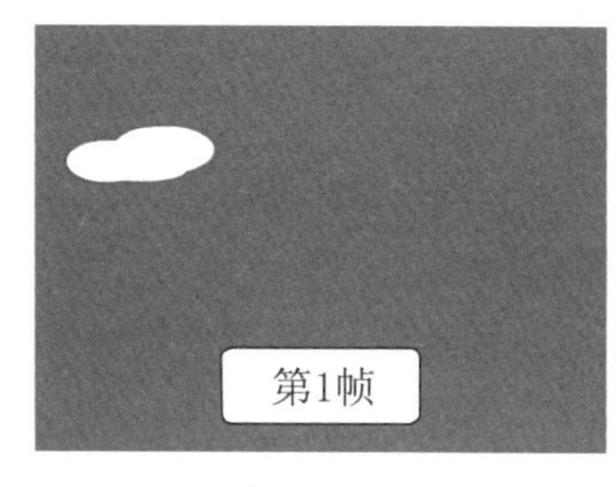

图7-41　动画关键帧截图

在天空中一边飘动，一边变换形状。动画最后效果可参见资料盘中“云卷云舒.swf”文件，关键帧截图（图7-41），中间动画由软件自动计算生成。

在本实例的制作中，我们涉及的知识点有：

- 图形的叠加
- 辨析椭圆工具与基本椭圆工具
- 形状补间动画的创建

1. 辨析椭圆工具与基本椭圆工具

（1）新建一个Flash文档，并按Ctrl+J组合键，打开文档设置窗口，设置填充颜色为蓝色，颜色号#3366FF，其他默认，点击“确定”完成设置。执行Ctrl+S组合键，保存源文件为“云卷云舒.fla”。

（2）选取椭圆工具，打开属性面板（图7-42），设置笔触颜色为“无”，填充颜色为白色，在舞台上画一椭圆。再选取工具箱里的“基本椭圆工具”，在舞台上画一椭圆，两个椭圆的图形如图7-43所示。

（3）辨析：①辨析这两个工具的目的是我们在制作时不要选错工具。②使用基本椭圆工具画出来的是一个成“组”的对象（图7-43），我们可以看到图形外面有个矩形线框，表示这不是一个基本图形，如果执行“分离”操作后，它就会和上面椭圆工具画出来的图形效果一样了。③基本椭圆工具绘制的对象，方便修改参数值。分别选中上下两个椭圆，观察属性面板的变化，就会发现，下面这个基本椭圆时，属性面板多一组椭圆选项（图7-44），修改开始角度或结束角度，它就成为一个扇形，修改内径它就成为圆环。而上面的椭圆不支持这些修改，必须先设置参数再画图。④椭圆工具绘制的图形可以通过图形叠加产生新图形，基本椭圆工具绘制的图形不可以。了解了以上这些区别，方便我们合理使用工具，本实例我们要用的是椭

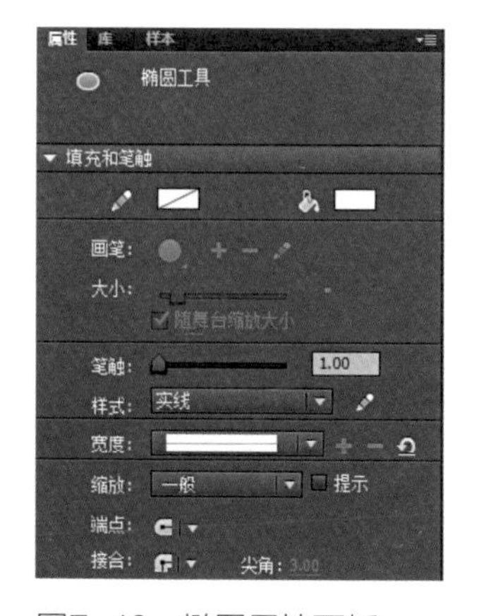

图7-42　椭圆属性面板

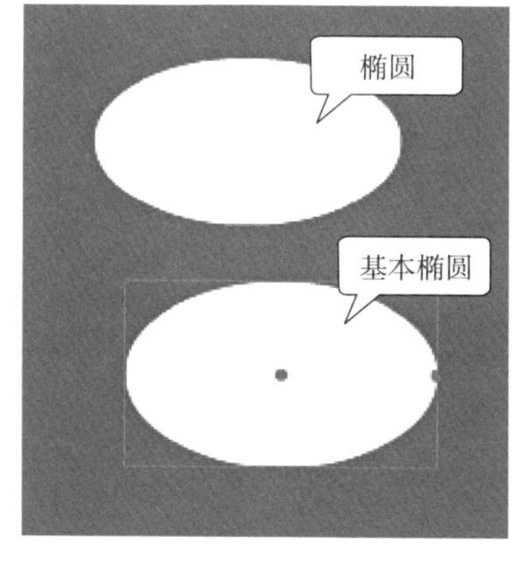

图7-43　椭圆与基本椭圆区分

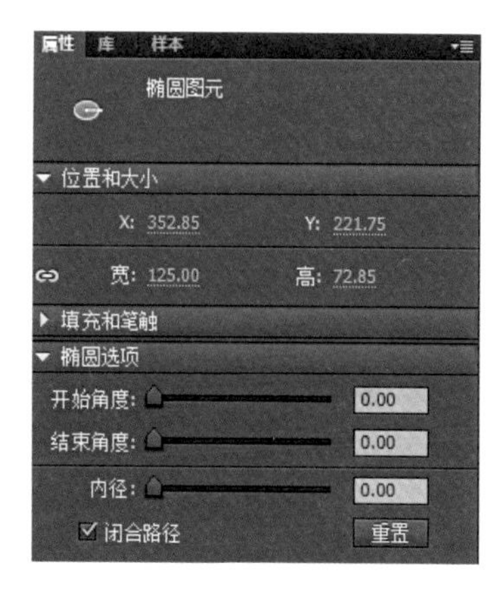

图7-44　基本椭圆属性面板

圆工具，大家千万不要选错工具哟。

（4）选择下面这个基本椭圆，并删除它。

（5）我们通过图形叠加绘制云朵。我们已经有一个椭圆形了，选中椭圆工具，在原来这个椭圆形上交错叠加一个椭圆，效果如图7-45所示。再叠加第三个椭圆，效果如图7-46所示。这样一朵云就绘制出来了。这时可以用选取工具选择一下我们绘制的云朵，发现它已经自动合成为一个图形，而不是三个椭圆，这也正是椭圆工具的优势。

2. 绘制关键帧内容

（6）时间轴上，点击第30帧，按F7插入空白关键帧。参考上一步，用椭圆工具绘制云朵，效果如图7-47所示。

（7）时间轴上，点击第60帧，按F7插入空白关键帧。参考上一步，用椭圆工具绘制云朵，效果如图7-48所示。

3. 完成形状补间动画

（8）在时间轴上1～30任意处，点击鼠标右键，在弹出的快捷菜单里选择“创建补间形状”，时间轴上出现绿底黑色箭头，[时间轴箭头图示]，表示动画创建成功。同理在30～60帧间，创建补间形状。

（9）云朵变形动画已经完成，现在我们修改下关键帧中云朵的位置，使它飘动起来。分别选中第1、30、60帧，并用“选择工具”参照图7-41移动云朵位置，制作出云朵逐渐飘出舞台的效果。

（10）按Ctrl+Enter组合键测试影片，完成该实例动画。

7.2.2 诗词赋

这个动画是播放一首诗，诗文从第1句变形到第2句，再到第3句、第4句，完整呈现后，动画结束。动画最后效果可参见资料盘中“诗词赋.swf”文件，关键帧截图如图7-49所示。

在本实例的制作中，我们涉及的知识点有：

- 平铺位图背景的方法
- 复制粘贴的灵活运用
- 文字—形状的转换操作（不可逆）

1. 背景的制作

（1）新建一个Flash文档，并按Ctrl+J组合键，打开文档设置窗口，设置文档大小为700×540像素，帧频12，点击“确定”完成设置。执行Ctrl+S组合键，保存源文件为“诗词赋.fla”。

（2）执行“文件”|“导入”|“导入到库”命令，在打开的窗口中，找到本书提供的素材“背景.jpg”和“长背景.jpg”，选中这两个图片并打开。

（3）执行“窗口”|“颜色”命令，打开颜色面板，关闭笔触颜色，选中填充颜色，在填充方式列表中选择“位图填充”，刚导入到库里的两个图片已经出现在选取区（图7-50），这时鼠标为吸管状，吸引右侧图片。

（4）选取工具箱里的“矩形工具”，然后在舞台中按住鼠标左键，框选整个舞台，如图7-51所示。

（5）执行Ctrl+L组合键，打开库面板，将库面板中的“长背景.jpg”素材拖入到舞台

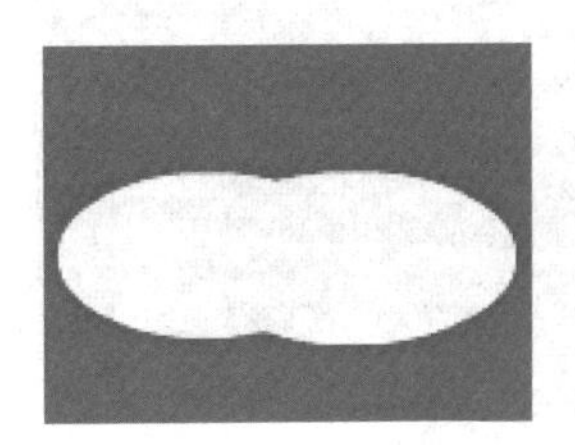

图7-45 两个椭圆叠加

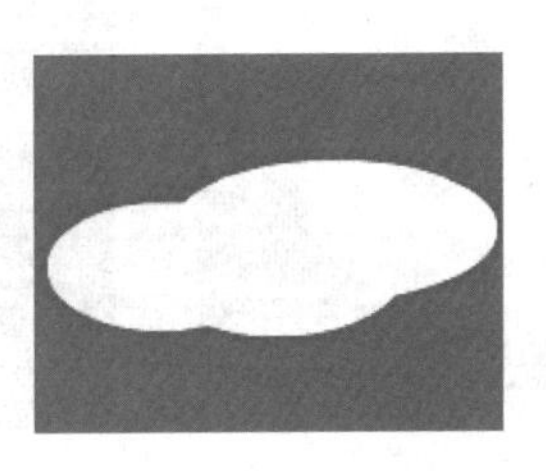

图7-46 三个椭圆叠加

图7-47 第30帧云朵效果

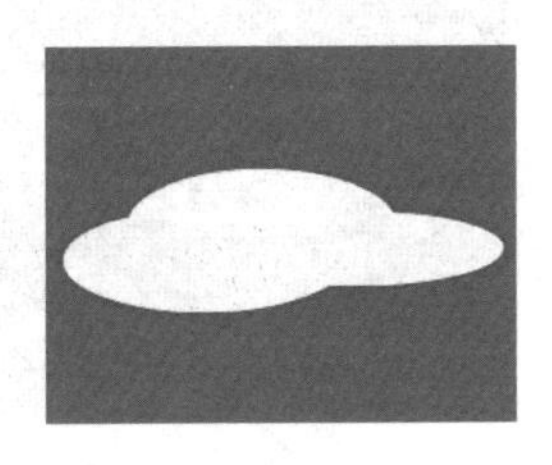

图7-48 第60帧云朵效果

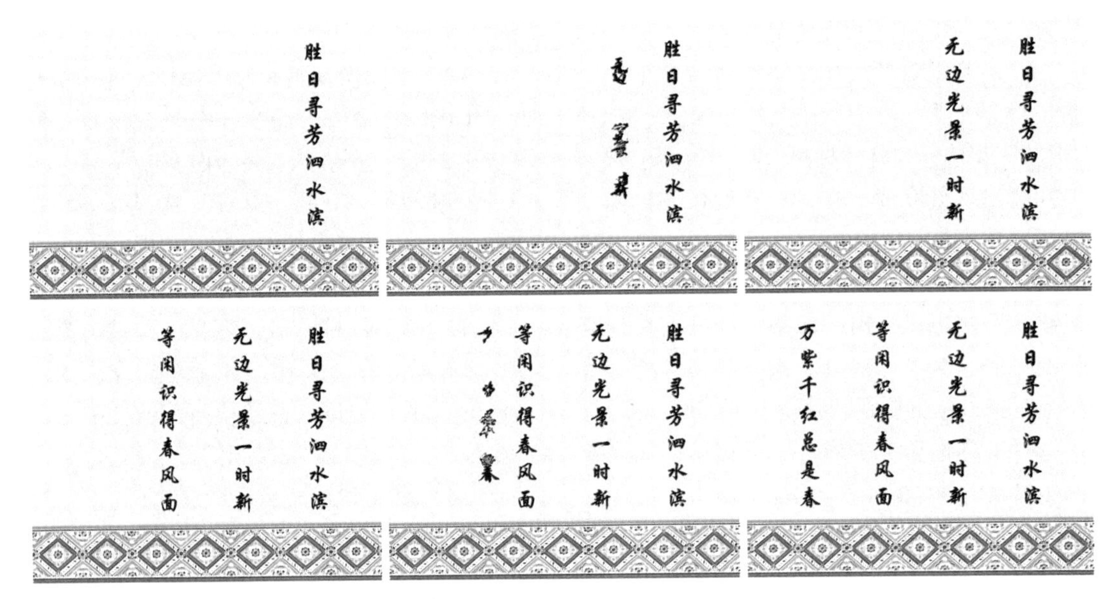

图7-49　动画关键帧及动画过渡效果截图

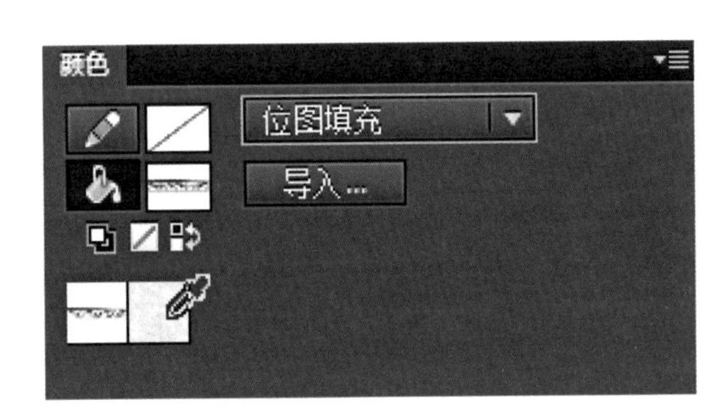

图7-50　选择位图填充

图7-51　填充背景

中，效果如图7-52所示。至此背景制作完成。

（6）选中在时间轴的第70帧，按F5延长画面，点击时间轴图层区的锁层按钮🔒，锁住图层1，并新建立图层2（图7-53）。图层锁住后，内容可见但不能修改，以避免我们后续操作时，误动了该层内容。

2. 分离文字并生成动画

（7）选取工具箱里的“文字工具”，在属性面板中设置字体为“方正行楷简体”，大小“44”磅，颜色“黑色”，然后在舞台中点击鼠标确定起始位置，输入“胜日寻芳泗水滨”几个字。**提示：**文字是竖向排列的，可以每个字后按回车，也可以在属性面板中直接选择文字方向为“垂直”，但目前CC版本对于汉字的支

图7-52　背景效果

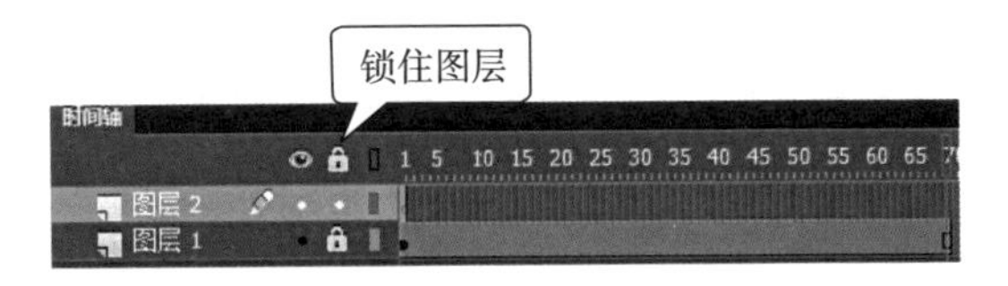

图7-53　时间轴

持有Bug，垂直排列后无法更改字体。

（8）使用参考线让文字在舞台上平均分布，效果如图7-54所示。方法如下，打开“视图”菜单，勾选“标尺”项，舞台上方和左侧会出现刻度值，在上标尺处按住鼠标左键，并向下拖动，会拖出一条黑线，松开鼠标后，黑色呈浅蓝色，这就是参考线，同理竖线从左侧标尺拖出。四条竖线分别在刻度100、250、400、550处，横线是为了所有诗句上对齐，位置用眼睛判断大致即可。**提示：**用选择工具拖动参考线，进行移动；如果拖回标尺处，就删除了参考线。

（9）用选择工具拖动文字，使其与参考线对齐（图7-54）。

（10）在时间轴上，复制当前帧（右击鼠标，选择“复制帧”），新建一图层，在新图层（图层3）的第13帧处，右击鼠标，选择“粘贴帧”。

（11）在图层3第23帧处，按F7插入空白关键帧，输入第二句诗，并与参考线对齐（图7-55）。

（12）下面做动画。选中13帧，连续执行两次Ctrl+B命令，将文字分离成形状，同理选中23帧，将第二句诗也分离成形状。在13～23帧间任一处右击鼠标，选择“创建补间形状”。这里可以按Enter键观看检察下动画。此时时间轴如图7-56所示。

（13）复制23帧，新建图层4，右击第32帧，粘贴帧。在图层4的第42帧插入空白关键帧，输入第三句诗，连续执行两次Ctrl+B命令分离。创建32～42帧间的形状补间。

（14）复制42帧，新建图层5，右击第52帧，粘贴帧。在图层5的第62帧插入空白关键帧，输入第四句诗，连续执行两次Ctrl+B命令分离。创建52～62帧间的形状补间。

（15）动画制作完成，进行测试和保存。如果觉得第一句诗动画开始后再出现更好，就点击图层2第1帧，并将其拖动到第7帧。时间轴最终效果如图7-57所示。

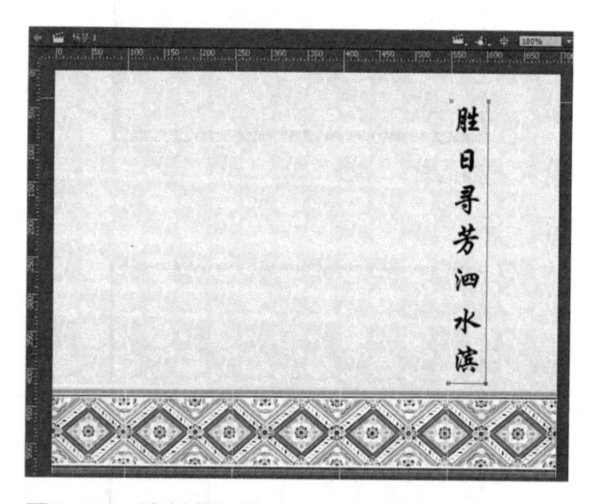

图7-54　绘制参考线

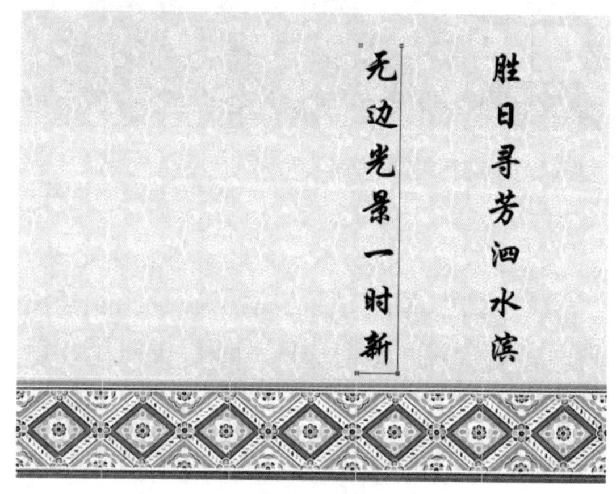

图7-55　第二句诗及对齐效果

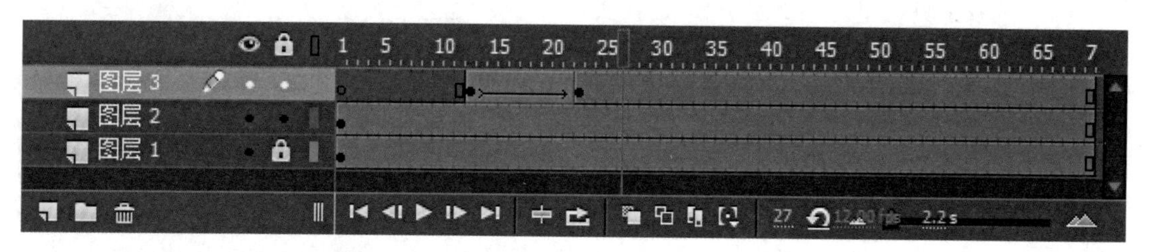

图7-56　前三个图层时间轴效果

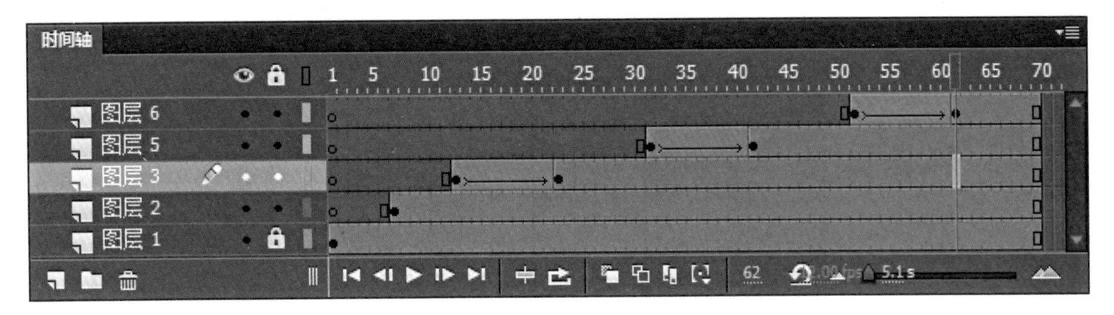

图7-57 时间轴最终效果

7.2.3 翻书效果

这个动画是模拟书页翻动的效果，可参见资料盘中“翻书.swf”文件，关键帧截图如图7-58所示。实例的讲解是递进的，前面讲过的知识点再次用到时会简略讲述。

在本实例的制作中，我们涉及的知识点有：

• 运用选取工具完成形状变化

• 掌握任意变形工具的使用，特别是中心点的移动

• 形状补间的灵活运用

图7-58 动画关键帧截图

1. 书皮与内页绘制

（1）新建一个Flash文档，并按Ctrl+J组合键，设置帧频12，点击“确定”完成设置。执行Ctrl+S组合键，保存源文件为“翻书.fla”。

（2）选取工具箱里的“矩形工具”，并打开属性面板，设置笔触颜色为黑色，笔触宽度为3像素，填充颜色为橙色（图7-59）。在舞台绘制如图7-60所示矩形。

（3）选取工具箱里的“选取工具”，并将鼠标矩形上边线处，鼠标显示为一个小曲线，按住鼠标左键同时拖动，即可修改线形为弧线（图7-61），下边线操作同理。

（4）全部框选所绘制图形，执行Ctrl+C复制图形，执行Ctrl+V命令粘贴图形，执行“修改”|“变形”|“水平翻转”命令。

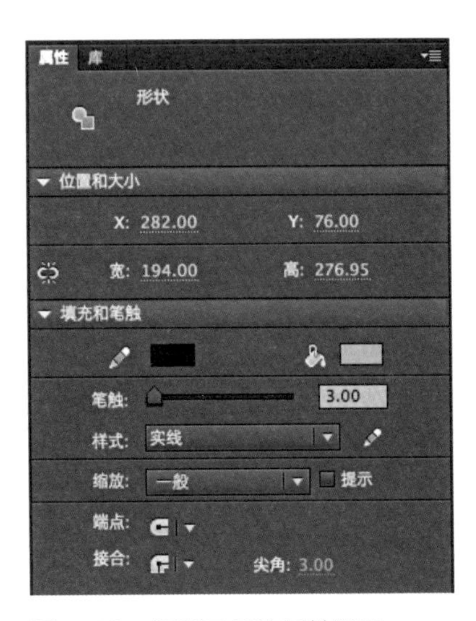

图7-59 矩形工具的属性设置

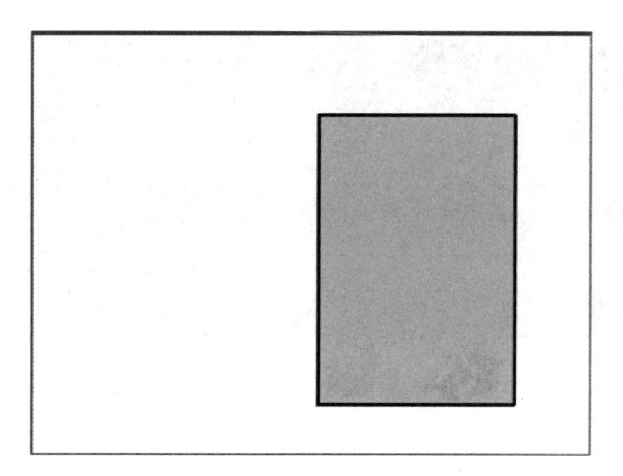
图7-60　绘制矩形

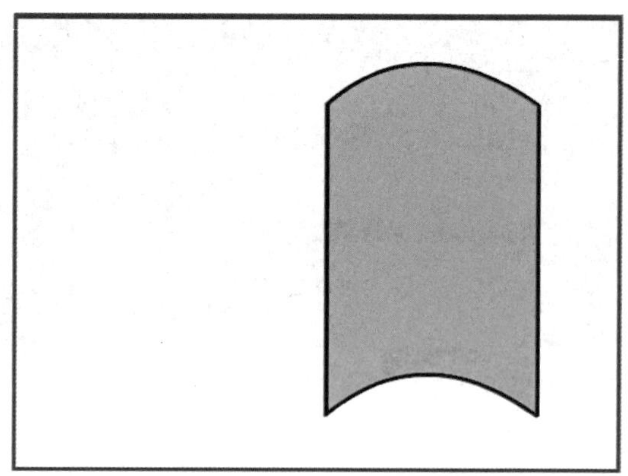
图7-61　矩形工具的属性设置

图7-62　绘制矩形

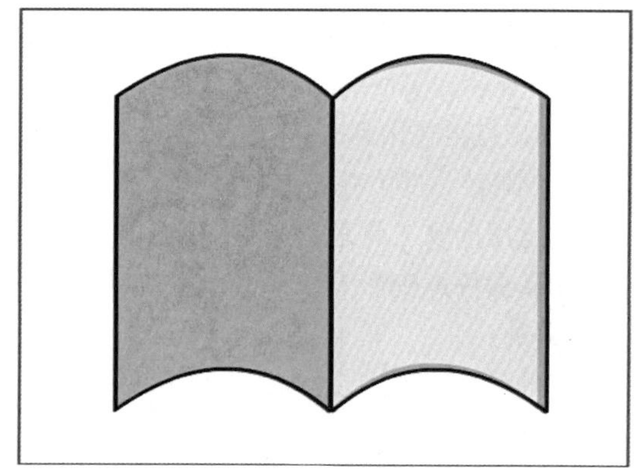
图7-63　绘制内页

然后将复制出的图形移动到原图形左侧，效果如图7-62所示。现在书皮制作完成。锁住图层1。

（5）新建图层2，依照步骤（2）、（3）再制作一个内页，内页要关闭笔触颜色，填充颜色选择灰色，效果如图7-63所示。可以配合“部分选取工具”或者“任意变形工具”完成绘制。

2. 添加动画

（6）在图层1第16帧插入普通帧F5，在图层2第6帧插入关键帧F6，选中内页，选取工具箱里的“任意变形工具”，用鼠标拖动将中心点移动到左边线中心，然后通过改变宽度和倾斜度实现书面翘起的效果（图7-64）。创建图层2第1～6帧间的形状补间动画（图7-65）。

（7）在图层2第8帧插入关键帧F6，参照上一步将内页进一步变形，效果如图7-66所

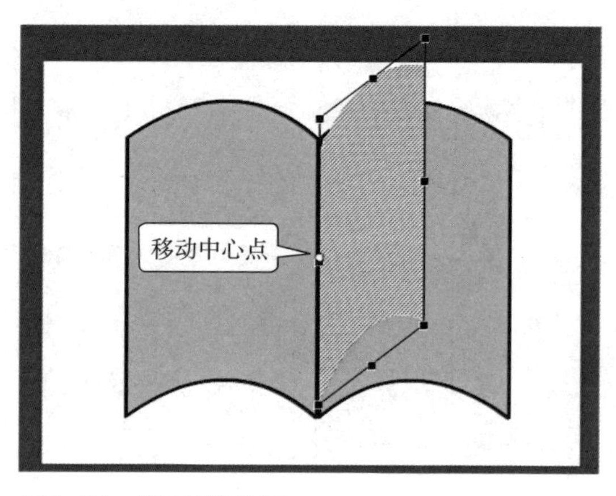

图7-64　第6帧的效果

示。创建第6～8帧间的形状补间动画。

（8）在图层2第9帧插入关键帧F6，执行“修改”|“变形”|“水平翻转”命令，并移动到如图7-67所示位置。

（9）在图层2第6帧右击鼠标，选择“复制帧”，在第11帧右击鼠标，选择“粘贴帧”，然后执行“水平翻转”，并移动到如图7-68所示位置。

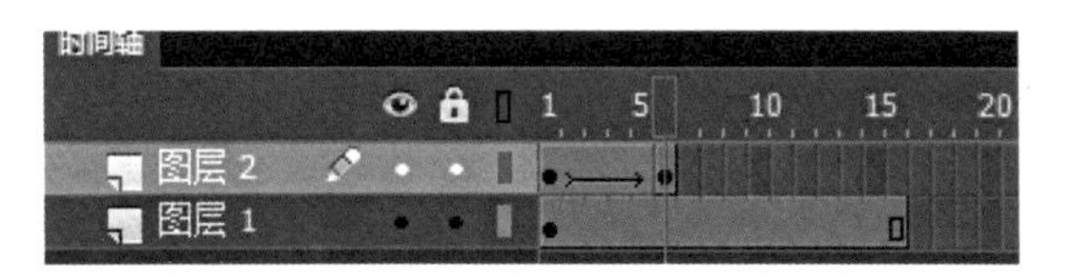

图7-65　创建形状补间

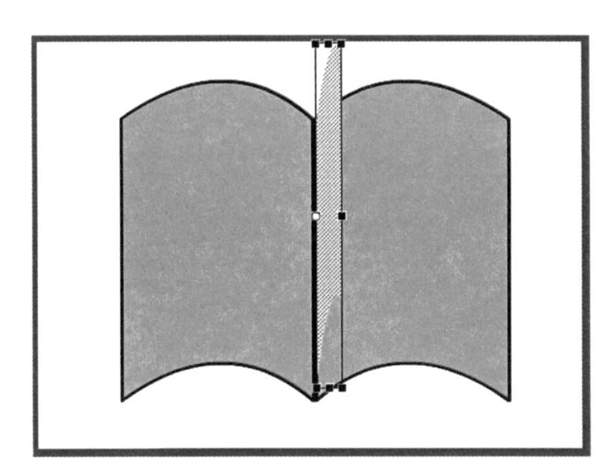

图7-66　第8帧效果

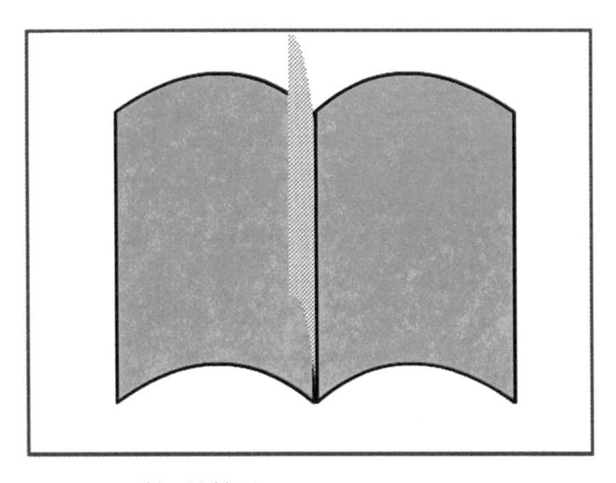

图7-67　第9帧效果

（10）在图层2第1帧右击鼠标，选择“复制帧”，在第16帧右击鼠标，选择“粘贴帧”，然后执行“水平翻转”，并移动到如图7-69所示位置。

（11）创建9～11帧，11～16帧之间的形状补间动画。同时选中图层1、2的第18帧，插入普通帧。时间轴效果如图7-70所示。

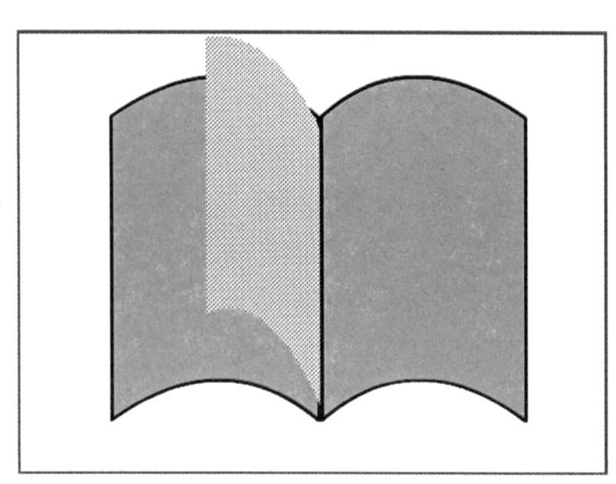

图7-68　第11帧效果

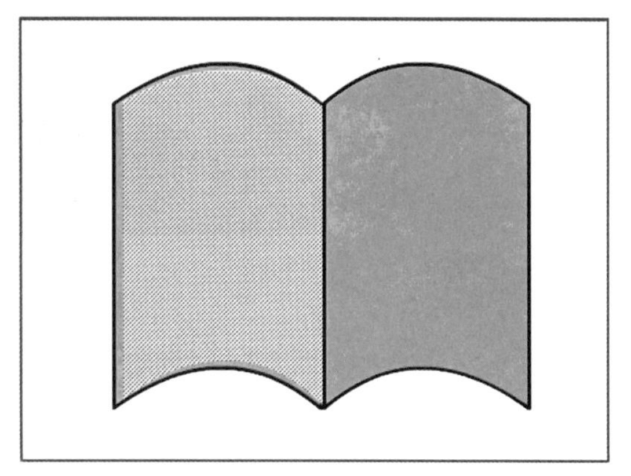

图7-69　第16帧效果

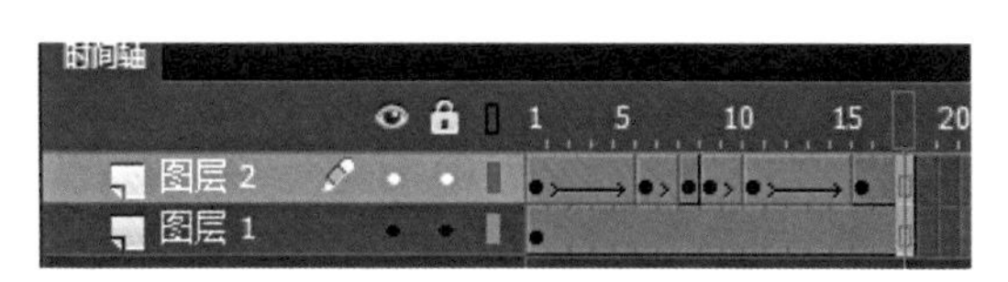

图7-70　时间轴最终效果

7.3 运动补间动画

本节我们来学习运动补间动画，也叫传统补间。创建这种动画的对象必须是元件。元件有三种形式，图形元件、影片剪辑元件、按钮元件，元件只需创建一次，然后即可在整个文档或其他文档中重复使用。元件的使用可以说是Flash动画的一大亮点。这样形成的动画，在时间轴上用浅蓝色底、黑箭头表示。

7.3.1 山林云雾制作

这个动画是模仿云雾在山林中飘动的效果，云雾是用Photoshop制作的，本实例会结合Photoshop一起进行讲解，顺便把我们前面章节所学内容进行复习。也体现了Photoshop与Flash无缝链接的特性。动画最后效果可参见资料盘中“森林云雾.swf”文件，动画效果如图7-71所示。

在本实例的制作中，我们涉及的知识点有：

• PS与Flash的无缝衔接

• 元件的引入与使用

• 运动补间动画的特点

1. PS制作云雾效果

（1）打开Photoshop CC，按下Ctrl+N组合键打开新建文档窗口，创建画布为900×300像素名称为“云雾”，其他参数默认的文档，单击“确定”按钮，进入设计窗口。

（2）设置前景色为白色，背景色为黑色。执行“滤镜”｜“渲染”｜“云彩”命令，效果如图7-72所示，云彩效果是随机的，与本图案不相同也是正常的。

（3）在图层面板上，点击“添加蒙板”按钮，为图层添加蒙板后，再次执行云彩滤镜，或者直接按Ctrl+F组合键重复上一滤镜操作，可以反复按Ctrl+F重复操作，直

图7-71 动画效果

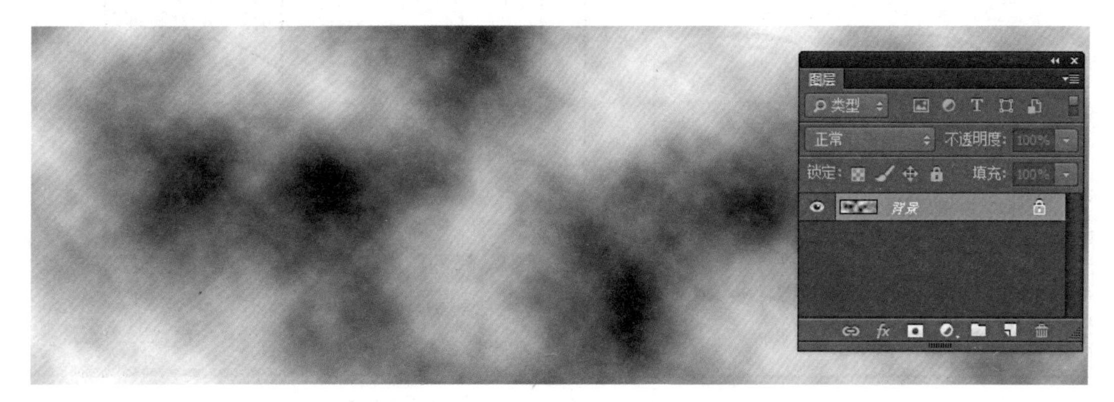

图7-72 云彩滤镜

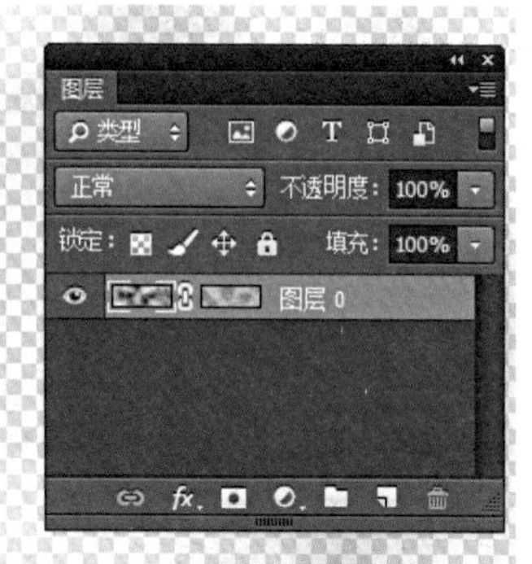

图7-73　添加图层蒙板

图7-74　添加图层蒙板

到效果满意（图7-73）。

（4）最后进行下微调，比如通过执行"亮度/对比度"或"曲线"命令，调整图片亮度，降低雾中的黑色浓度。

（5）保存为"云雾.png"格式文档，备用。

2. 创建元件完成动画

（6）新建一个Flash文档，并按Ctrl+J组合键，设置舞台大小550×320像素，帧频24，点击"确定"完成设置。执行Ctrl+S组合键，保存源文件为"山林云雾.fla"。

（7）执行"文件"|"导入"|"导入到库"命令，在打开的窗口中，找到本书提供的素材"山林.jpg"和"云雾.png"，选中这两个图片并将其导入到库。**提示：**在低版本中png文件会自动生成元件。

（8）打开库面板，将"山林.jpg"图片拖到舞台上，并在属性面板中设置图片大小为550×320像素，X、Y值均为0，或者居中对齐。锁定图层1。

（9）新建图层2，将"云雾.png"图片拖到舞台上，并在属性面板中设置图片宽为320像素，移动图片，使其左边缘与舞台左边对齐（图7-74）。

（10）选中"云雾.png"图片，按功能键F8，弹出转换元件窗口（图7-75），选择"图形元件"并确定，这时观察库面板（图7-76），生成了一个名为"元件1"的元件，

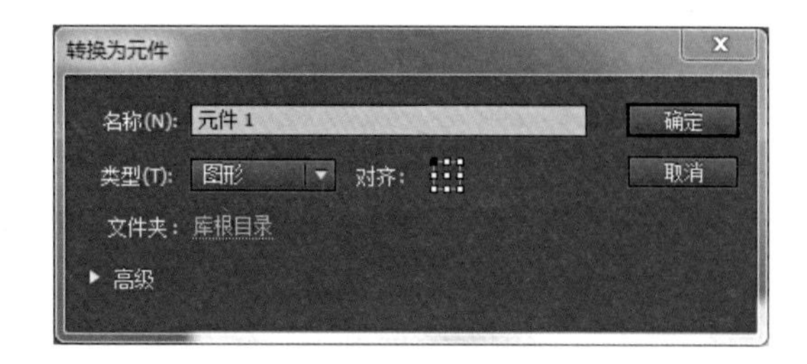

图7-75　转成元件面板

图7-76 有元件的库面板

注意名称前面的标识，是一个几何图形，这个标识就是图形类元件的标志，库面板中的素材都是用不同标识来区分类型的。

（11）在图层2的第120帧，插入关键帧F6，同时在图层1的第120帧插入普通帧F5，拖动舞台上的云雾图片（此时它已经是元件）向左移动，使其右侧边与舞台右边对齐（图7-77）。

（12）在时间轴上图层2的第1～200帧之间，按鼠标右键，在弹出的快捷菜单中选择“创建传统补间”命令，生成如图7-78所示蓝色底黑箭头样式的补间，表示运动补间动画生成成功。

（13）测试，保存，完成动画。

3. 对元件的说明

元件是flash中最小的一单位，是制作传统补间动画的最基本的元素。

（1）优点：

• 一次创建，可多次重复利用。即使在不同文档间，也可以调用。

• 修改元件，所有在“场景”中的调用结果（元件的实例）会自动更新。

（2）元件保存的地方在库面板中（快捷键F11）。

（3）创建元件的方法有两种，一是在场景中，先绘制一个对象，按F8转为元件，本例采用此方法；二是按Ctrl+F8组合键，直接新建元件。

（4）修改元件方法也有两种，一是在库中，双击元件，进入到元件的编辑模式中；二是在场景中，直接双击元件，进入编辑模式，推荐使用第二种，舞台呈半透明状，方便参照修改。

（5）使用口诀：一个图层一个元件；先

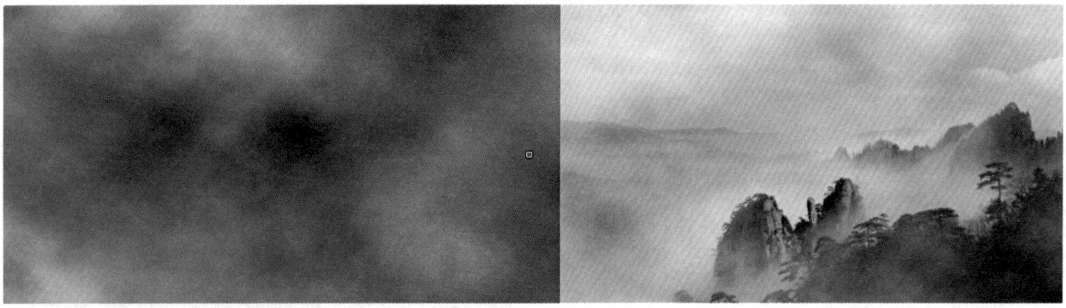

图7-77 第120帧效果

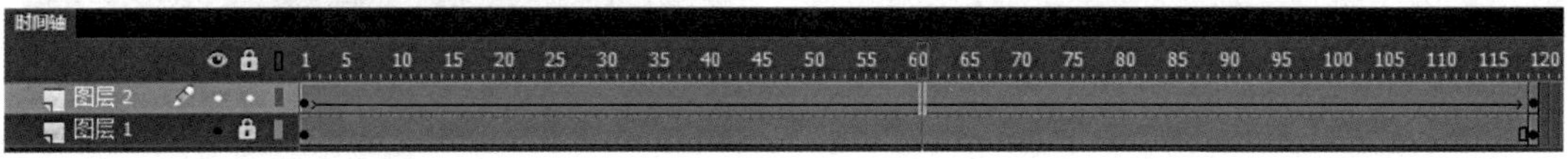

图7-78 传统补间的时间轴

转元件再做动画。

7.3.2 弹跳球制作

这个动画是模仿自由落体运动，同时考虑到球体影子的随同变化。也就是说，要做一个球的动画和一个阴影的动画，而在球的动画中，因为有笑脸和哭脸两个效果的切换，补间动画实际上是针对笑脸和哭脸分别制作的。动画最后效果可参见资料盘中“弹跳球.swf”文件，关键帧截图如图7–79所示。

在本实例的制作中，我们涉及的知识点有：

- 多元件的配合
- 元件的加减速设置
- 巩固运动补间动画

1. 动画分析

我们先分析下动画，这样有能力的同学可以自己着手先实践下，做不出来再看步骤解析。动画由两部分组成，球的动画和阴影的动画，球的动画要复杂一点，中间设计了笑脸落地后变哭脸，哭脸受重力影响挤压变形，当反弹起后又恢复笑脸的情节。这就需要处理好元件的转换，并且在这里也暗示，元件也是可以完成形状变化的动画，只是元件的形变动画要用传统补间来实现，具体动画的分析如图7–80所示。

2. 绘制笑脸和哭脸元件

（1）新建一个Flash文档（AS3.0），并按Ctrl+J组合键，打开文档设置窗口，设置文档大小为300×400像素，背景黑色，点击

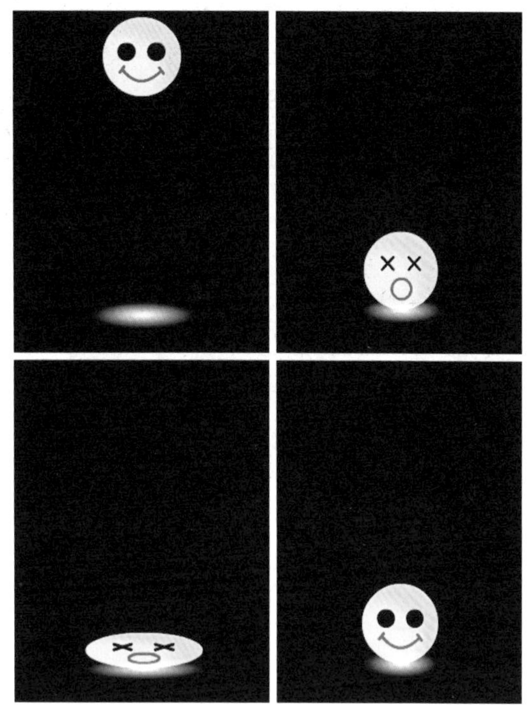

图7–79　动画部分关键帧截图

“确定”完成设置。执行Ctrl+S组合键，保存源文件为“弹跳球.fla”。

（2）选取椭圆工具，设置笔触颜色为“无”，填充颜色为黄色，在舞台上画一正圆。选中这个圆，在属性面板中设置圆的大小为90×90像素。

（3）制作立体感。打开颜色面板，选中填充类型为“径向渐变”（图7–81），修改调整两个颜色控制滑块，左侧值为#ffff00，右侧值为#ffcc00。此时圆如图7–82左图所示，渐变效果已经出现，但没有立体感。选中颜

球：1—15帧：笑脸加速下落（变速-50）

16帧：　笑脸变哭脸

16—20帧：哭脸压扁

20—25帧：哭脸反弹成正圆　（25帧与16帧相同）

26帧：　哭脸变笑脸　（与15帧相同）

26—40帧：笑脸减速弹起（50）（40帧与1帧相同）

阴影：1—15帧：　逐渐小（变速-50）

15—20帧：逐渐大

20—25帧：逐渐小（25帧与15帧相同）

26—40帧：逐渐大（50）　（40帧与1帧相同）

元件4个：

基本球，笑脸，哭脸，阴影。

图7–80　动画分析

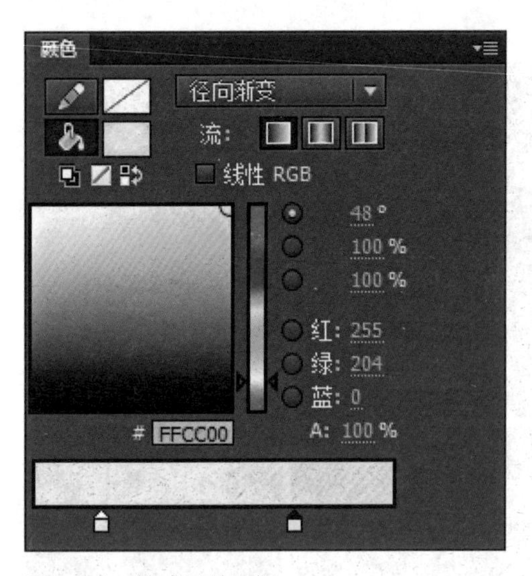

图7-81　转成元件面板

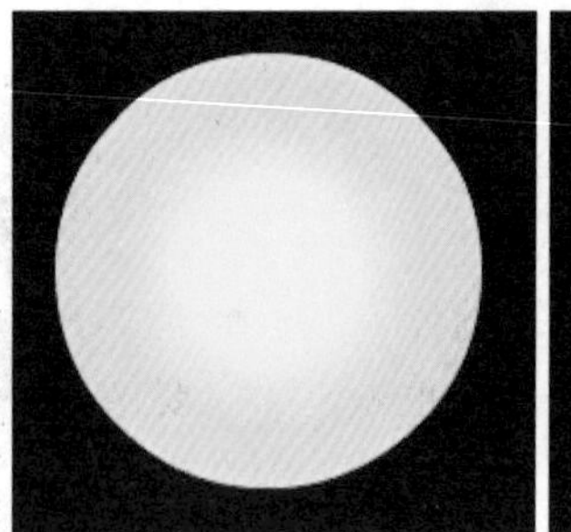

图7-82　有元件的库面板

图7-83　转成元件面板

料桶工具，重新在圆内左下外点击，修正渐变中心（图7-82右图），基本球制作完成。

（4）按F8将其转为图形元件，并命名为“基本球”。

（5）按Ctrl+F8组合键，打开新建元件窗口，设置元件名“笑脸”，类型“图形”，点击“确定”，进入元件编辑状态。**提示：**注意看舞台左上角的提示（图7-83），在场景1后面有元件标识，表示现在是元件编辑状态，如果点击“场景1”就回到了舞台编辑状态。

（6）在笑脸元件编辑窗口，从库面板中将基本球元件拖入工作区，并居中对齐。在基本球上加笑脸（步骤略）（图7-84）。也可自由发挥。**提示：**①绘制时一定要放大显示比例（舞台右上角）；②要新建图层来绘制；③添加辅助线，可以帮助元素对齐。

（7）按Ctrl+F8组合键，新建名称为“哭脸”的图形元件，并参照第（6）步绘制苦脸（图7-85）。

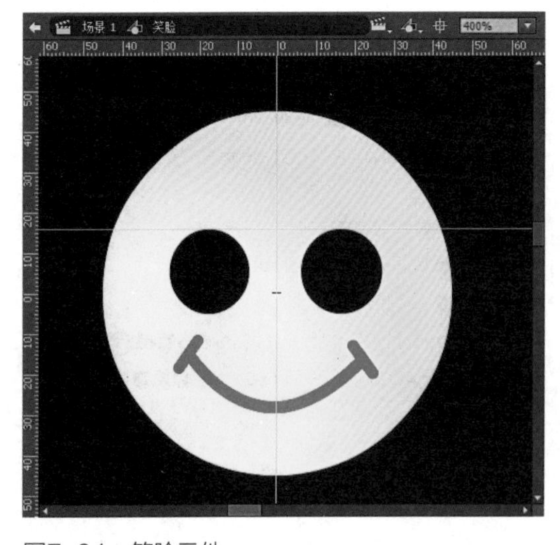

图7-84　笑脸元件

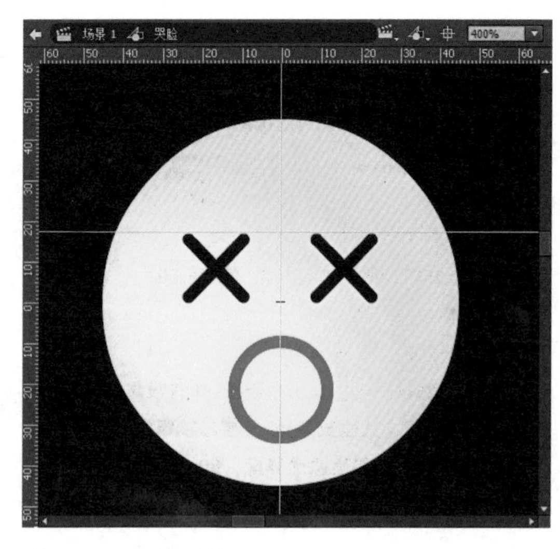

图7-85　哭脸元件

3. 完成球的动画

（8）返回到场景编辑状态，删除舞台中的所有内容。将“笑脸”元件拖入舞台，放置在如图7-86所示位置；在第15帧处插入关键帧，并将笑脸移动到如图7-87所示位置。在第1～15帧之间创建传统补间，并在属性面板中修改缓动值为“-50”，实现加速下落。

图7-86　笑脸元件

图7-87　哭脸元件

（9）在第16帧插入空白关键帧，在时间轴面板下面打开“绘图纸外观轮廓”，并且修改外观范围：15～16帧，工作区和时间轴的效果如图7-88所示。

（10）将“哭脸”元件拖入舞台，并与上一帧的外观重合，工作区和时间轴的效果（图7-89）。

（11）在第20帧插入关键帧，选择“任意变形工具”，哭脸上出现9个控制点，先将中心点移到最下方中点处，这是变形时的中心点，即不变点（图7-90）。然后通过调整上方控制点和左右控制点，将哭脸压扁并拉宽，效果如图7-91所示。在第16～20帧之间创建传统补间。关掉“绘图纸外观轮廓”按钮。

（12）下面就是帧的复制了。将第16帧复

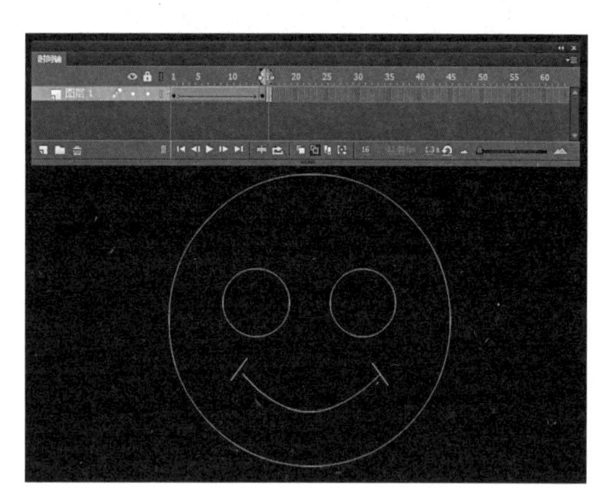

图7-88　“绘图纸外观轮廓”效果

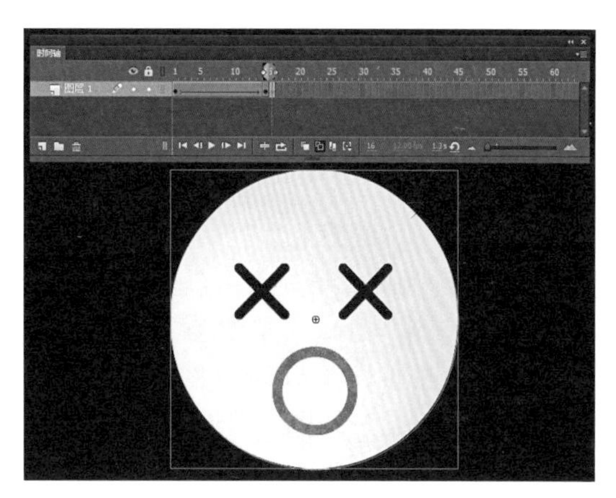

图7-89　笑脸元件

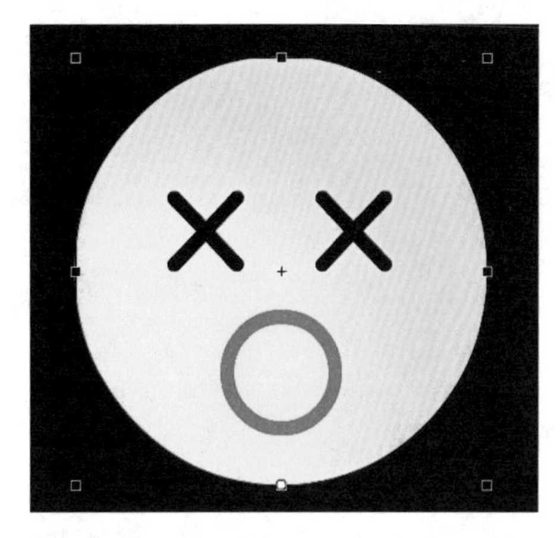

图7-90　哭脸元件

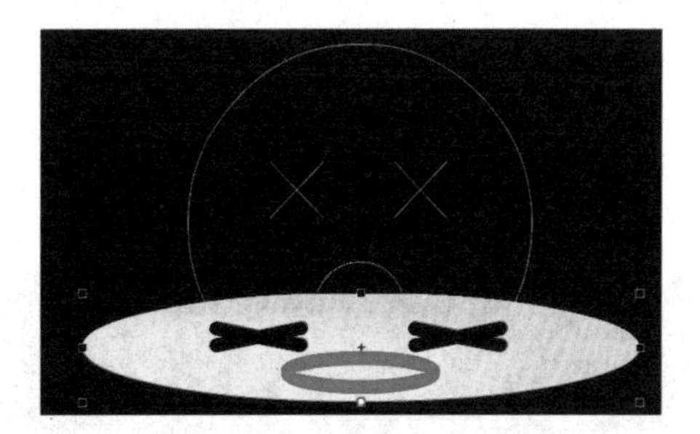

图7-91　第16帧效果

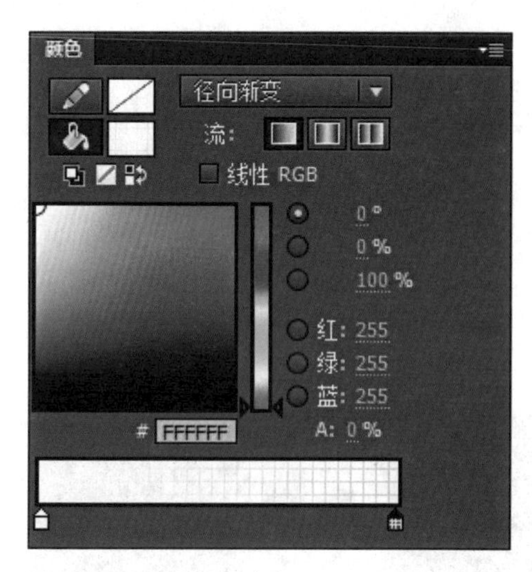

图7-92　阴影的渐变色

图7-93　阴影元件的制作

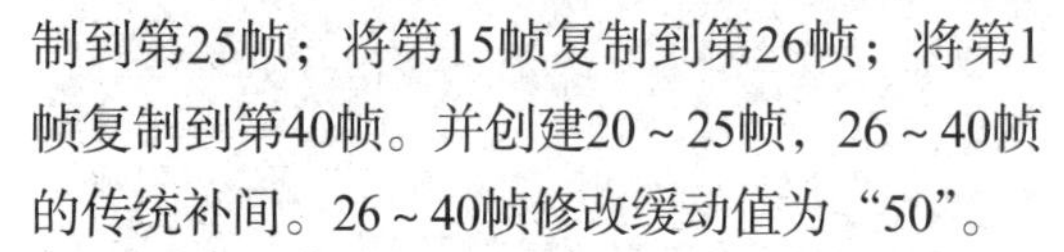

制到第25帧；将第15帧复制到第26帧；将第1帧复制到第40帧。并创建20～25帧，26～40帧的传统补间。26～40帧修改缓动值为“50”。

（13）按Ctrl+Enter组合键，测试影片，如果发现哭脸反弹过程的动画有问题，请检查核对第25帧时变形的中心点，是否在球体正下方处。

4. 阴影的绘制及动画

（14）按Ctrl+F8组合键，新建一个名为“阴影”的图形元件，并进入元件编辑状态。

（15）选中“椭圆工具”，并打开颜色面板，设置笔触为无，填充为白色至白色透明的径向渐变（图7-92）。在工作区绘制一正圆，然后用任意变形工具将其压扁（图7-93）。

（16）返回场景编辑状态，新建图层2，将阴影元件拖入舞台，并调整大小和位置，可以根据球的落地点先划出辅助线（图7-94）。

图7-94　加入阴影动画

（17）根据球的运动规律创建阴影的动画。在图层2第15帧插入关键帧，修改阴影使其变小，在第1～15帧之间创建传统补间，修改缓动值为“–50”；在第20帧插入关键帧，修改阴影使其变大，创建15～20帧间的传统补间动画；复制第15帧至第25帧，复制第1帧至第40帧，并创建20～25帧、26～40帧的传统补间，26～40帧修改缓动值为“50”。至此动画全部完成，测试保存。

7.3.3 蝴蝶飞舞制作

这个动画是模拟花园中蝴蝶飞舞的场景。在这个制作中我们引入一个新的知识点——运动引导层动画，来解决物体非直线运动的情况，拿蝴蝶为例，它可能有时停、有时飞，飞行的轨迹也多为曲线。动画最后效果可参见资料盘中“蝴蝶飞舞.swf”文件，动画效果如图7–95所示。

在本实例的制作中，我们涉及的知识点有：

• 学会给导入的GIF图片去背景
• 掌握运动引导层动画
• 元件的反复使用

1. 动画分析

本实例一共有三只蝴蝶，两只做的运动引导层动画，另一只做的传统补间动画；运动引导层动画是传统补间动画的延伸，动画的原则首选要满足传统补间，然后多出一条引导路径，使指定元件沿着该路径运动；蝴蝶一边飞行一边要调整方向，这个要通过修正关键帧实现；动画中虽然有三只蝴蝶，但有两只是一样的，所以只涉及两个元件。

2. 蝴蝶图片的导入与去修改

（1）新建一个Flash文档（AS3.0），并按Ctrl+J组合键，打开文档设置窗口，设置文档大小为710×400像素，背景蓝色，点击“确定”完成设置。执行Ctrl+S组合键，保存源文件为“蝴蝶飞舞.fla”。

（2）执行“文件”|“导入”|“导入到库”命令，在打开的窗口中，找到本书提供的素材“红花.jpg”、“蝴蝶1.gif”和“蝴蝶2.gif”，选中这三个图片并打开。这时我们观察库面板（图7–96），两个GIF图片导入后分别生成一个文件夹（内含三张图片）和一个影片剪

图7–95 动画过程截图

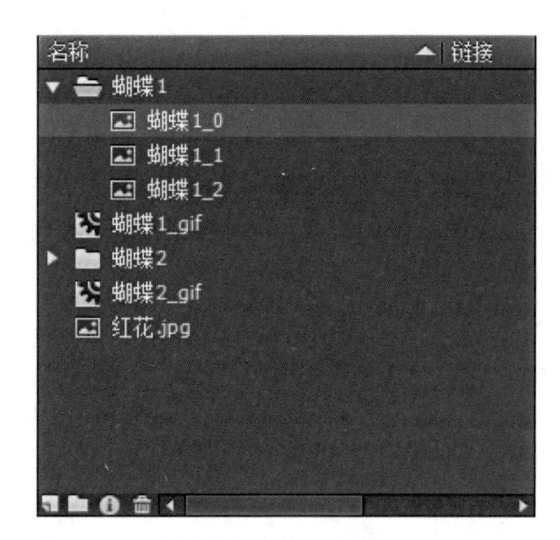

图7-96　素材导入后的库面板

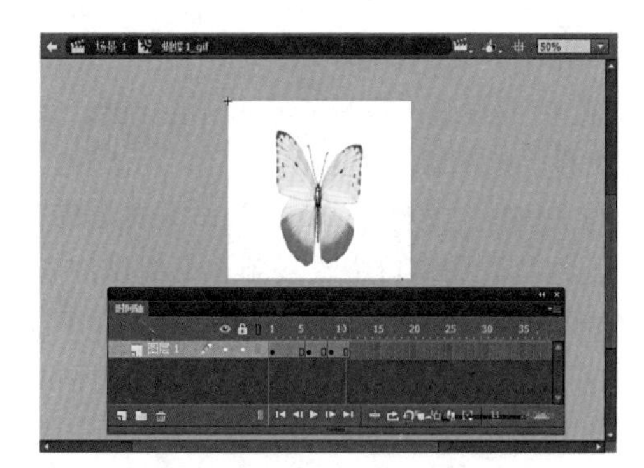

图7-97　蝴蝶1元件

辑元件（元件标识），这个元件就是我们后面做动画可直接使用的。

（3）双击库面板中“蝴蝶1_gif”前面的元件标识，进入元件编辑状态，工作区和时间轴如图7-97所示。我们发现这个元件自带背景，如果不去掉背景是不能用的，并且时间轴一共三个关键帧，每一帧正好是库面板那个文件夹里的一张图片。

（4）去背景。选中工具箱里“套索工具”组里的“魔术棒工具”，点击选中第一帧，执行Ctrl+B，分离图片，用魔术棒在白色背景处点击两次，只选中白色背景（图7-98），按Delete键删除背景。如果背景不连贯，需要多次执行选取删除，如果删除后还有白线边或者有明显删除不净的地方，请用“橡皮擦工具”再做清理。清理后效果如图7-99所示。其他两个关键帧，请同学自行如法炮制，去掉背景。

（5）进入“蝴蝶2_gif”的元件编辑状态，时间轴效果如图7-100①所示，这里有四个关键帧，但观察动画第1个和第3个关键帧相同，2、4亦相同，首先直接删除后两个关键帧，如图7-100②所示，现在只有两个关键帧了，但是帧的间隔太长，蝴蝶煽动翅膀的速度太慢，我们需要缩短关键帧间隔，选中第10帧，直接拖动到第4帧位置，再将7帧以后的帧选中并删除，如图7-100③所示。然后参照蝴蝶1，进行去背景操作。

3. 运动引导层动画的制作

（6）素材都已准备好，我们返回场景1工作界面。将库面板中的“红花”图片拖入到工作区，并在属性面板中设置大小710×400像素，X：0，Y：0，然后锁住图层1。**提示：**注意设置宽高时，都会有个是否锁定宽高比的按钮，在打开状态下，才可以分别设置宽和高，在锁定状态会按比例自己绽放图片。

（7）新建图层2，将“蝴蝶1.gif”元件拖入舞台，并使用任意变形工具修改其大小和方向，然后置于一朵花上，效果如图7-101

图7-98　选中白色背景

图7-99　删除背景后

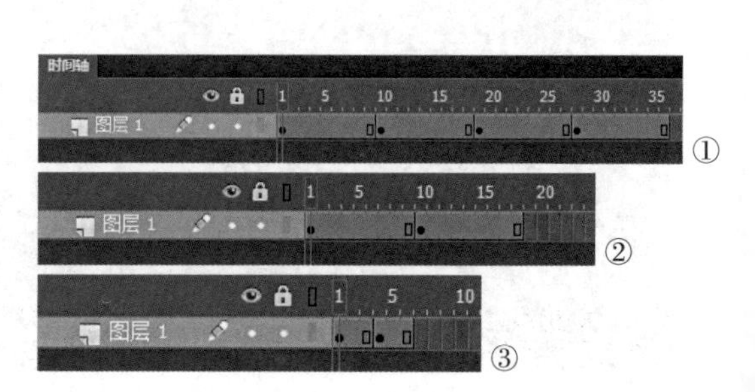

图7-100　蝴蝶2元件的调整变化

所示。蝴蝶1设计的动画是在花上停留一段时间，然后起飞并飞出画面。

（8）在时间轴面板的图层区，右击图层2，在弹出的快捷菜单中选“添加传统运动引导层”命令，选择铅笔工具，并设置笔触颜色为绿色（为了使绘制轨迹与背景有明显色差），在工具栏最下方点击铅笔模式，选择“平滑”。然后在工作区绘制一条轨迹线（图7-102）。

（9）在图层2的第50帧，插入关键帧F6，在第200帧再插入关键帧，并在图层1第200帧插入普通帧F5。先选中50帧，拖动蝴蝶，右击图层2，在弹出的快捷菜单中选“添加传统运动引导层”命令，选择铅笔工具，并设置笔触颜色为绿色（为了使绘制轨迹与背景有明显色差），在工具栏最下方点击铅笔模式，选择“平滑”。然后在工作区绘制一条轨迹线（图7-102）。

（10）选中图层2第50帧，拖动蝴蝶，先将其移开，再移动它靠近绘制路径的起点，注意蝴蝶元件的中心点，当靠近起点处时，会自动吸附到起点上。选中图层2第200帧，拖动蝴蝶使其吸附上结束点，并创建50～200帧的传统补间动画。然后按Enter键测试蝴蝶是不是延路径飞行，如果不是说明刚才的操作有问题，请重新吸附起点和终点。

（11）新建图层3，将“蝴蝶2.gif”元件拖入舞台，参照步骤（7）～（10）制作其动画，引导层路径可参考图7-103所示，动画区间为1～120帧。

（12）做到这里可以用Ctrl+Enter测试下影片，你会感觉蝴蝶飞得很奇怪，因为朝向一直没变，下面我就要对动画进行修正，让蝴蝶飞的方向一直平行于路径线。以蝴蝶2为例，在时间轴面板，拖动帧指针向后移动，当路径有转弯时，就按F6加一个关键帧，并用任意变形工具旋转蝴蝶方向与路径一直；再移动帧指针，找到下一个转弯帧，加关键帧并调整蝴蝶方向；如此进行下去真到路径结束，参考效果如图7-104所示。

图7-101 蝴蝶1起飞前位置

图7-102 引导层路径

图7-103 蝴蝶2引导层路径

图7-104 添加关键帧调整飞行方向

（13）蝴蝶1也要依上述方法进行调整。调整后再测试影片，观看效果。还有以再新建立1图层，将蝴蝶1元件再次拖入舞台，制作一传统补间，以丰富画面。至此，动画制作完毕。

4. 运动引导层动画的原理说明

（1）下面被引导层中的对象，沿着上面引导层中的路径（线条）做运动补间动画。

（2）要实现对象的曲线运动，必须通过，引导层与被引导层，两个层来实现。

（3）下面被引导层中，放置的是，要运动的对象。上面引导层中，放置的是，运动的轨迹（路径），它在动画播放时，是隐藏的。

（4）多个引导路径尽量不要交叉，软件有可能识别不了。

本章习题

1. 用书法字的方式写出自己的名字。

提示：笔划交叉的地方要细细擦除；注意流畅性和节奏，忌一笔划一帧。

2. 钟表制作。制作一个只有时针和分针的钟表，当分针走一圈时针走一个格。

提示：使用传统补间，通过设置补间参数实现旋转一周。

3. 影片加载画面的制作，如下图所示，要求制作中用上逐帧动画、形状补间动画、运动（传统）补间动画。

提示：①小花的绘制，使用矩形工具画一个长方形，用选取工具和部分选取工具修改形状，成一个花瓣；使用变形面板里的旋转复制，成一朵花。

②小花，是原位旋转，传统补间动画。

③进度条，是形状补间动画。

④三个“点”，是逐帧动画，先制作成元件。

⑤每一个小动画都先制作成元件，再拖入场景，省去计算循环帧和重复制作的麻烦。

4. 制作树叶飘落的动画。要求：落叶需要用运用引导路径，设计3种下落路线；场景自己创建，也可以找素材，但动画要入景，浑然一体才好。

下图只是一种效果展示，供读者参考，动画中秋千在动，银杏叶在飞舞飘落。

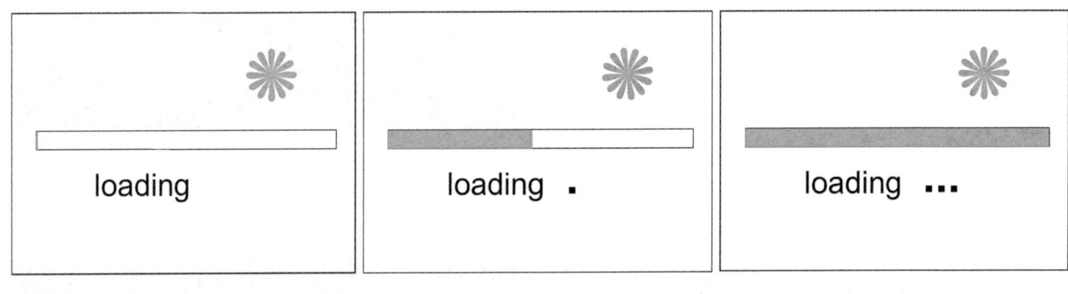

第8章

互联网广告动画案例实战

8.1　遮罩动画

8.2　横幅动画

8.3　网页动画

上一章我们讲解了Flash动画的使用技巧，本章我们以网络广告案例为核心，一边实战一边深入地讲解Flash制作的技巧和综合应用。

花样暑假 百样玩法

图8-1 动画效果截图

花样暑假 百样玩法

图8-2 转成元件面板

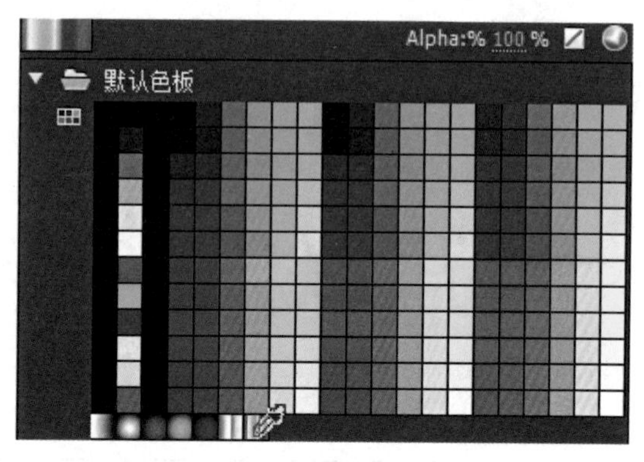

图8-3 有元件的库面板

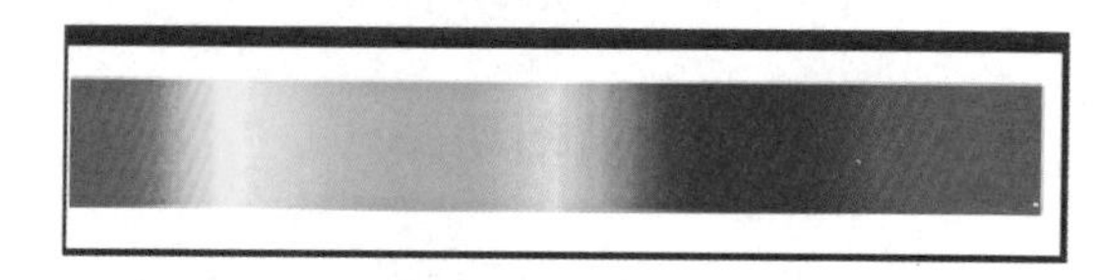

图8-4 转成元件面板

8.1 遮罩动画

遮罩动画是Flash动画中的技术难点，也是最具亮点的技术，掌握好它可以制作出变化多端令人难以揣摩的效果。本节我们通过三个文字广告的案例，来学习掌握遮罩动画。

8.1.1 彩色字效果

这个实例是模拟某旅游网站的宣传语，利用遮罩动画制作出彩色动态文字的效果。动画最后效果可参见资料盘中“彩色文字.swf”文件，动画效果如图8-1所示，文字内的色彩会不断变换。

在本实例的制作中，我们涉及的知识点有：

• 了解遮罩动画的原理

• 掌握遮罩动画的基本应用

1. 准备文字与彩条

（1）新建一个Flash文档（AS3.0），并打开文档设置窗口，设置文档大小为300×60像素，点击“确定”完成设置。执行Ctrl+S组合键，保存源文件为“彩色文字.fla”。

（2）选择文本工具，字体：汉仪菱心体简，大小：34，在舞台输入“花样暑假百样玩法”（图8-2），字体颜色任意。

（3）新建图层2，选择矩形工具（注意不是基本矩形工具），设置笔触：无，填充色选最后一个彩虹渐变色（图8-3）。在舞台拖动鼠标绘制一个矩形，确保完整遮盖文字，效果如图8-4所示。

（4）使用选择工具，选中这个矩形，执行Ctrl+C复制图形，再执行Ctrl+V粘贴图形，然后移动新的矩形与原矩形首尾相接，略有重合（图8-5），对于形状，Flash会默认拼合成一个图形。

2. 制作遮罩动画

（5）选中第100帧，插入关键帧，将长彩条左移动，使其右边与舞台右边齐（图8-5）。并在图层1的100帧插入普通帧。创建图层2的

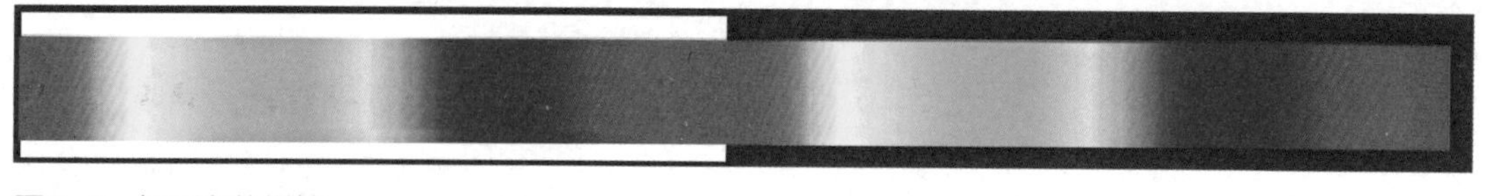

图8-5 矩形条的拼接

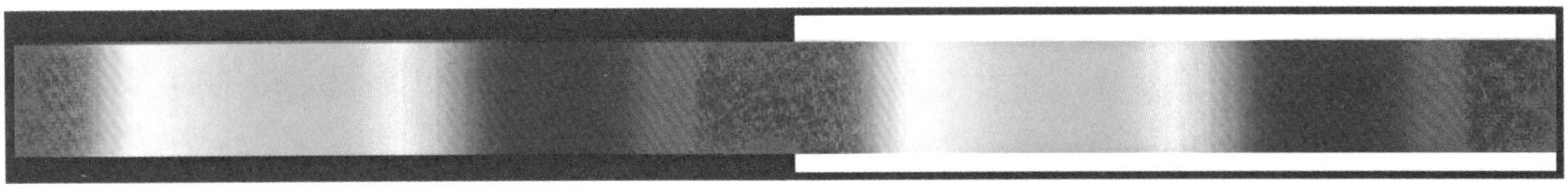

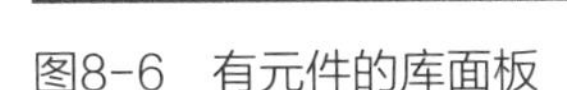

图8-6　有元件的库面板

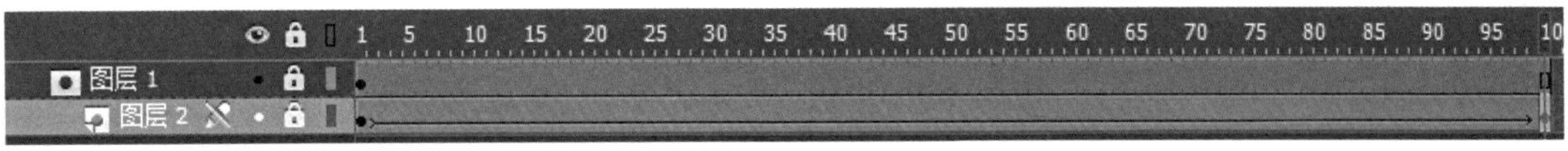

图8-7　时间轴最后效果

1～100帧的补间形状动画，**提示**：我们没有生成元件，所以这里不能用传统补间。

（6）在时间轴面板，将图层1拖至图层2上方，鼠标右击图层1，在弹出的快捷菜单中选择“遮罩层”命令，时间轴效果如图8-7所示。动画制作完成。

3. **遮罩动画的原理**

遮罩动画的工作原理用一句话表述就是，下面被遮罩层中的对象，透过上面遮罩层对象的填充区域而显示。最终呈现的效果是个组合，以本实例为例：

① 内容是下面被遮罩层中的对象。本例中就是彩色的动态条。

② 外形是上面遮罩层中的对象。本例中就是文字，将文字看作只有轮廓。

③“窟窿”以外，是由文件的背景色来控制。将文字以内看作窟窿，文字以外的内容由背景决定，如果有背景图案，那就会呈现图案，本例就是白色。

④ 一个遮罩层，可以遮盖多个被遮罩层。在本例中这一点没有体现出来，我们先记下这个原则。

8.1.2　打字效果

上一个实例，我们制作的是文字作为遮罩层的动画效果，那如果形状作为遮罩层，又可以制作怎样的效果呢？本实例我们就来实践下一个文字逐一被显示出来的动画效果。动画最后效果可参见资料盘中“打字效果.swf”文件，动画效果如图8-8所示。

在本实例的制作中，我们涉及的知识点有：

- 体会遮罩动画的多样性
- 一个遮罩层可遮盖多个被遮罩层

图8-8　动画效果截图

（1）新建一个Flash文档（AS3.0），并打开文档设置窗口，设置文档大小为500×120像素，点击“确定”完成设置。执行Ctrl+S组合键，保存源文件为“打字效果.fla”。

（2）执行“文件”|“导入”|“导入到舞台”命令，将素材“win10背景.jpg”文件导入，并确认充满整个舞台。锁定图层1。

（3）新建图层2，选择文本工具，字体：方正超粗黑简体，大小：30，颜色：红色，字母间距：3，在舞台上输入“全面进化！”（图8-8）；新建图层3，设置字体：创意简中圆，大小：21，颜色：黄色，字母间距：1，在舞台上输入“Windows10周年更新抢先体验”，位置如图8-8所示。

（4）新建图层4，选择矩形工具，笔触：无，填充色任意，在舞台中绘制一个能够覆盖文字的矩形（图8-9）。

（5）在图层4的第70帧插入关键帧，其他图层插入普通帧。图8–9为第70帧的效果。选中图层4第1帧，将矩形左移，使文字全部显示出来，创建1～70帧的补间形状动画。

图8-9　动画效果截图

（6）在图层区，右击图层4，选择“遮罩层”命令，图层4与图层3自动形成遮罩与被遮罩关系，此时拖动时间线，发现图层2的文字没有动画。依旧在图层区，选中图层2，将其向右上微移动，使图层2也进入图层4的遮罩组合内，前后图层区如图8–10中左右两图所示。

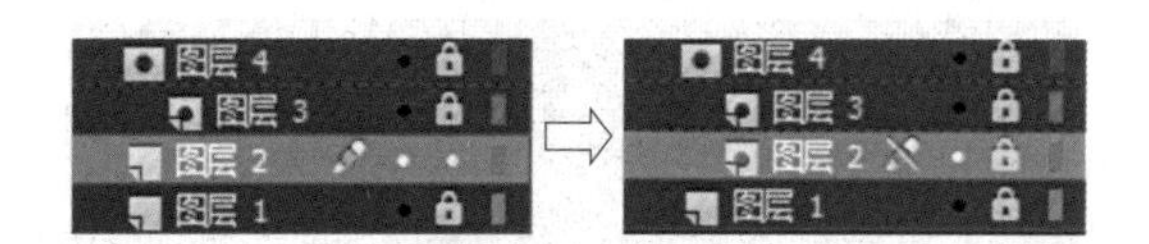

图8-10　被遮罩层可通过拖动加入或者退出

（7）在所有图层第90帧，插入普通帧，保存测试，动画完成。

8.1.3　放大镜效果

放大镜效果在遮罩动画中属于比较复杂的应用，理解和掌握好这一效果的制作，对于遮罩动画就有了比较全面的认识。动画效果如图8–11所示，大家可以先反复观看下资料盘中“放大镜.swf”文件，自己有个初步的分析和判断，然后再开始本实例的学习。

在本实例的制作中，我们涉及的知识点有：

• 放大镜的绘制

图8-11　动画效果截图

• 文字与背景图案要同时放大

• 放大镜与遮住层的移动要同步

1. 绘制放大镜

（1）新建一个Flash文档（AS3.0），并打开文档设置窗口，设置文档大小为640×200像素，点击“确定”完成设置。执行Ctrl+S组合键，保存源文件为“放大镜.fla”。

（2）执行Ctrl+F8组合键，新建名为“放大镜”的图形元件，并进入元件编辑状态。

（3）选择椭圆工具，关闭填充色，设置笔触宽度20，颜色黑到白径向，在舞台绘制一正圆（图8–12）。打开颜色面板，调整渐变条中滑块位置，并在左侧添加一个黑色滑块（图8–13）。

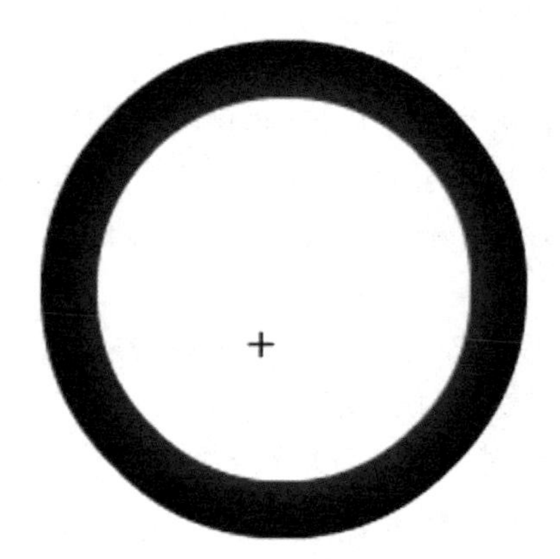

图8-12　绘制圆环

图8-13　调整渐变色

（4）选择渐变变形工具，点击圆环，圆环上出现渐变修正手柄（图8-14），将各手柄调整至如图位置。

（5）选择矩形工具，关闭笔触颜色，设置填充色为线性渐变：黑—白—黑（图8-15），在舞台绘制矩形，并移动到效果如图8-16所示位置。

（6）选中所有图形，执行Ctrl+T组合键，设置选择值-40，效果如图8-17所示。

（7）我们还要进一步加工，让放大镜产生镜面的效果。锁定图层1，新建图层2，选择椭圆工具，关闭笔触颜色，设置填充色为白色到白色透明的径向渐变（图8-18），注意右侧滑块的设置，先修改颜色为白色，再将A值设为0。为了更好地观察绘制效果，请打开文档属性，修改背景为黑白之外的任意色彩，如黄色。然后在舞台绘制一正圆，效果如图8-19所示，至此放大镜制作完成。

2. 制作遮罩动画

（8）返回主场景，执行“文件”|“导入”|“导入到库”命令，将素材“放大镜背景.jpg”和“放大后背景.jpg”两个文件导入。从库面板中将图层1命名为“小背景”，并锁定图层。新建图层2，命名为大背景，将“放大后背景.jpg”素材拖入到舞台，居中对齐，并隐藏图层。

（9）在两个背景层之间，新建立图层3，并命名为“原文字”。选择文本工具，字体：方正超粗黑简体，字号：44，字母间距：9，颜色：黑色，输入文本“晶饰生活，装点完美人生。”

（10）为文字添加滤镜效果。在属性面板里找到“滤镜”选项，点击“添加滤镜”

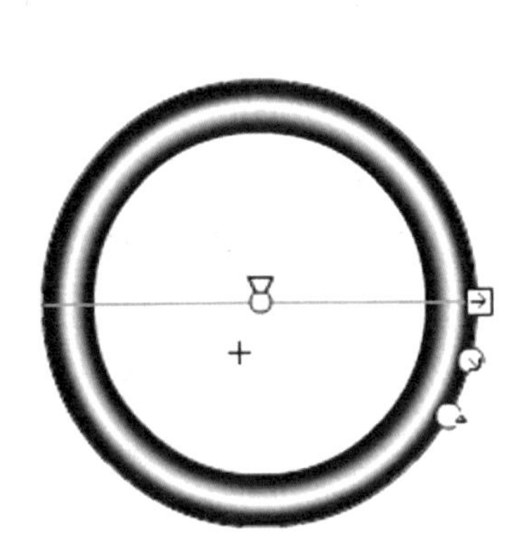

图8-14　渐变变形工具

图8-15　手柄的渐变色

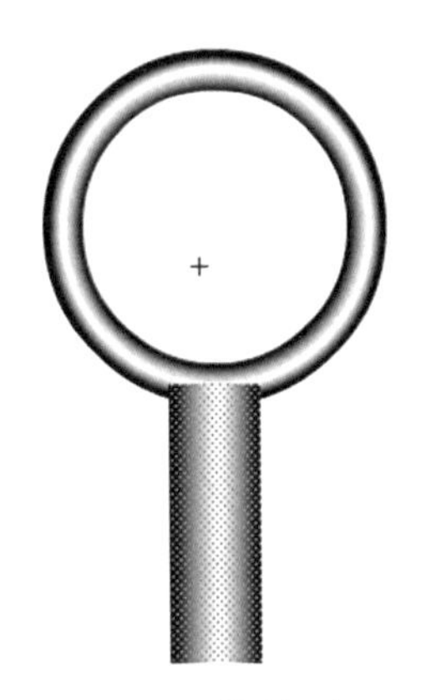

图8-16　绘制手柄

图8-17　旋转放大镜

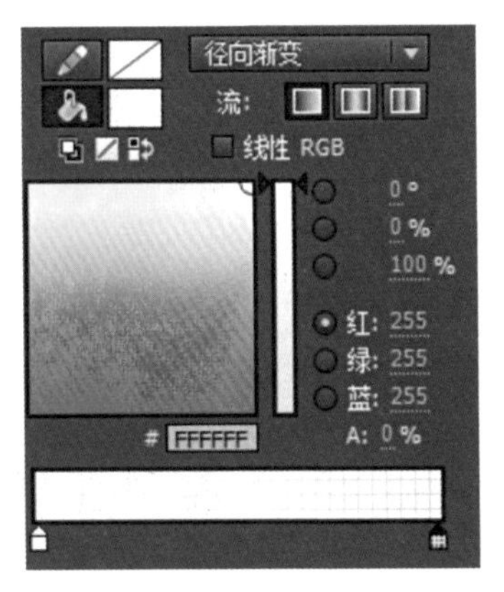

图8-18　白色到白色透明渐变设置

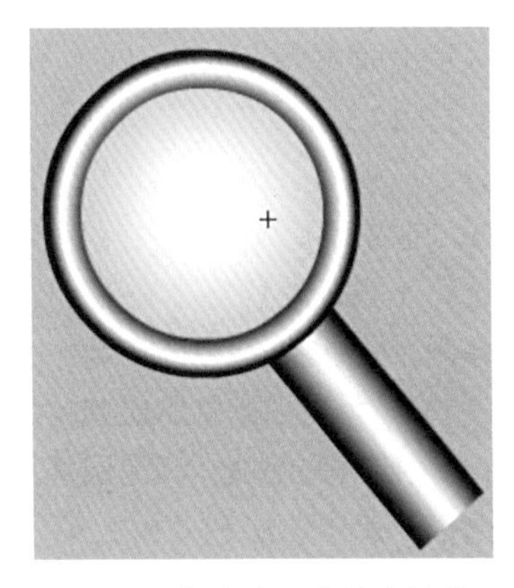

图8-19　加高光后的放大镜效果

按钮 ，选择“投影”，并设置参数如图8-20所示，其中颜色选择#FF9900。

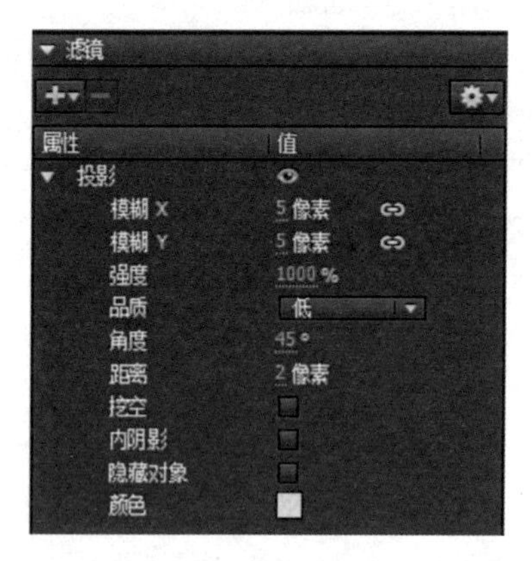

图8-20 投影滤镜参数

（11）复制当前帧，在最上方新建图层4，并命名为“大文字”，在该图层第1帧处右击鼠标，选择“粘贴帧”，打开属性面板，修改文字大小：55，字母间距：0，其他值不变。然后将大文字与小文字进行手动对齐操作，效果如图8-22所示。

（12）在最上方新建图层5，并命名为“放大镜”，将库面板中的“放大镜”元件拖入到舞台，并调整到合适大小，效果如图8-23所示。

（13）在最上方新建图层6，并命名为“遮罩”，选择椭圆工具，关闭笔触颜色，设置填充色为蓝色（此颜色任意，只为绘制时区分其他相关元件），在舞台中绘制一个和放大镜镜面大小一样的正圆（图8-24）。

（14）将“遮罩”层移到“放大镜”层下方，所有图层的顺序如图8-25所示。同时选中“遮罩”层和“放大镜”层的第1帧，使用选择工具，在舞台中将两个对象拖动到舞台左侧，效果如图8-26所示。

（15）在“遮罩”层和“放大镜”层的第100帧插入关键帧，其他层插入普通帧。同时选中“遮罩”层和“放大镜”层的第100帧，在舞台中将两个对象拖动到舞台右侧，效果如图8-27所示。

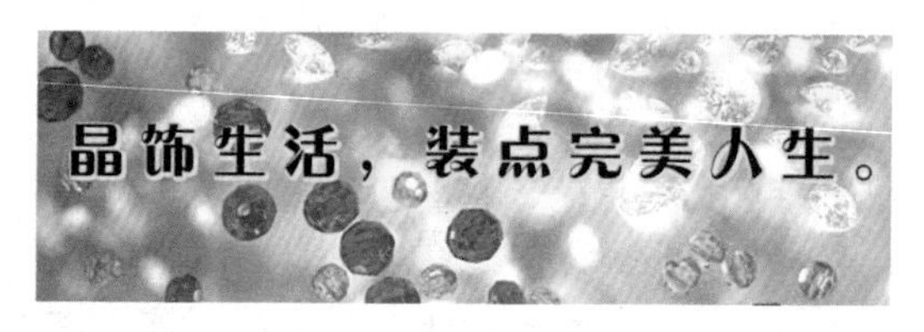

图8-21 加入文字后效果

图8-22 大号文字的位置

图8-23 将放大镜元件加入舞台

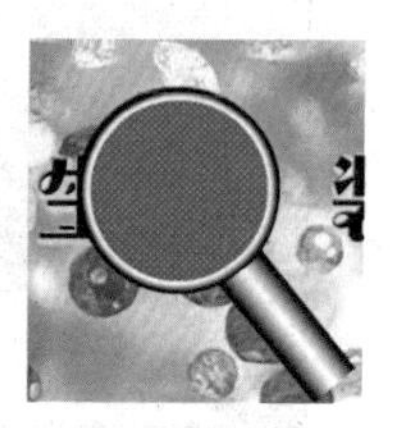

图8-24 绘制遮罩

图8-25 图层及顺序

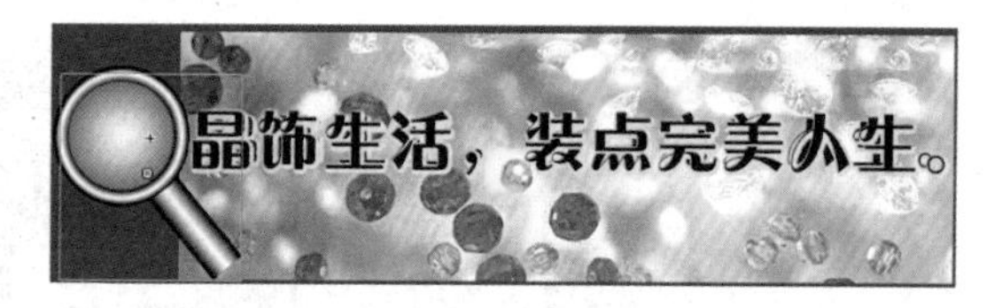

图8-26 第1帧位置图

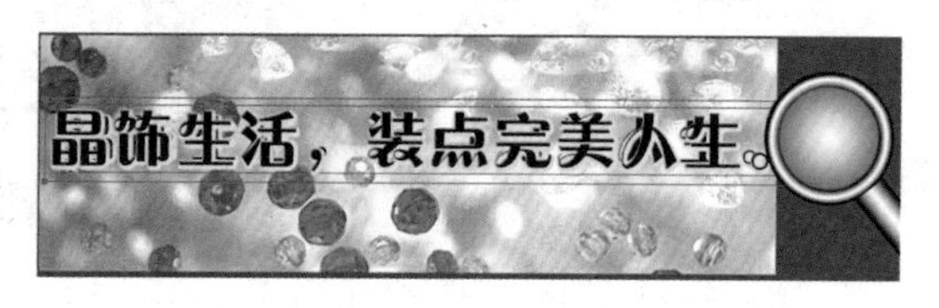

图8-27 第100帧位置图

（16）创建“遮罩”层1～100帧的形状补间动画。创建“放大镜”层1～100帧的传统补间动画。**提示：**两个图层一个是形状，一个是元件，所以动画类型不一样。在图层区，右击“遮罩”层，选择“遮罩层”命令，并将大背景手动加入到遮罩组合中，图层最后效果如图8-28所示。

图8-28　图层最后效果

保存测试，动画完成。

8.2　横幅动画

通过以上章节的讲解，我们基本掌握了Flash动画制作的技法，下面通过广告设计的综合案例练习，以达到融会贯通，熟能生巧的目的。

横幅广告，也叫旗帜广告，是网页中最早采用的广告形式，也是最常见的广告形式，是指横跨于网页上的矩形广告条。如果广告条表现为宽度上左右横贯页面，高度比较小，我们称之为通栏广告，他是横幅广告的一种形式。

8.2.1　地产广告

这是一个房地产公司的宣传广告，采用通栏广告的形式。本案例主要运用了遮罩动画的技法，并且元件的使用也复杂了，涉及元件的环环相套，读者在操作过程中需要仔细体会元件与遮罩动画应用的多样性。动画最后效果可参见资料盘中“地产广告.swf”文件，动画效果如图8-29所示。

图8-29　动画效果截图

在本实例的制作中，我们涉及的知识点有：

- 遮罩动画的灵活应用
- 元件的环环相套
- 将文字分散到图层的技巧

1. 准备素材

（1）新建一个Flash文档（AS3.0），并打开文档设置窗口，设置文档大小为800×250像素，点击“确定”完成设置。执行Ctrl+S组合键，保存源文件为“地产广告.fla”。

（2）执行“文件”|“导入”|“导入到库”命令，将素材“三江园背景.jpg”和“三江园LOGO.png”文件导入。从库面板中将“三江园背景.jpg”拖入舞台，调整宽度和高度与舞台等大，将图层1改名为“底图”，并锁定图层。

（3）新建立图层2，从库面板中将“三江园LOGO.png”拖入舞台，调整宽度和高度后，放置在舞台右上角，将图层2改名为“LOGO”，并锁定图层。

（4）新建立图层3，修改图层名为“电话”，选择文本工具，字体：华康俪金黑，字号：24，颜色：黑色，输入文本“贵宾热线（TEL）：010 88888888”，锁定图层。以上完成动画中不动元素的构建，效果如图8-30所示。

图8-30　静态各图层位置

2. 地产名的动画制作

（5）新建立图层4，修改图层名为“名称”，选择文本工具，字体：华康俪金黑，字号：44，颜色：#0065C5，输入文本“三江园”（图8-31）。

图8-31 “名称”层位置

（6）用选择工具选中“三江园”，按F8将其转换为元件，输入名称“三江园动画”，类型“影片剪辑”。双击舞台中的“三江园”文字，则进入元件编辑状态。这种状态可以看到舞台中的其他元素，只是透明度比较低（图8-32）。

图8-32 从主场景双击进入元件编辑的效果

（7）再次选中“三江园”文字，按F8将其转换为元件，输入名称“文字”，类型“图形”。这次将文字转为元件，是因为文字需要反复使用，并且只有元件才可以修改透明值。

（8）新建图层2，命名为“放大文字”，从库面板中将“文字”元件拖入舞台，略放大，并在属性面板中，色彩样式下，选中Alpha，修改为80%，这就是透明值，效果如图8-33所示。

（9）在图层1第30帧插入普通帧，在“放大文字”层第20帧插入关键帧，继续放大文字，效果如图8-34所示。创建1～20帧的传统补间动画。

（10）新建图层3，命名为“遮罩”，选择椭圆工具，关闭笔触颜色，设置内径80，绘制一个圆环，然后将其转换为名称为“椭圆”的图形元件，并在第1帧将其尽可能缩小（图8-35）。同样在第20帧插入关键帧，将椭圆放大，使圆环正好套进所有文字（图8-36）。创建1～20帧的传统补间动画。

（11）右击“遮罩”层，选择“遮罩层”命令。时间轴及图层如图8-37所示，名字的动画制作完成，我们可以按下Ctrl+Enter组合键测试下动画效果。

图8-33 “放大文字”层第1帧

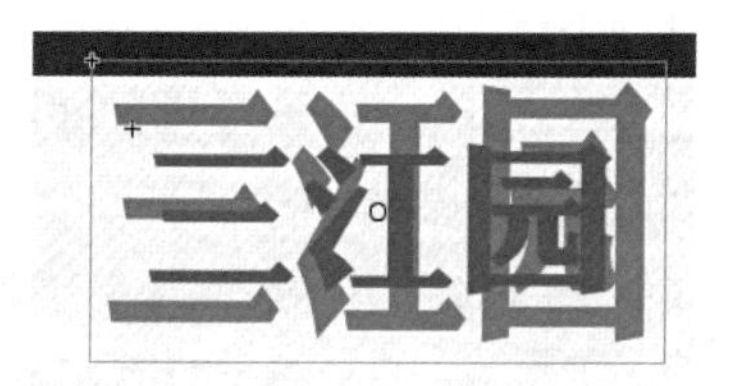

图8-34 “放大文字”层第20帧

图8-35 “遮罩”层第1帧

图8-36 “遮罩”层第20帧

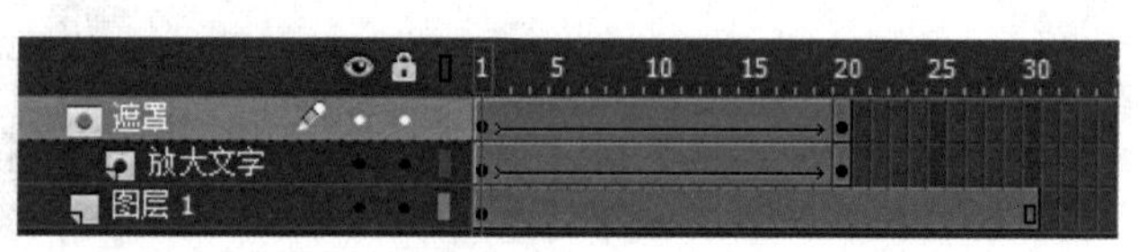

图8-37 名称动画元件的时间轴

3. 广告语的动画制作

（12）执行Ctrl+F8，新建一个元件，名称“广告语动画”，类型“影片剪辑”，点击确定，进入元件编辑状态。

（13）选择文本工具，字体：方正风雅宋简体，字号：40，颜色：黑色，字母间距：5，输入文本“永无遮挡的一线江景”。

（14）选择文字，执行Ctrl+B命令，将文字分离（图8-38）。再次用鼠标右键点击文字，选择“分散到图层”命令，注意观察时间轴，每个文字已经独立成一个图层。

永无遮挡的一线江景

图8-38 将文字分离

图8-39 将文字分散到图层

（15）下面逐一选中每个文字，并将其转换为图形元件，然后删除图层1。

（16）在时间轴面板，点击鼠标左键并拖动，同时选中所有图层第5帧，按F6同时插入关键帧（图8-40），再在舞台将所有文字上移一定高度。

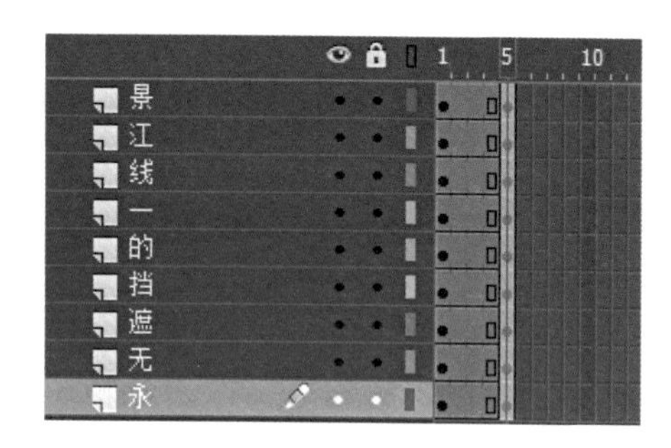

图8-40 第5帧加关键帧

（17）在时间轴面板，同时选中所有图层第1帧，右击鼠标，选择“复制帧”；同时选中所有图层第10帧，右击鼠标，选择“粘贴帧”。再点击鼠标左键并拖动，框选中所有层的1～10帧区域（这里的选区只要能跨过第5帧就OK了，不必全选）（图8-41）。右击选区，执行“创建传统补间”（图8-42）。

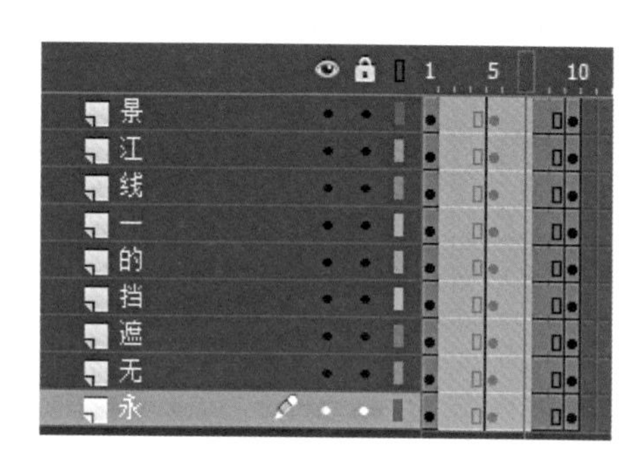

图8-41 框选一个区域

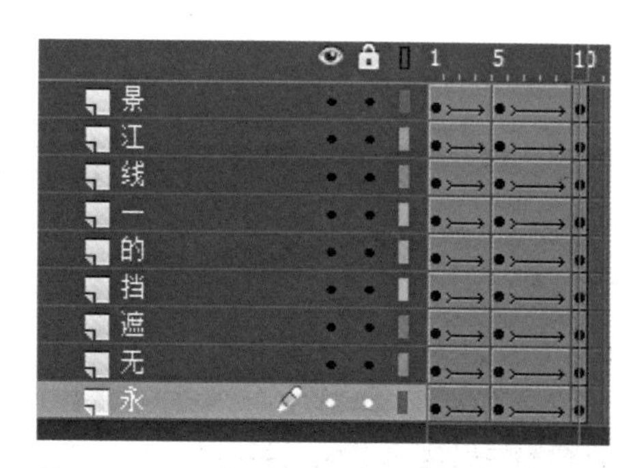

图8-42 一步创建所有层动画

（18）此时上下移动的动画已经创建完，下面通过调整时间轴来完成依次波动的效果。选中“无”层的所有帧，将它们向右移动2帧；再选中“遮”层的所有帧，将它们向右移动4帧；以此类推。最后在所有层的第35帧，插入普通帧，效果如图8-43所示。

（19）返回主场景，新建图层，并命名为“广告语”，将元件“广告语动画”拖入舞台，并放置在合适位置。保存测试，动画制作完成。

8.2.2 汽车广告

这是网页中一个汽车广告，本案例主要运用了

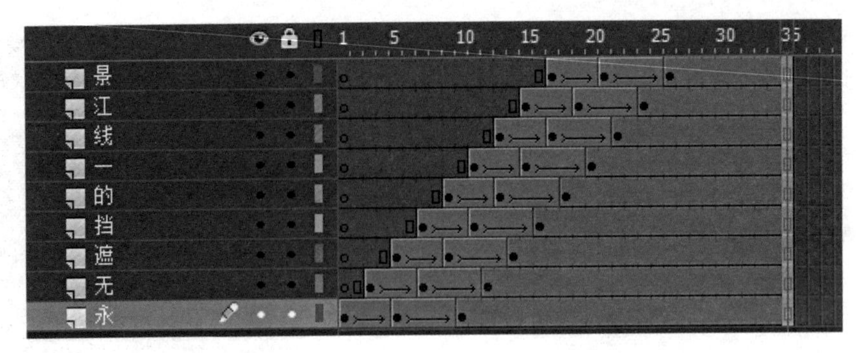

图8-43　时间轴的最后效果

Flash中一个经典的效果——走光，文字和车身都使用了这种效果，使车身增加金属光感，文字增加炫彩效果。另外本实例也增加了滤镜的应用，请读者用心体会。动画最后效果可参见资料盘中“汽车广告.swf”文件，动画效果如图8-44所示。

在本实例的制作中，我们涉及的知识点有：

- 学习使用走光效果
- 元件滤镜的添加
- 钢笔工具的灵活运用

1. 准备素材

（1）新建一个Flash文档（AS3.0），并打开文档设置窗口，设置文档大小为800×200像素，背景色：橙色，点击“确定”完成设置。执行Ctrl+S组合键，保存源文件为“汽车广告.fla”。

（2）执行“文件”｜“导入”｜“导入到库”命令，将素材“汽车背景.jpg”、“车.png”和“汽车logo.png”三个文件导入。从库面板中将“汽车背景.jpg”拖入舞台，居中对齐，将图层1改名为“底图”，并锁定图层。

（3）新建立图层2，从库面板中将“汽车LOGO.png”拖入舞台，调整宽度和高度后，放置在舞台右上角，将图层2改名为“LOGO”，并锁定图层。

（4）新建立图层3，修改图层名为“车名”，选择文本工具，字体：黑体，字号：22，颜色：黑色，输入文本“绅宝汽车”；在属性面板中添加发光滤镜，模糊2，强度400，品质高，颜色：白色。锁定图层。效果参加图8-44所示。

2. 开篇闪光效果制作

（5）执行Ctrl+F8，新建一个元件，名称“星形”，类型“图形”，点击确定，进入元件编辑状态。

（6）选择椭圆工具，关闭笔触颜色，填充颜色选择径向，白色到白色透明，在舞台绘制一个45×45正圆，如图8-45所示。注意灵活运用放大舞台比例，以使图形的效果更清晰。

图8-44　动画效果截图

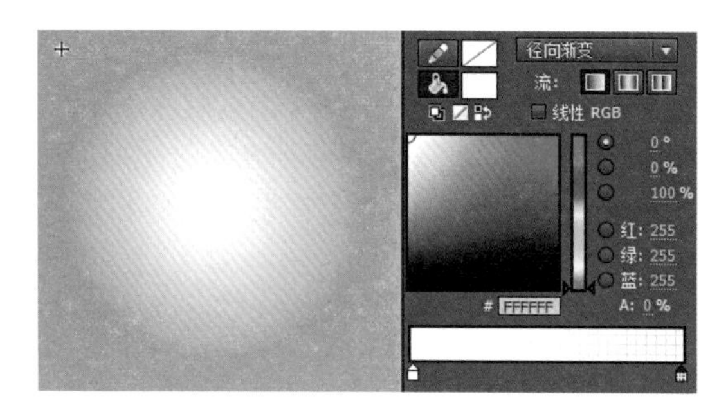

图8-45　绘制一个渐变圆及渐变参数

（7）新建图层，选择多角星形工具，在属性面板点击“选项…”按钮，设置样式：星形，边数：4，顶点大小：0.20（图8-46左图）。然后在舞台中绘制一个70×70星形，位置参照图8-46中图所示。同理，再绘制另一个小一点的星形30×30（图8-46右图）。

（8）执行Ctrl+F8，新建一个元件，名称“闪光”，类型“影片剪辑”，点击确定，进入元件编辑状态。

（9）从库面板将“星形”元件拖入舞台，居中对齐，在第4帧插入关键帧，将星形放大400倍，居中对齐，创建1～4帧的传统补间动画。选中中间任意帧，打开属性面板，设置旋转参数为顺时针1圈。

（10）选中第5帧，插入空白关键帧，参考第（6）步画一个250×250正圆，白色到白色透明渐变。选中第7帧，插入关键帧，修改圆大小为450×320的椭圆，并居中对齐，效果如图8-47所示。

（11）返回主场景，在“底图”图层上方新建图层，并命名为“闪光”，将元件“闪光”拖入舞台，并放置在如图8-48所示中间靠右位置。在该图层第7帧插入普通帧，在其他层第60帧插入普通帧（图8-49）。

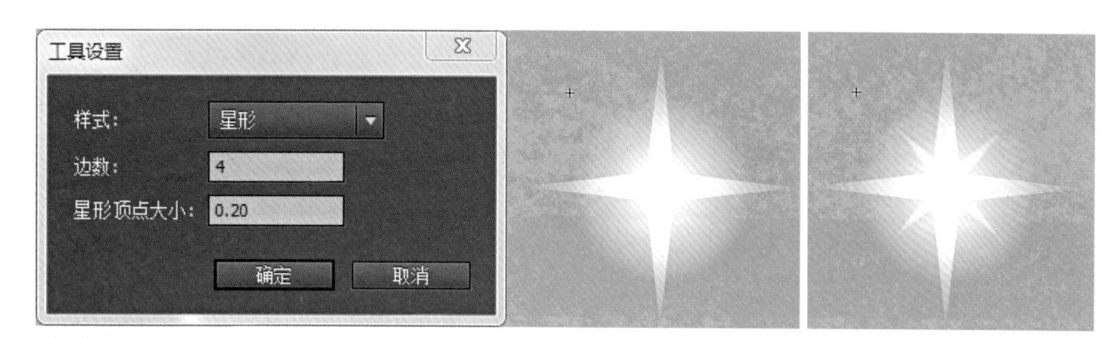

图8-46　绘制星形

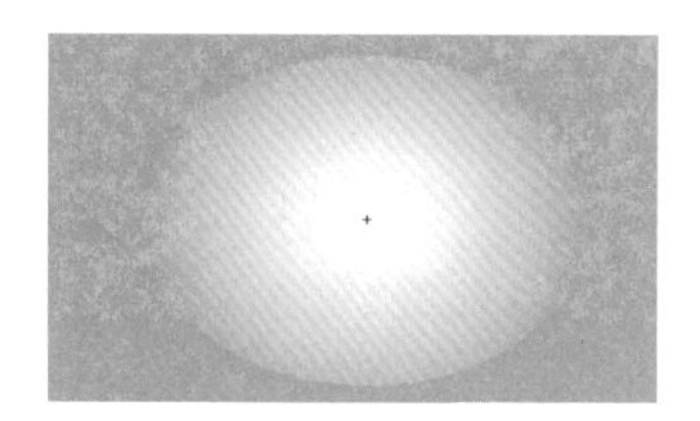

图8-47　元件第7帧

图8-48　加入闪光元件

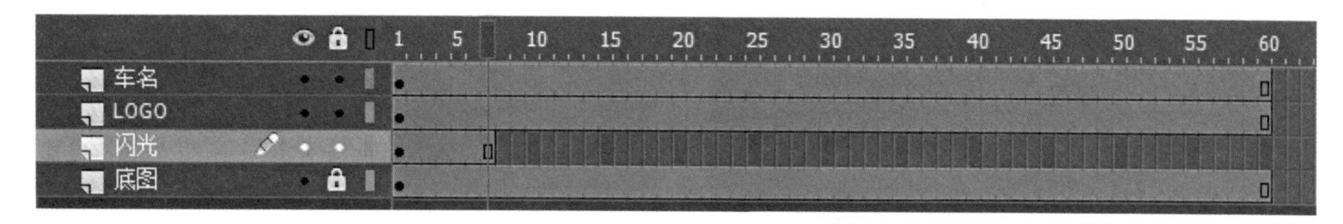

图8-49　时间轴面板效果

3. 汽车的动画制作

（12）在“闪光”图层上方新建图层，并命名为“汽车”，在第8帧插入空白关键帧，并从库面板中将“车.png”拖入到舞台，调整大小位置（图8-50）。

（13）选中汽车，按F8转成影片剪辑元件，**提示：**此处转成元件，是为了加滤镜，只有剪辑元件和文字可以添加滤镜效果。

（14）选中第18帧，插入关键帧，再选中第8帧，将汽车向右拖出舞台，并在属性面板添加模糊滤镜，位置及参数如图8-51所示。创建8～18帧的传统补间动画。

（15）下面要涂抹出汽车的高亮区域，在这些区域内制作金属走光效果，我们主要用钢笔工具勾勒出这些区域。在“汽车”图层上新建一图层，命名为“高光区”，在第30帧插入关键帧，选择钢笔工具，沿高光区进行勾边，这里需要一块一块勾边成封闭路径，才好进行填充。比如我们首先选择车上部的高光，勾勒出闭合回路（图8-52）。然后再使用钢笔工具分别勾勒出其他高光区域（图8-53）。

（16）选择颜料桶工具，填充色选择蓝色，在每个闭合区域内点击填充颜色（图8-54）。这里注意，如果颜色填充不上，说明路径没有闭合，要检查上一步的路径，并使用部分选取工具选中并移动路径中的锚点，使路径闭合。路径的修改在前一章中已经讲解过，这里不再赘述，钢笔工具在Flash里和PS里都同样重要，用法也相似。

图8-50 汽车的位置及大小

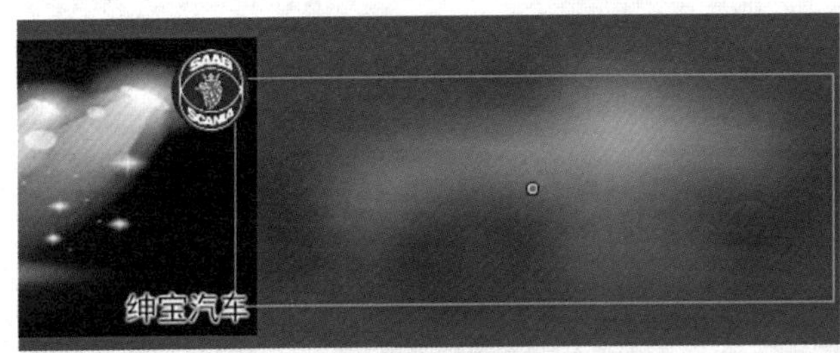

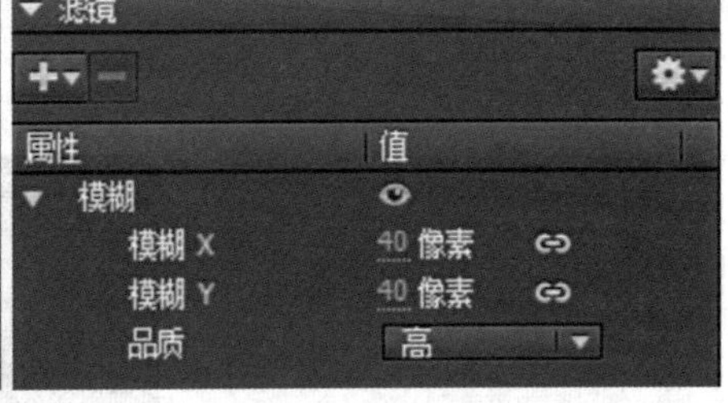

图8-51 第8帧汽车的位置及滤镜参数

图8-52 第8帧汽车的位置及滤镜参数

图8-53 第8帧汽车的位置及滤镜参数

图8-54　在路径内填充颜色

（17）执行Ctrl+F8，新建一个元件，名称“光柱”，类型“图形”，点击确定，进入元件编辑状态。

（18）选择矩形工具，关闭笔触颜色，填充颜色选择线性渐变，渐变参数为白色透明—白色—白色透明（图8-55），在舞台绘制一个22×280大小的矩形（图8-55），并居中对齐。

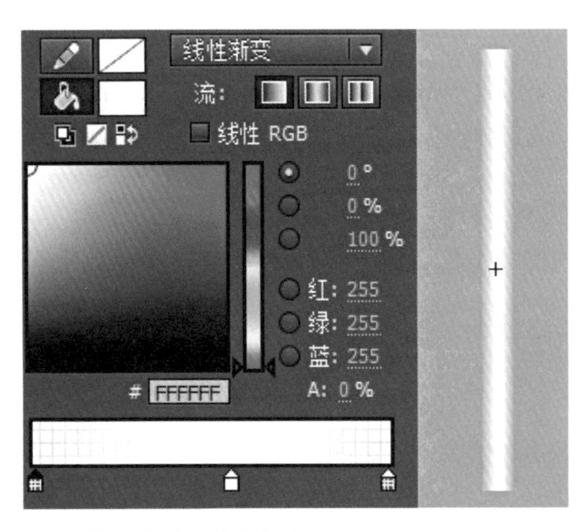

图8-55　光柱参数及效果

（19）返回主场景，在“高光区”图层与“汽车”图层之间新建图层，并命名为“走光”，在第30帧插入关键帧，将元件“光柱”拖入舞台，并放置在车左侧位置。选取任意变形工具，拖动上边线，将元件倾斜，效果如图8-56所示。在第55帧插入关键帧，将元件拖至汽车右侧（图8-57）。创建30～55帧间的传统补间动画。

（20）右击“高光区”层，选择“遮罩

图8-56　30帧处光柱位置及效果

图8-57　55帧处光柱位置

层”命令。时间轴及图层如图8-58所示。汽车的动画制作完成，我们可以按下Ctrl+Enter组合键测试下动画效果。

4. 广告语的动画制作

（21）执行Ctrl+F8，新建一个元件，名称“广告语”，类型“影片剪辑”，点击确定，进入元件编辑状态。

（22）选择文本工具，字体：方正粗倩简体，字号：40，颜色：红色，输入文本“炫酷外观”，位置X：0，Y：0。再次选择文本工具，字体：方正粗倩简体，字号：34，颜色：蓝色#00FFFF，输入文本“突显时尚锋范”，位置X：24，Y：48。文字效果如图8-59所示。

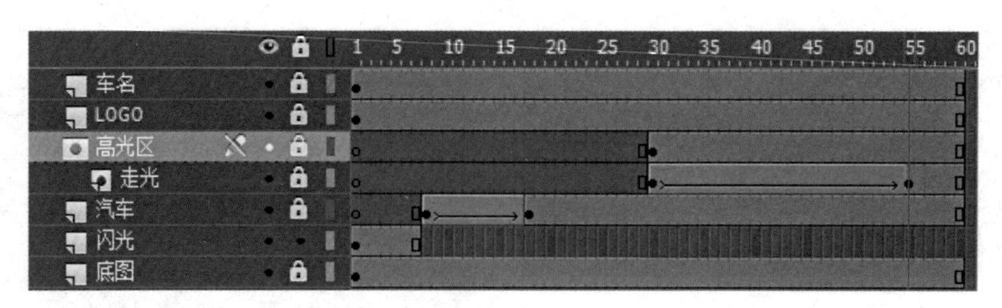

图8-58 时间轴面板效果

（23）在时间轴面板选中第1帧，鼠标右击，在快捷菜单中选择“复制帧”，新建图层，选中第1帧，鼠标右击，选择“粘贴帧”，这样完成图层复制。

（24）在两个图层之间新建一图层，将元件“光柱”拖入舞台，并置于文字左侧。选择任意变形工具，进行倾斜及大小修改，效果如图8-60所示。

（25）选中20帧，插入关键帧，并在另外两个图层的20帧插入普通帧。移动“光柱”至文字右侧（图8-61）。并创建1～20帧间的传统补间动画。在图层区，鼠标右击最上面图层的名称，在快捷菜单中选择“遮罩层”，建立遮罩动画。时间轴效果如图8-62所示。**提示：**测试遮罩动画，如果走光效果没出来，请将文字进行分离操作，2次分离后，文字转为图形，遮罩效果就不会有问题了。

（26）返回主场景，在“高光区”图层上方新建一图层，并命名为“广告语”，在20帧插入关键帧，并将元件“广告语”拖入舞台，放置在左侧合适位置（图8-44）。时间轴面板最终效果如图8-63所示。

动画全部制作完成，保存测试。

8.2.3 食品广告

这是网页中一个糖果广告，本案例是对遮罩动画效果的灵活运用，也是文字动画编辑多样性的展示。动画图层较多，需要细心分辨当前层再进行操作。动画最后效果可参见资料盘中“食品广告.swf”文件，动画效果如图8-64所示。

在本实例的制作中，我们涉及的知识点有：

• 图层的批量操作

图8-59 广告语元件中文字效果

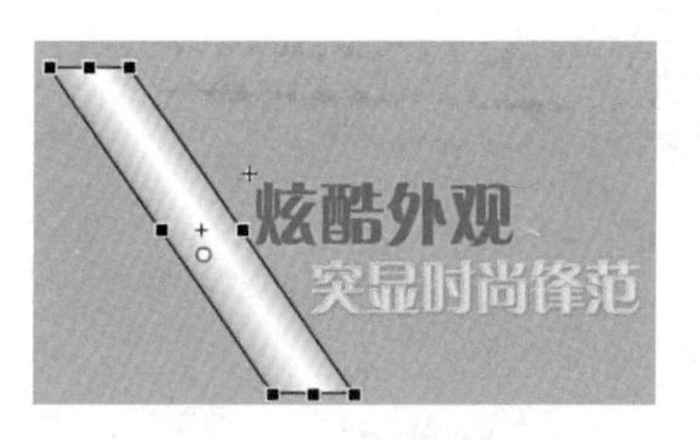

图8-60 第1帧光柱效果

图8-61 第20帧光柱位置

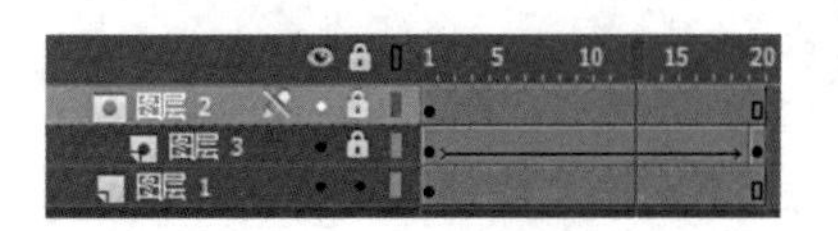

图8-62 “广告语”元件时间轴

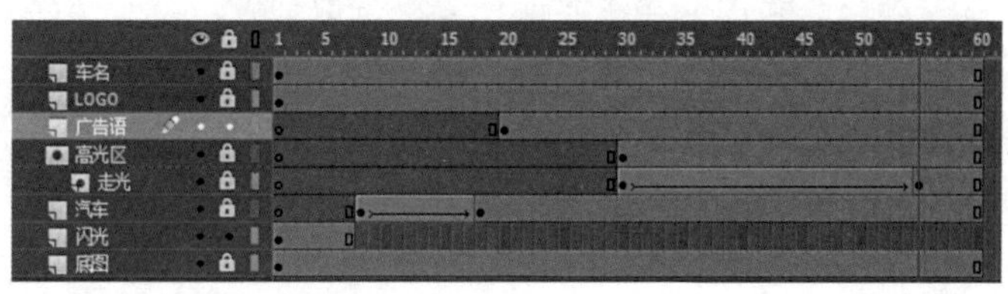

图8-63 全动画时间轴最终效果

图8-64 动画效果截图

图8-65 绘制大小不一的正圆

• 遮罩动画的灵活运用

• 调用其他文件中元件

1. 基本画面的动画制作

（1）新建一个Flash文档（AS3.0），并打开文档设置窗口，设置文档大小为400×510像素，背景色：黑色，点击“确定”完成设置。执行Ctrl+S组合键，保存源文件为“食品广告.fla”。

（2）执行“文件”|“导入”|“导入到库”命令，将素材“冰力客背景.jpg”和“冰LOGO.png”两个文件导入。

（3）执行Ctrl+F8，新建一个元件，名称“画面1”，类型“图形”，点击确定，进入元件编辑状态。将库面板里的“冰力客背景.jpg”拖入舞台，并居中对齐。新建图层，选择椭圆工具，关闭笔触颜色，填充色选择白色，在背景上绘制大小不等的正圆20个左右，参考效果如图8-65所示。这个绘制随意，不必与样图一致。鼠标右击图层2，选择“遮罩层”命令，生成遮住层，画面效果如图8-66所示。

（4）重复步骤（3），新建元件“画面2”、“画面3”、“画面4”，效果参考图8-67、图8-68、图8-69。注意相邻两个元件的正圆位置和多少都要有变化，“画面4”的遮罩圆比较多。

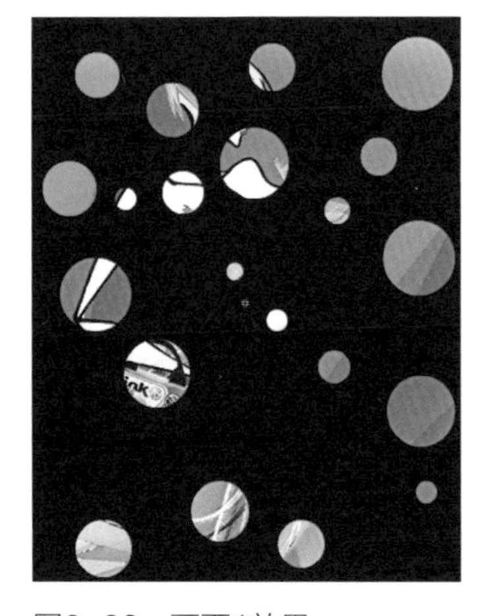

图8-66 画面1效果

图8-67 画面2效果

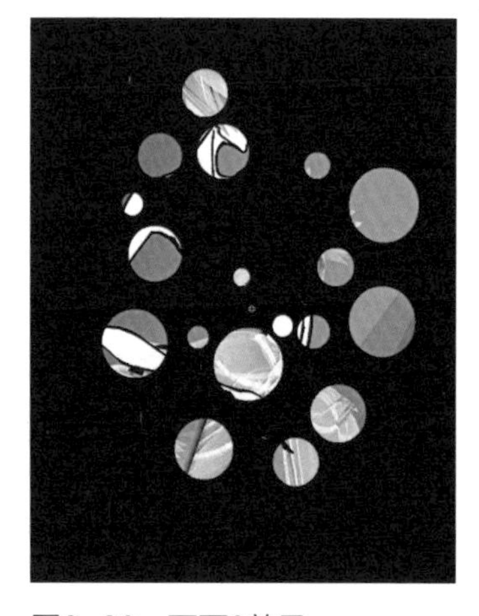

图8-68 画面3效果

图8-69　画面4效果

（5）执行Ctrl+F8，新建一个元件，名称“画面5”，类型“图形”，点击确定，进入元件编辑状态。将库面板里的“冰力客背景.jpg”拖入舞台，并居中对齐。新建图层，选择椭圆工具，关闭笔触颜色，填充色选择白色，在背景上绘制一个大椭圆，以包含图层1所有画面为宜。创建图层2的遮罩层。

（6）返回主场景，将“画面1”元件拖到舞台，居中对齐。并分别创建新图层，将“画面2”、“画面3”、“画面4”、“画面5”分别拖入一个独立图层。

（7）批量操作：选中所有图层第25帧，插入关键帧；选中所有图层第35帧，插入关键帧；选中所有图层第1帧，垂直向下移动图像至基本出舞台，并在属性面板修改样式下的Alpha值为0；修改所有图层25帧处图像的Alpha值为50%；选中所有图层，创建1～35帧间的传统补间动画。

（8）依次调整时间轴上各图层帧的位置：选中“画面2”图层所有帧，向后拖动，使其动画从10帧开始；同理，“画面3”动画从20帧开始，“画面4”动画从30帧开始，“画面5”动画从40帧开始；然后同时选中所有图层的第140帧，插入普通帧。效果如图8-70所示。

2. 广告语的动画制作

（9）在上方新建图层，并命名为“广告语”，在第75帧插入空白关键帧。选择文本工具，字体：方正稚艺简体，字号：24，颜色：白色，字母间距：1，输入文本“时尚新体验闪亮每一客”，位置效果如图8-64所示。有的版本不支持纵向输入，请逐字回车排列。

（10）选中两列文字，按F8键转成元件，名称“广告语”，类型“影片剪辑”，点击确定。在主场景中双击文字，进入“广告语”元件编辑状态。注意，这样进入的编辑状态由变淡的主场景作为位置参考。

（11）选择文字，执行Ctrl+B命令，将文字分离，再次用鼠标右键点击文字，选择“分散到图层”命令，注意此时原始图层已空，删除它，然后逐一选中每个文字，并将其转换为图形元件。这种操作在第2章已经讲解过，读者可参阅。

（12）批量操作：选中所有图层第15帧，插入关键帧；选中所有图层第1帧，用方向键将所有文字垂直向下移动出舞台；创建所有图层1～15帧之间的动画。

（13）依次移动每一图层的关键帧，使其开始帧与前一图层间隔3帧，例如“尚”层从第4帧开始，“新”层从第7帧开始，以此类推，最后一层“刻”从28帧开始。选中所有图层第65帧，插入普通帧。元件“广告语”的时间轴效果如图8-71所示。

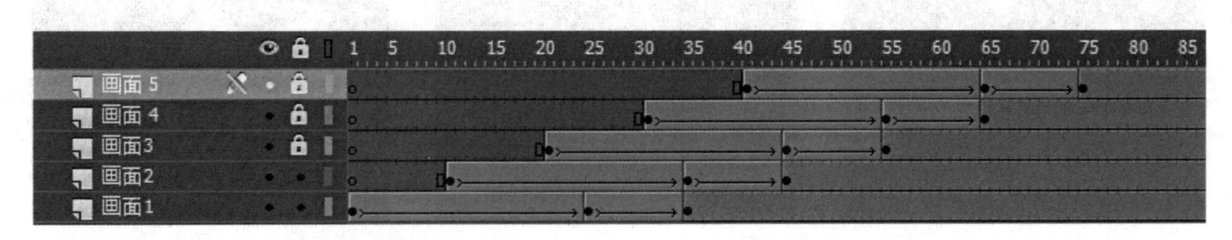

图8-70　前5个图层的时间轴效果

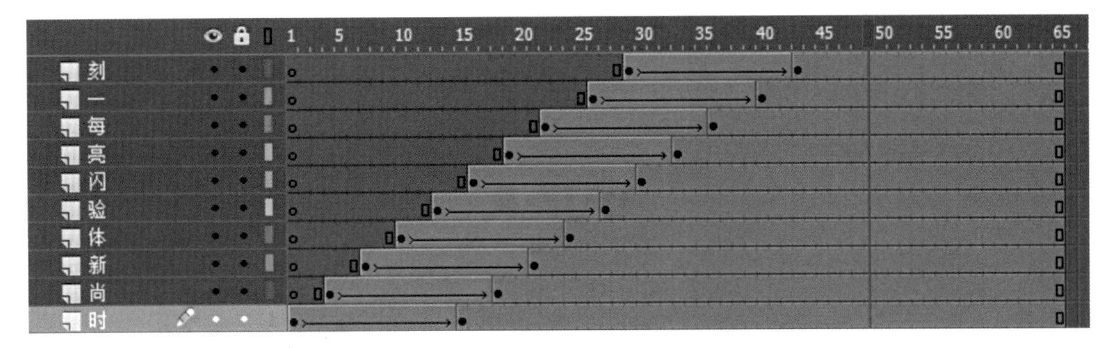

图8-71 “广告语”元件的时间轴

3. Logo的动画制作

（14）返回主场景，在上方新建图层，并命名为“Logo”，在第75帧插入空白关键帧，将库面板里的“冰Logo.png”拖入舞台，并置于舞台左上角，打开变形面板，将Logo缩小到85%，效果和位置如图8-72所示。

（15）选中Logo，按F8键转成元件，名称“Logo”，类型“影片剪辑”，点击确定。在第85帧插入关键帧，创建75～85帧间的传统补间动画。

（16）选中第75帧，将Logo向右水平移出舞台，并打开属性面板为之添加模糊滤镜，模糊：10，品质：高；再添加发光滤镜，强度：0，颜色：白，效果和参数如图8-73所示。选中第85帧，修改模糊滤镜的参数，模糊：0；修改发光滤镜的参数，强度：500，品质：高。效果和参数如图8-74所示。

图8-72 Logo的位置及大小

（17）在上方新建图层，并命名为“闪光”，执行“文件”|“导入”|“打开外部库”命令，在打开的窗口中找到我们上一实例“汽车广告”，选中并打开，在库面板中找到“闪光”元件，并拖动到舞台，放置在Logo的钻石上，调整大小（图8-75）。

（18）关闭外部库，打开库面板，双击“闪光”元件，进入元件编辑状态，下面我们对关键帧做下调整。清除第1帧之后所有帧；在第3帧插入关键帧，打开“变形”面板，设置旋转值：45；在第5帧插入关键帧，设置

图8-73 第75帧效果和滤镜参数

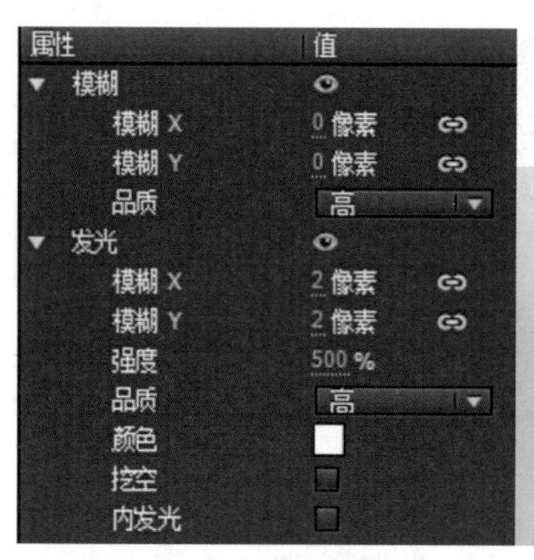

图8-74　第85帧效果和滤镜参数

图8-75　“闪光”元件位置

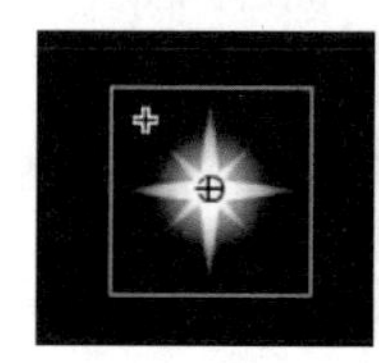
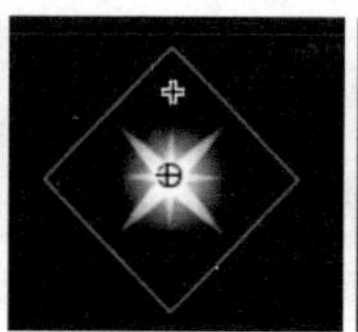

图8-76　“闪光”元件各关键帧效果

旋转值：85；创建1～5帧间的传统补间动画。各关键帧效果如图8-76所示。

动画全部制作完成，保存测试。

8.3　网页动画

这里的网页动画指的是用整个页面来呈现广告动画，它的视觉效果更强烈，一般会在网页打开前播放，具有强制收看的作用。除了制作幅面更大、更多时候会配合播放音乐以外，这种广告动画形式与横幅广告没有其他差别。本节包括一个网页广告和一个贺卡制作的讲解，网页贺卡制作是Flash的强项，我们在这里一并进行实例讲述。

8.3.1　公益广告

公益广告是观众普遍喜欢观看的，特别是企业发布的公益广告，既支持了公益事业，又会赢得观众对于企业的好感。这是一则保护环境的公益广告，分三个段落，我们在此练习分场景的制作方法。动画最后效果可参见资料盘中“公益广告.swf”文件，动画效果如图8-77所示。

在本实例的制作中，我们涉及的知识点有：

- 通过外部库导入素材
- 多场景的制作
- 水波纹效果制作

1. 场景1制作

（1）新建一个Flash文档（AS3.0），并打开文档设置窗口，设置文档大小为760×480像素，背景色：蓝色，点击“确定”完成设置。执行Ctrl+S组合键，保存源文件为“公益广告.fla”。

（2）执行“文件”｜“导入”｜“打开外部库”命令，选中“公益广告素材.fla”文件并打开，这要在Flash中出现一个外部库窗口。这种使用素材的方法，很适合不同文档间的

图8-77 动画效果截图

元件调用。

（3）将外部库面板中“荷塘.jpg”拖动到舞台上，居中对齐，它应该与舞台等大。将图层1改名为“荷塘”，在第125帧插入普通帧，并锁定图层。

（4）新建图层，并命名为“游鱼1”，在第7帧插入空白关键帧。将外部库面板中“游鱼”元件拖动到舞台上。鼠标右击该图层，在弹出的快捷菜单中选择“添加传统运动引导层”。选取铅笔工具，笔触颜色选择红色，铅笔模式选择平滑 S，在舞台中绘制如图8-78所示曲线。

（5）在“游鱼1”图层第35帧，插入关键帧，将小鱼拖动到引导线右侧，并自动吸附上线的端点；再选中第7帧，调整小鱼位置到引导线左端点上，创建传统补间动画。拖动时间轴检查小鱼是否沿引导线运动，如果不是需要重新定位。

（6）在“游鱼1”图层上，根据小鱼的运动轨迹，添加关键帧，利用变形工具调整小鱼的方向，使其始终与引导线相切，最后选中并拖动35帧，将其移动到30帧位置，因为小鱼掉入水中的速度很快。在第34帧插入关键帧，将小鱼向下移动，并设置Alpha值为50%，在第36帧插入关键帧，将小鱼再向下移动，并设置Alpha值为0。创建30～36帧的传统补间动画。

（7）新建图层，并命名为“水波纹”，在第30帧插入空白关键帧。将外部库面板中“水波”元件（影片剪辑）拖动到舞台上，并放置在如图8-79所示位置。打开变形面板，缩放到80%。选中该层80帧（含）以后所有帧，删除。

（8）新建图层，并命名为“水花”，在第30帧插入空白关键帧。将外部库面板中“溅起水滴”元件拖动到舞台上，放置在水波相同位置。打开变形面板，缩放到300%。选中该层70帧（含）以后所有帧，删除。

（9）为了丰富画面，再新建两个图层，分别命名为“游鱼2”和“游鱼3”，随意选择

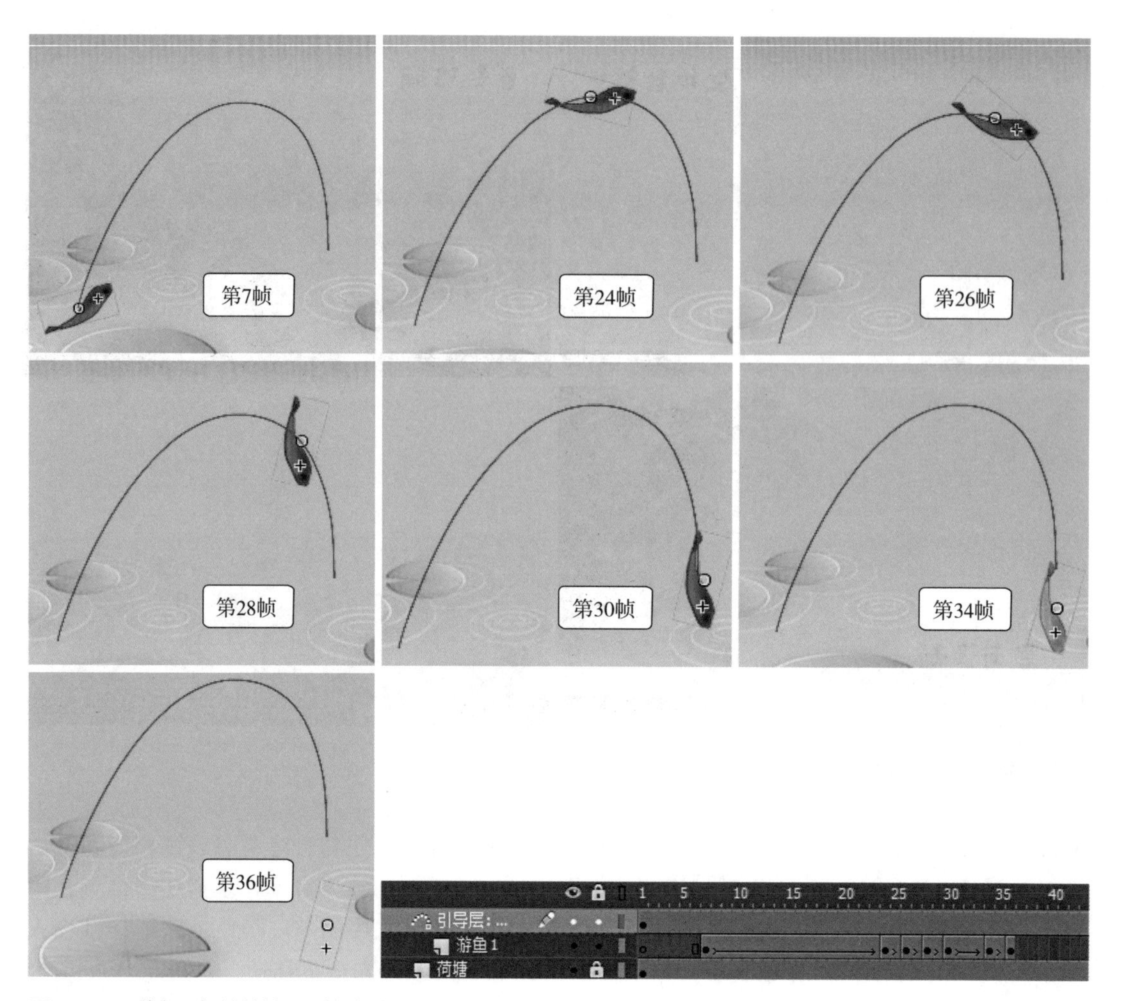

图8-78　游鱼1各关键帧及时间轴效果

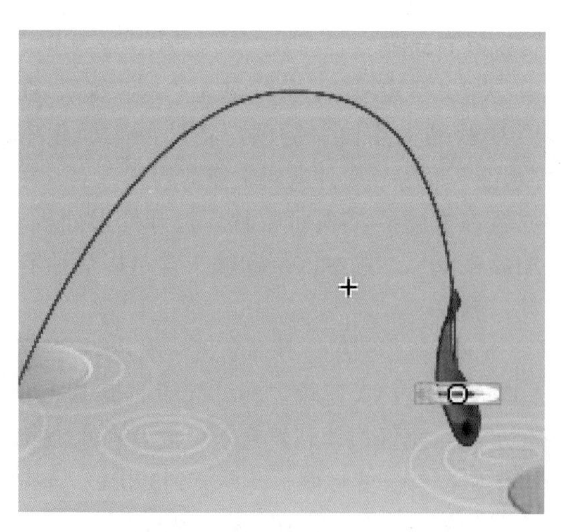
图8-79　水波元件位置

开始帧，并从外部库拖入“游鱼2”元件，调整运动方向，并建立传统补间动画，时间轴效果可参考图8-80所示。

（10）新建图层，并命名为“文字”，选取文本工具，字体：文鼎中特广告体，字号：44，颜色：黑色，输入文本“生机盎然”，位置效果如图8-81所示。按F8键转成元件，名称“生机盎然”，类型“图形”，点击确定。选中第20帧，插入关键帧；再选中第一帧，将文字水平向右移出舞台，并设置Alpha值为0。创建1～20帧间的传统补间动画。

（11）新建图层，并命名为“Logo”，将外部库面板中的“Logo.png”图片拖入到舞台，位置效果如图8-82所示。按F8键转成元

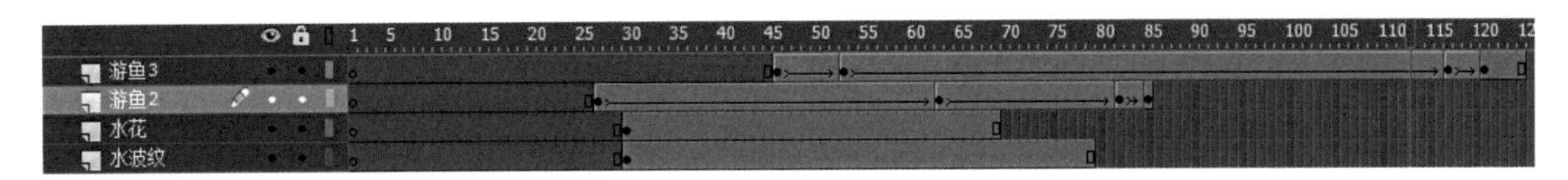

图8-80　参考时间轴效果

图8-81　文字位置及效果

图8-82　Logo位置及效果

件，名称“Logo”，类型“图形”，点击确定。场景1制作完成。

2. 场景2制作

（12）执行“窗口”｜“场景”命令，打开场景窗口，点击左下角新建按钮，新建场景2，并自动进入场景2编辑状态。**提示**：当影片帧比较多，前后动画又相对独立时，使用多场景制作，可以方便制作与调试，场景间不互相制约，播放时会按场景编号逐一播放。制作中场景间的切换，使用舞台右上角的场景切换按钮。

（13）将外部库面板中“海底图片”拖动到舞台上，并修改大小为760×480像素，居中对齐。将图层1改名为“背景”，在第110帧插入普通帧，并锁定图层。

（14）新建图层，命名为“背景2”，将“背景”层第1帧复制到当前层第1帧，并选中图片，在属性面板中输入X：2，Y：-1。复制帧的方法这里不再赘述，可参阅前面章节，在Flash中也是用这种方式达到复制图层的目的。

（15）新建图层，并命名为“遮罩”，选取铅笔工具，笔触颜色选择橘色，宽度为10，铅笔模式选择平滑，在舞台中绘制如图8-83所示的线条，线条的绘制很随意。绘制好后，框选所有线条，按F8键转成元件，名称“遮罩条”，类型“图形”，点击确定。在舞台上双击“遮罩条”，进入元件编辑状态，将所有线条再复制一份，置于原线条下方（图8-84）。选中所有线条，执行“修改”｜“形状”｜“将线条转换为填充”。注意：线条是不能被认为是形状的，即不能成为有效的遮罩层，转为填充后才可做遮罩层。

（16）返回场景2，在遮罩层第110帧插入关键帧，将所有线条上移至与背景图片下对齐。创建1～110帧的传统补间动画。在时间

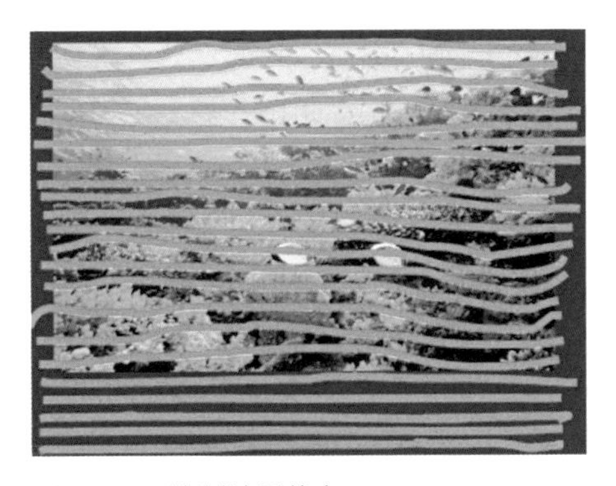

图8-83　绘制遮罩线条

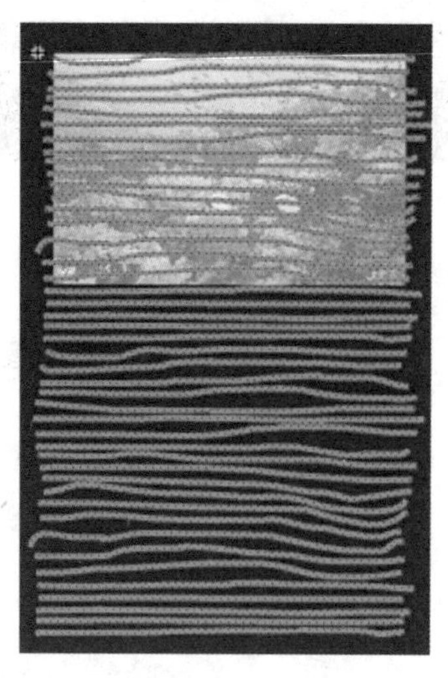

图8-84　线条的复制与排列

轴面板，鼠标右击遮罩层，在弹出的快捷菜单中选择“遮罩层”命令。

（17）新建图层，并命名为“文字”，选取文本工具，字体：文鼎中特广告体，字号：44，颜色：黑色，输入文本“色彩斑斓”，位置效果如图8-85所示。按F8键转成元件，名称“色彩斑斓”，类型“图形”，点击确定。选中第20帧，插入关键帧；再选中第一帧，将文字水平向左移出舞台，并设置Alpha值为0。创建1～20帧间的传统补间动画。

（18）新建图层，并命名为“Logo”，将库面板中的“Logo”元件拖入到舞台，放置在左下角位置，效果如图8-86所示。场景2制作完成。

3. 场景3制作

（19）新建场景3，方法参考步骤（12），并进入场景3编辑状态。

（20）将外部库面板中“蓝天大海”图片拖动到舞台上，并修改大小为760×480像素，居中对齐。将图层1改名为“背景”，在第170帧插入普通帧，并锁定图层。

（21）新建图层，命名为“遮罩”，展开外部库中“海鸥”元件夹，将其中的“1”元件拖动到舞台上，居中对齐（图8-87）。然后执行Ctrl+B命令，将元件分离成图形。

图8-85　文字位置及效果

图8-86　Logo位置及效果

图8-87　拖入元件1

（22）在第40帧插入关键帧，利用任意变形工具将海鸥形状进行放大，大小可参考图8-88。在第65帧插入关键帧，选取画笔工具，将笔刷选到最大，填充色为白色，在舞台上涂抹，直到将背景图片全部遮盖为止，效果可参考图8-89，涂抹是随意的，这样变化才自然。创建1～65帧的补间形状动画。并生成遮罩层。此时我们可以按Enter键观察动画展开的效果，图8–90是截取了其中一帧的效果，供参考。

（23）新建图层，命名为“海鸥1”，在第60帧插入关键帧，将外部库中“海鸥飞动”元件拖动到舞台左上角的外侧，新建图层，命名为“海鸥2”，在第60帧插入关键帧，再将库里的“海鸥飞动”元件拖动到舞台左侧，两个图层海鸥位置如图8–91所示。在两个图层的第90帧都插入关键帧，修改海鸥位置如图8–92所示。在两个图层的第170帧都插入关键帧，修改海鸥位置如图8–93所示。创建两个图层的60～170帧的传统补间动画。

（24）新建图层，并命名为“文字”，选取文本工具，字体：文鼎中特广告体，字号：44，颜色：黑色，输入文本“碧海蓝天”，位置效果如图8–94所示。按F8键转成元件，名称“碧海蓝天”，类型“图形”，点击确定。选中第20帧，插入关键帧；再选中第一帧，将文字水平向左移出舞台，并设置Alpha值为0。创建1～20帧间的传统补间动画。

（25）新建图层，并命名为“Logo”，将

图8–88 遮罩层40帧效果

图8–89 遮罩层65帧效果

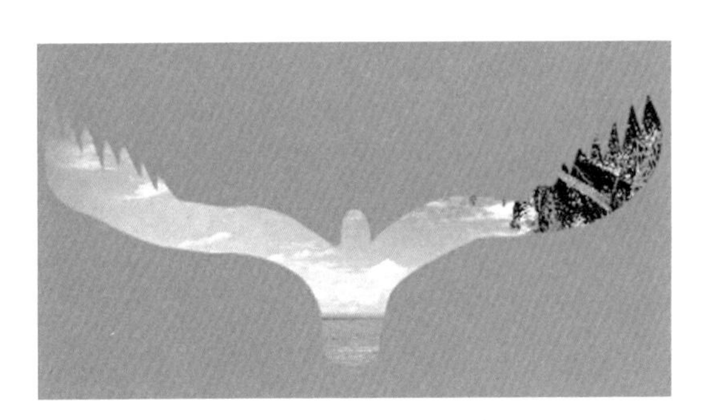

图8–90 完成遮罩后的中间帧效果

图8–91 第60帧海鸥位置

图8–92 第90帧海鸥位置

图8–93 第170帧海鸥位置

库面板中的“Logo”元件拖入到舞台，放置在右下角位置，效果如图8-94所示。场景3制作完成。

4. 场景4制作

（26）新建场景4，方法参考步骤（12），并进入场景4编辑状态。

（27）打开颜色面板，关闭笔触颜色，设置填充类型为线性渐变，左滑块的颜色值为#1B3ECB，右滑块的颜色值为#DFE9FD（图8-95）。设置好后，选取矩形工具，绘制一个和舞台大小一样的矩形，这个大小可以绘制后在属性面板进行精确设定，效果如图8-96所示。将图层1改名为“背景”，在第110帧插入普通帧，并锁定图层。

（28）新建图层，命名为“广告语”，将外部库中的“广告语”元件拖动到舞台上，打开变形面板，锁定宽高比，放大到135%。再打开属性面板，在位置一栏输入X：15，Y：130。因为在元件里的第一帧没有出现文字，在舞台上不能直观看到文字位置和效果，需要用Ctrl+Enter组合键测试影片效果。

（29）新建图层，并命名为“Logo”，将库面板中的“Logo”元件拖入到舞台，放置在右下角位置，如图8-97所示。在第75帧插入关键帧，在第80帧插入关键帧，选中Logo标识，在属性面板里“样式”选项卡里，修改“色调”为白色（图8-98）。

图8-94 文字与Logo位置及效果

图8-95 拖入元件1

图8-96 遮罩层40帧效果

图8-97 Logo位置

图8-98 80帧Logo效果

（30）将75帧复制到第85、95、105帧；将80帧复制到第90、100、110帧。创建70～110帧的传统补间动画。

至此动画全部制作完成，保存测试。

8.3.2 祝福贺卡

我们的QQ邮箱中经常收到的动画贺卡、逢年过节朋友间传送的祝福动画，这些网上的电子贺卡基本都是用Flash制作的，本节我们就一起制作一张祝福贺卡。这一实例主要讲解音乐的处理，同时通过多元件的混合使用，进一步熟练Flash的制作。动画最后效果可参见资料盘中“祝福贺卡.swf”文件，动画效果如图8-99所示。

在本实例的制作中，我们涉及的知识点有：

- 音乐的导入与编辑
- 落叶效果的制作
- 阳光效果的制作
- 加入停止帧脚本

1. 静态背景制作

（1）新建一个Flash文档（AS3.0），并打开文档设置窗口，背景色：蓝色，其他默认，点击“确定”完成设置。执行Ctrl+S组合键，保存源文件为“祝福贺卡.fla”。

（2）执行“文件”|“导入”|“打开外部库”命令，选中“祝福贺卡素材.fla”文件并打开。

（3）选中矩形工具，打开颜色面板，关闭笔触颜色，设置填充色为线性渐变，渐变范围#00A1FA到#FFFFFF（图8-100）。在舞台上绘制一个与舞台等大的矩形，并在属性面板精确修正矩形大小和坐标。选中渐变变形工具，修正填充方向，最后效果如图8-102所示。将图层1命名为“蓝天”，并锁住该层。

图8-99 动画效果截图

（4）新建图层，并命名为“绿地1”，选取铅笔工具，在舞台下方勾出绿地轮廓（图8-103），路径要闭合。选取颜料桶工具，填充色设置为#99FF00，在路径中点击填充颜色（图8-104），此时绿地外会有边线颜色。选择选取工具，框选整个绿地及边线，点击笔触颜色，在弹出的面板中点击关闭颜色▭，则绿地的边线消失（图8-105），锁住图层。

（5）新建图层，并命名为“绿地2”，参考第（4）再绘制一个颜色值为#99CC00的绿地，并将其下移一层，效果如图8-106所示。锁住图层。

（6）新建图层，并命名为“草”，将外部库面板中“草”元件拖动到舞台上，并进行大小位置调整，效果参考图8-107，锁住图层。

（7）新建图层，并命名为“柳枝静态”，

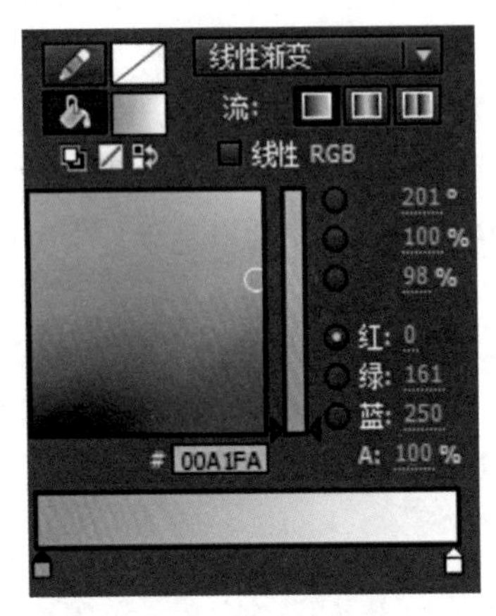

图8-100　蓝天的颜色设置

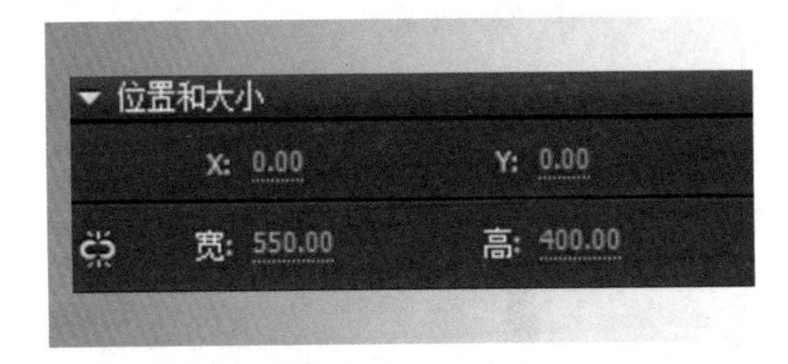

图8-101　绘制蓝天及其坐标

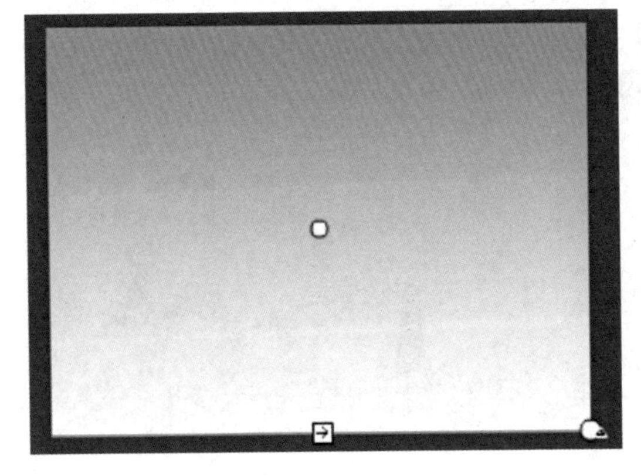

图8-102　调整好的蓝天背景

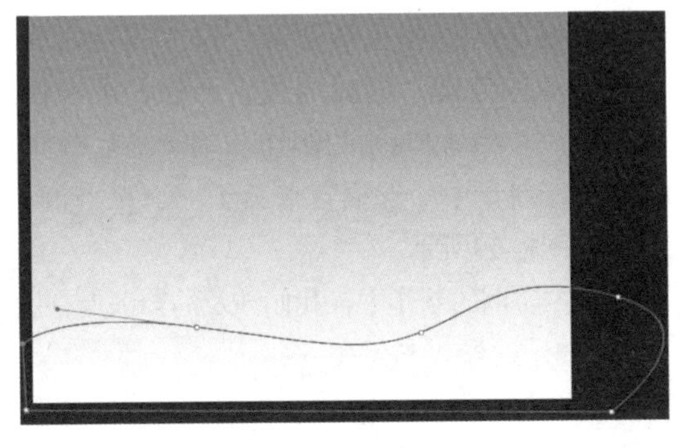

图8-103　钢笔工具绘制绿地

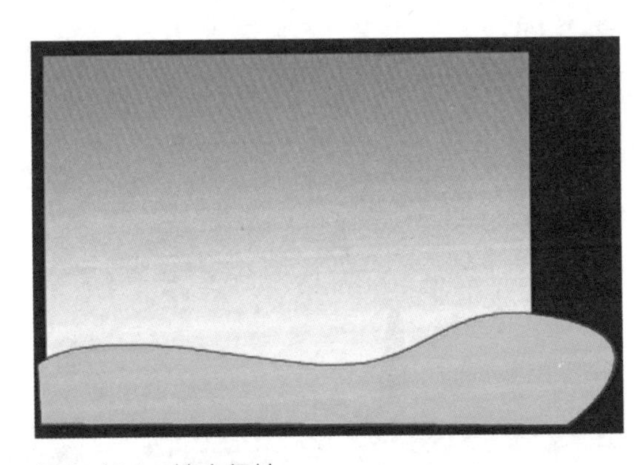

图8-104　填充绿地

图8-105　去连线

图8-106　添加“绿地2”图层后效果

图8-107　添加“草”图层后效果

将外部库面板中“柳枝”元件拖动到舞台上，并进行大小位置调整；反复拖入“柳枝”元件，通过水平翻转、旋转、缩放等工具改变柳枝形态，点击舞台中的部分柳枝，在属性面板里，修改样式为“色调”，并设置绿色值：102（图8-108），将柳枝随意进行排列，锁住图层。

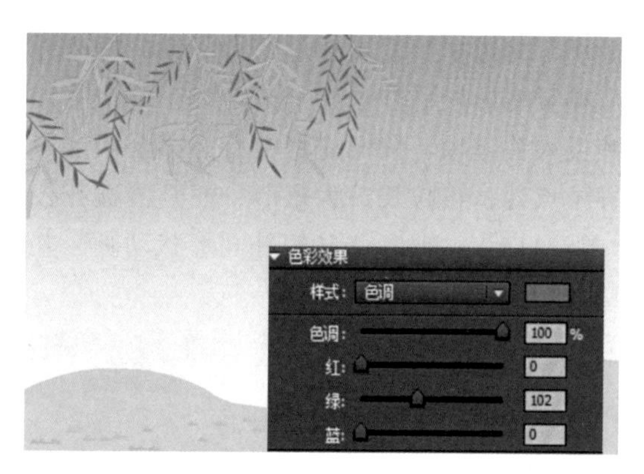

图8-108　多次加入“柳枝”元件后效果

2. 动态简单元件添加

（8）新建图层，并命名为“风车”，将其置入“绿地1”和“绿地2”图层之间，将外部库面板中“风车”元件拖动到舞台上，并调整大小，效果如图8-109所示，锁住图层。

（9）在最上方新建图层，并命名为“柳枝动态”，将外部库面板中“柳枝动画”元件拖动到舞台上，并调整大小及方向、位置，拖入3次，其中一组修改样式为“色调”，并设置绿色值：102，三组效果如图8-110所示（关闭“柳枝静态”层后），锁住图层。

（10）新建图层，并命名为“花枝”，将外部库面板中“06.png”图片拖动到舞台右下角，调整方向和大小后，按F8键转成元件，

图8-109　添加“风车”图层后效果

图8-110　“柳枝动态”图层效果

名称“花枝”，类型“影片剪辑”，点击确定。再从库面板中拖入“花枝”元件，置于舞台左下角，并作调整，效果如图8-111所示。

（11）新建图层，并命名为“花”，将外部库面板中“小花”和“花动画”两个元件随意选择，拖入舞台，并根据花枝位置进行大小位置调整，反复此操作，效果如图8-112所示，这里有动态和静态两种花，锁住图层。

（12）修改花枝元件，制作遮罩效果。双击库面板中的“花枝”图标，进入元件编辑状态，新建图层2，使用矩形工具绘制一白色矩形，无边框。使用任意变形工具，将中心点移至图形最下方中点（图8-113）。在第50帧插入关键帧，依旧先将中心点移至矩形下方中点处，再拉长拉大矩形，使其覆盖花枝（图8-114）。创建1～50帧补间形状动画，并

图8-111 “花枝”图层后效果

图8-112 “花”图层效果

生成遮罩层。

（13）在“花枝”元件中，新建图层3，在第50帧插入空白关键帧，并用鼠标右键点击该帧，在快捷菜单中选择“动作”，进入动作编辑窗口，并写入动作代码（图8-115），这个代码的意思是，动画执行到当前帧时停止。关闭

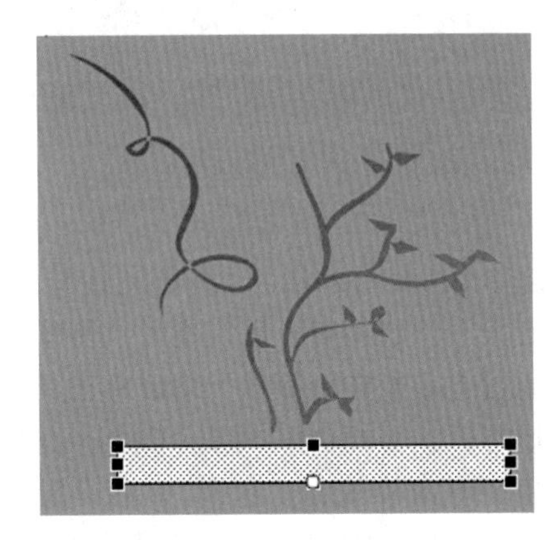

图8-113 元件内绘矩形

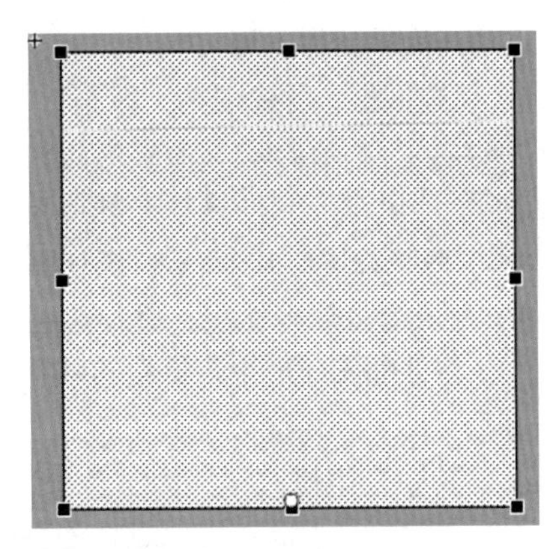

图8-114 “花”图层效果

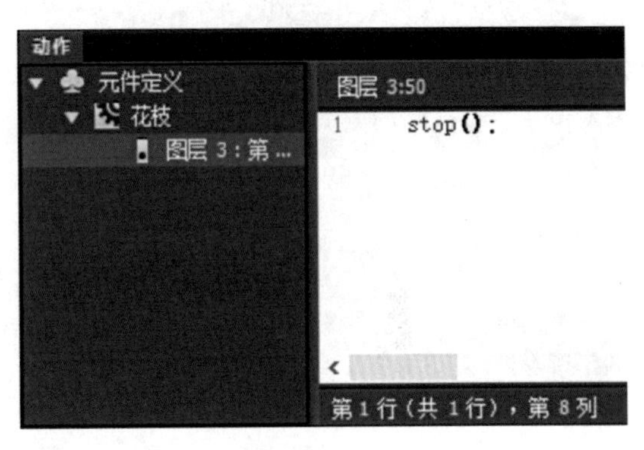

图8-115 写入动作代码

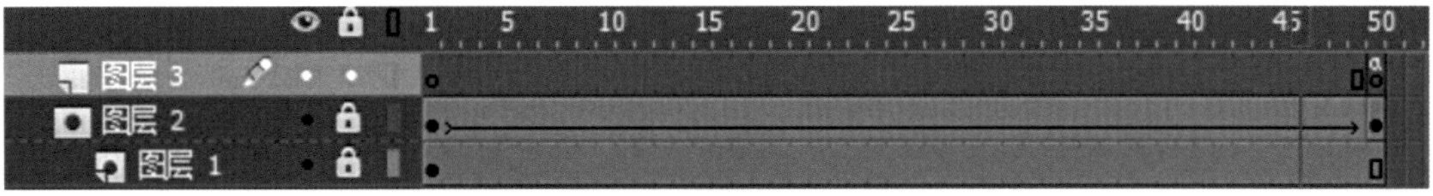

图8-116 “花枝”元件的时间轴

动作窗口，我们看到时间轴上加了动作的那一帧会有个a的标记，时间轴如图8-116所示。

（14）返回主场景，调整各起始帧。将“花枝”层第1帧拖至第2帧；将“花”层第1帧拖至第51帧；再选中所有图层第275帧，全部插入普通帧。

3. 制作阳光和落叶

（15）执行Ctrl+F8，新建一个元件，名称“光圈”，类型“图形”，点击确定，进入元件编辑状态。选择椭圆工具，打开颜色面板，关闭笔触颜色，设置填充色类型为径向渐变，增加渐变滑块到4个，颜色均为白色，透明值从左往右分别为：8、8、40、0（图8-117），在舞台中绘制一正圆，再新建图层绘制一新的正圆，如此在7个图层分别绘制大小不一的正圆，并且彼此相连，完成如图8-118效果。

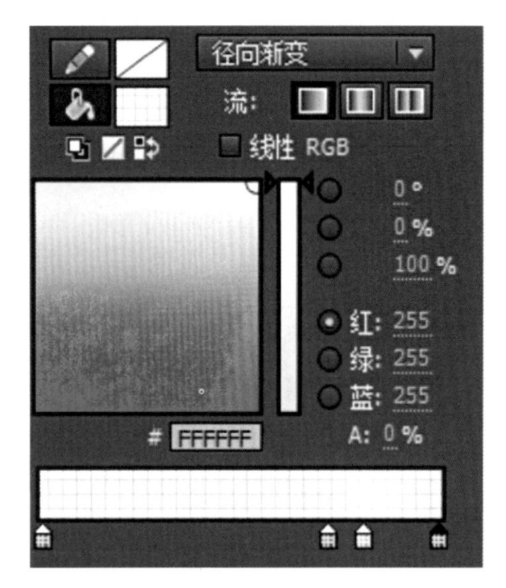

图8-117 光圈颜色的设定

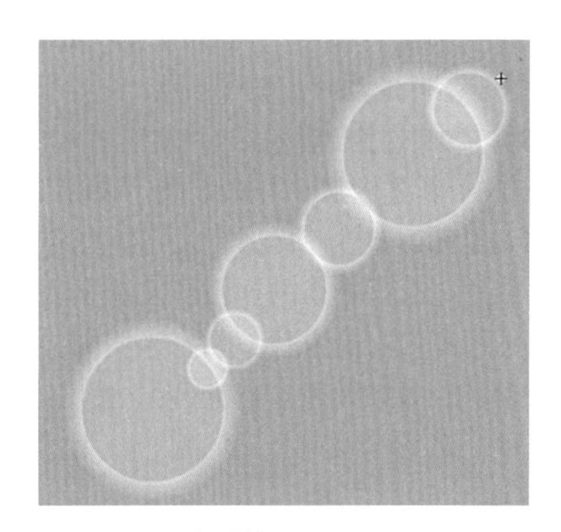

图8-118 光圈效果

（16）执行Ctrl+F8，新建一个元件，名称“光圈动画”，类型“影片剪辑”，点击确定，进入元件编辑状态。将库面板中的“光圈”元件拖入舞台，分别在30帧、60帧插入关键，选中30帧，打开变形面板，设置旋转值：15；创建1～60帧的传统补间动画。

（17）返回主场景，新建图层，并命名为“光圈”，将库面板中“光圈动画”拖入舞台，并进行大小位置调整，效果如图8-119所示，锁住图层。

（18）执行Ctrl+F8，新建一个元件，名称“落叶1”，类型“影片剪辑”，点击确定，进入元件编辑状态。将库面板中的“树叶1”元件拖入舞台，在变形面板中设置绽放宽高值为16%；在图层区鼠标右击图层1，选择“添加传统运动引导层”命令，新建一引导层；选择铅笔工具，模式为：平滑，绘制运动轨迹（图8-119左图）；选中树叶层，在90帧插入关键帧，将树叶的首尾两帧分别捕捉到引导路径的头尾，创建1～90帧的传统补间动画，

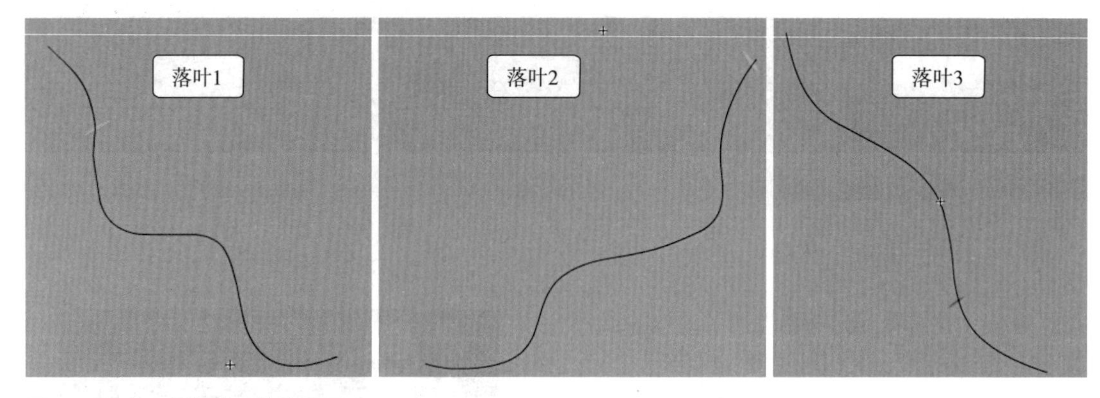

图8-119　3个落叶元件效果图

并在时间轴上拖动鼠标检测是否捕捉成功；在30帧、60帧分别插入关键，在变形面板调整树叶的倾斜度和大小，使运动过程更灵活。

（19）参考步骤（18）再创建两个元件，分别命名为“落叶2”、“落叶3”，其效果参考图8-119，其中“落叶3”使用的图形元件为“树叶2”。

（20）返回主场景，新建图层，并命名为“落叶”，将库面板中“落叶1”、“落叶2”“落叶3”元件随机多次拖入舞台左上角，并适当调整大小和旋转角度，需要通过测试影片，反复修正落叶的动画，锁住图层。

4. 添加文字和音乐

（21）新建图层，并命名为“文字”，选择文本工具，迷你简启体、22号、黑色，输入文字“花朵是春天的点缀，友谊是人生的装饰，愿我们友谊常驻，如春光明媚，如春花绚烂。”，效果如图8-120所示。按F8键转成元件，名称“文字”，类型“影片剪辑”，点击确定。

（22）在库面板中双击“文字”元件的图标，进入元件编辑状态。制作一个遮罩动画，使文字逐行显示出来，动画长100帧，遮罩层的两个关键帧效果如图8-121所示，制作过程略。新建一个图层，在第100帧插入空白关键帧，参考步骤（12）添加动画停止代码。该元件的时间轴效果如图8-122所示。

图8-120　文字位置

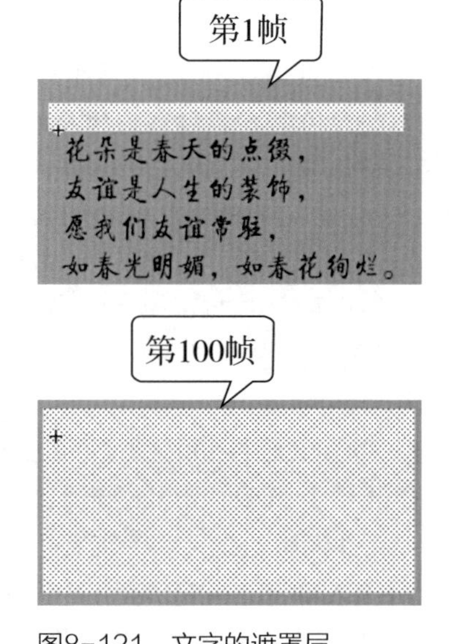

图8-121　文字的遮罩层

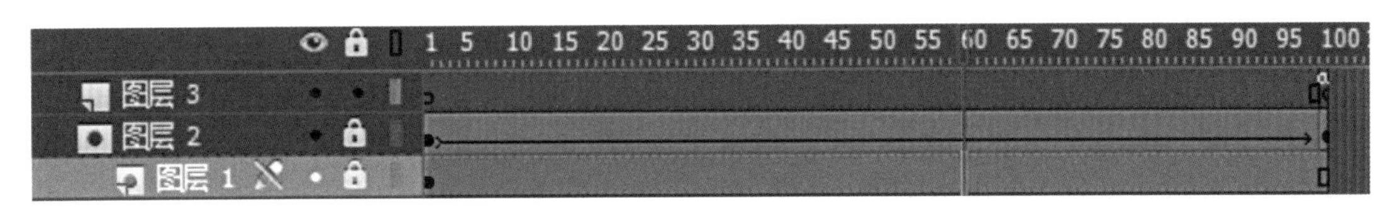

图8-122　文字动画的时间轴

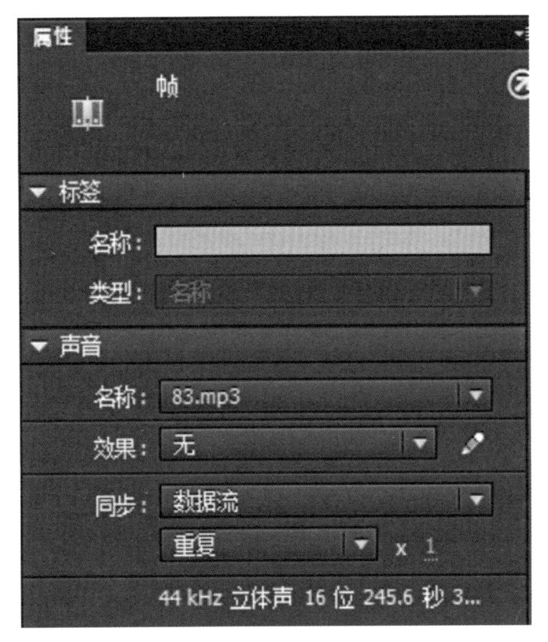

图8-123　声音的属性面板

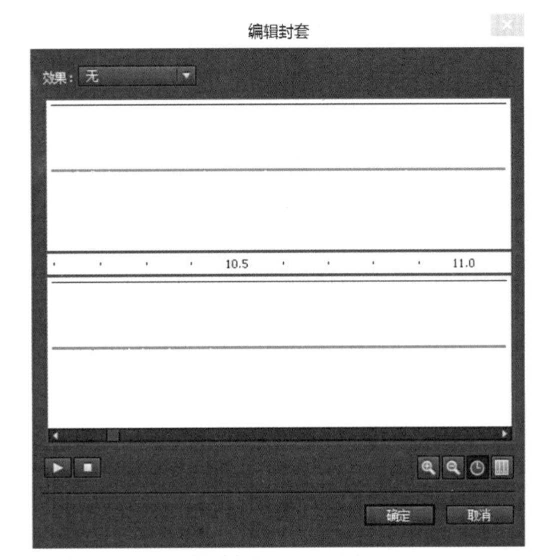

图8-124　音乐编辑窗口

（23）返回场景面板，将“文字”层的首帧拖至60帧位置，锁定图层。

（24）执行“文件”｜“导入”｜“导入到库”命令，将音乐“83.mp3”导入，导入音乐的方法与图片一样。

（25）新建图层，并命名为“音乐”，将库面板中“83.mp3”拖入舞台任意位置，我们看不到舞台上的变化，但时间轴的音乐层有了内容，并且通过音乐层的波形，我们可以简单判断声音在第一帧处的强弱。

（26）在“音乐”层上任一帧点击，打开属性面板，这时显示的是该音乐的属性参数，修改“同步”项为“数据流”（图8-123）。

声音设置中事件与数据流辨析：

事件，指声音的播放与时间轴无关，帧播放完，音乐不会停止，按设定的播放次数全部播放完才结束。

数据流，指声音的播放受时间轴控制，时间轴上设置停止，音乐即停下来。

（27）音乐的简单编修。在属性面板点击“编辑声音封套”按钮，进入音乐编辑窗口（图8-124）。这里的编辑较为简单，读者可以自己尝试摸索。

至此动画全部制作完成，保存测试。

本章习题

1．卷轴展开效果。要求：设计一个卷轴逐渐展开的动画，效果参考图如下，可用素材文件夹里提供的卷与轴（卷是半边），也可以自己绘制。

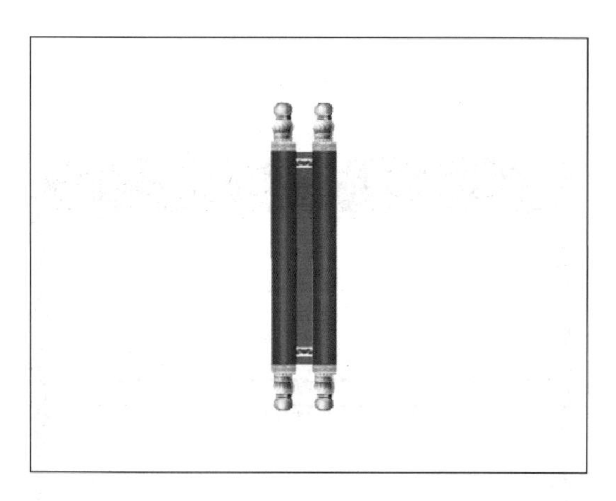

2．自己制作一张电子贺卡。要求：自己选定主题，比如节日、生日、友情、祝福；动画不少于200帧，可动元素不少于3个。

第9章

互联网交互式广告案例实战

9.1　按钮类交互广告

9.2　鼠标类交互广告

9.3　影视类交互广告

Flash的交互功能也是动画制作的一大亮点，本章作者将结合文本、图形、视频以及脚本语言，学习掌握Flash的交互动画。

9.1　按钮类交互广告

按钮是Flash元件的一种，加入按钮后就可以实现动画的交互功能。本节以按钮的类型来安排讲解顺序，主要学习鼠标经过各类按钮时的动画效果制作。

9.1.1　文字按钮

文字按钮，就是以文字的形式达到按钮的功能。本实例是一则读书会的宣传广告，里面设计了一个文字按钮，点击这个按钮就会链接到一个新的网页，深入了解所宣传的产品（在本例中并没有开发链接的新页面）。动画最后效果可参见资料盘中“文字按钮.swf”文件，动画效果如图9-1所示。

图9-1　动画效果截图

本实例的制作中，我们涉及的知识点有：

- 按钮元件的制作方法
- 文字按钮的感应区设置

（1）新建一个Flash文档（AS3.0），并打开文档设置窗口，设置文档大小为600×425像素，点击“确定”完成设置。执行Ctrl+S组合键，保存源文件为“文字按钮.fla”。

（2）执行“文件”|“导入”|“导入到舞台”命令，在打开的窗口中，将素材“读书会.jpg”文件导入，并确认与舞台对齐，锁定图层1。

（3）选取文本工具，并打开属性面板，设置字体：“方正水柱繁体”，大小：25磅，颜色：#272A29，其他默认，在舞台中输入文字“点此注册加入我们”（图9-2）。

图9-2　输入文字

（4）选中文字，按F8键转成元件，名称“按钮”，类型“按钮”，点击确定。在库面板中双击按钮元件，进入元件编辑状态（图9-3）。按钮有四个状态：弹起、指针经过、按下、点击，四个状态以四帧的形式呈现，帧内容或者颜色发生变化，鼠标经过或者点击时就有动态效果了。点击帧，即热点感应区域，对于文字按钮，此帧必须有内容，以方便读者操作。

（5）选中“指针经过”帧，插入关键帧，

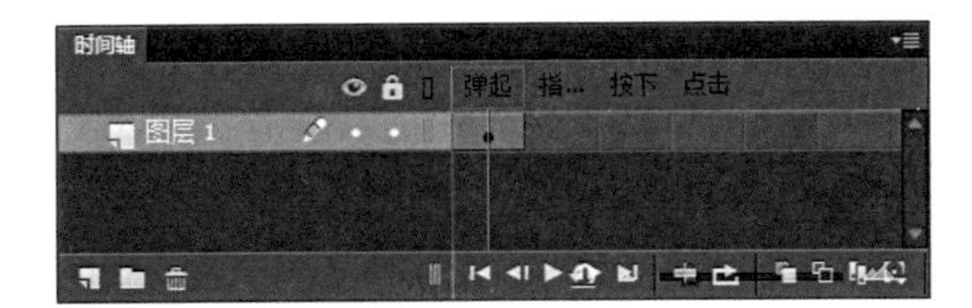

图9-3　按钮编辑窗口

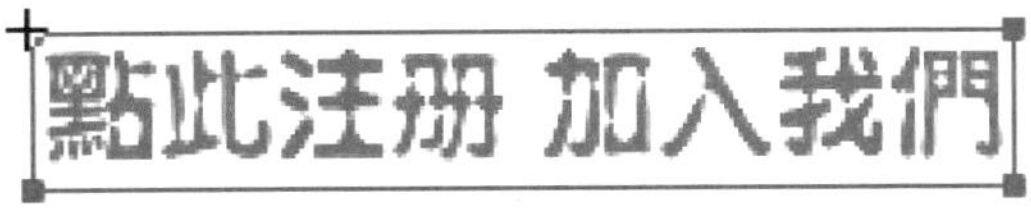

图9-4　“指针经过”帧效果

图9-5　“点击”帧效果

图9-6　动画效果截图

在属性面板里将文字颜色改为深红色。选中“点击”帧，插入关键帧，选择矩形工具，在文字上画一个矩形框，颜色任意，这只是一个能感应鼠标动作的区域。

（6）至此动画已经制作完，Ctrl+Enter组合键测试影片效果，当鼠标经过，文字就从暗黑色变成深红，并且鼠标成小手状，表明动画制作已经成功。

9.1.2　图形按钮

图形按钮，是指以可见图片、图标等形式作为动画中的按钮。本实例是一则购物网站的导览宣传广告，有12家店商的标识，鼠标经过哪一家，就是显示该家商品的促销信息，点击就会进入该店商的网页，深入了解产品详情（在本例中并没有开发链接的新页面）。动画最后效果可参见资料盘中“图形按钮.swf”文件，动画效果如图9–6所示。

本实例的制作中，我们涉及的知识点有：

- 图形按钮的制作方法
- 库面板的整理

（1）新建一个Flash文档（AS3.0），并打开文档设置窗口，设置文档大小为610×327像素，点击“确定”完成设置。执行Ctrl+S组合键，保存源文件为“文字按钮.fla”。

（2）执行“文件”|“导入”|“导入到库”命令，在打开的窗口中，将素材“图标.jpg”、“asp.jpg”和“eve.jpg”文件导入。将“图标.jpg”从库面板拖入舞台，居中对齐，锁定图层1。

（3）执行Ctrl+F8组合键，新建名为“eve2”的图形元件，并进入元件编辑状态。选取矩形工具，关闭笔触颜色，设置填充色为红色，在舞台上绘制一个矩形，大小124×108像素，居中对齐，锁定图层1。

（4）新建图层，选取文本工具，设置字体：“黑体”，大小：20磅，字母间距：3，颜色：黑色。在舞台中输入文字“秋季新品低至5折”，位置如图9–7所示。

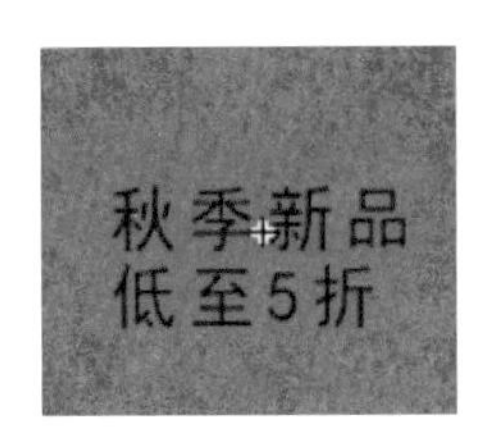

图9-7　输入文字

（5）执行Ctrl+F8组合键，新建名为“eve动”的剪辑元件，并进入元件编辑状态。将“eve2”元件从库中拖入舞台，并居中对齐。打开标尺，并从上标尺处，按住鼠标左键向下拖出一根辅助线，并放在红色矩形的顶端（图9-8）。在第10帧插入关键帧，再选中第1帧，将红矩形垂直向上移动，直到下边线与辅助线相合，创建1～10帧的传统补间动画。

图9-8　添加辅助线

（6）新建图层，在舞台上绘制一个124×108像素的黑色矩形，并且居中对齐，使图层2成为遮罩层，这就制作出了图片由上方滑入的效果。

（7）新建图层，在第10帧插入关键帧，打开动作编辑窗口，添加动画停止代码。时间轴效果如图9-9所示。

图9-9　元件“eve动”的时间轴

（8）执行Ctrl+F8组合键，新建名为“eve按钮”的按钮元件，并进入元件编辑状态。将“eve.jpg”图片拖入到舞台，执行左对齐和上对齐（图9-10）。选中指针经过帧，并插入空白关键帧，将“eve动”元件拖入到舞台，同样执行左对齐和上对齐。

图9-10　弹起帧效果

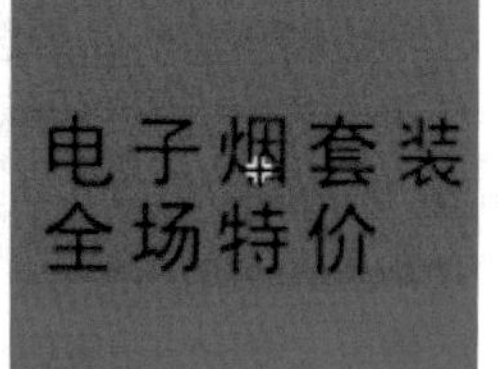

图9-11　“asp2”元件效果

（9）参考第（3）、（4）步新建“asp2”元件，文字如图9-11所示；参考（5）～（7）步新建“asp动”原件；参考第（8）步创建“asp按钮”元件，时间轴如图9-12所示。

图9-12　“asp按钮”时间轴效果

（10）返回主场景，新建图层，分别将库中按钮元件“eve按钮”和“asp按钮”拖入舞台，放置在有自己Logo的小格子上。至此动画已经制作完成，测试并保存影片。

（11）我们在制作过程中，创建了很多元件，下面我们要使用文件夹对库面板中元件进行分类整理。打开库面板，点击下方的“新建文件夹”按钮，并起名为“eve”，将与eve有关的所有元件拖入其中；同理再新建一个名为“asp”的文件夹。库面板元件整理前后的效果如图9-13所示。

9.1.3　隐形按钮

隐形按钮，顾名思义，就是按钮不可见，但却可以实现点击功能的按钮。这类按钮在网络广告中最为常见，我们观看完动画，点击动画任意处，都会链接到一个新的页面，用的就是隐形按钮。从技术上讲，隐形按钮，也就是只有“点击”那一帧有内容，其他帧均为空。本实例是一则iphone7上市的宣传广告，点击该广告就会进入苹果公司官网，深

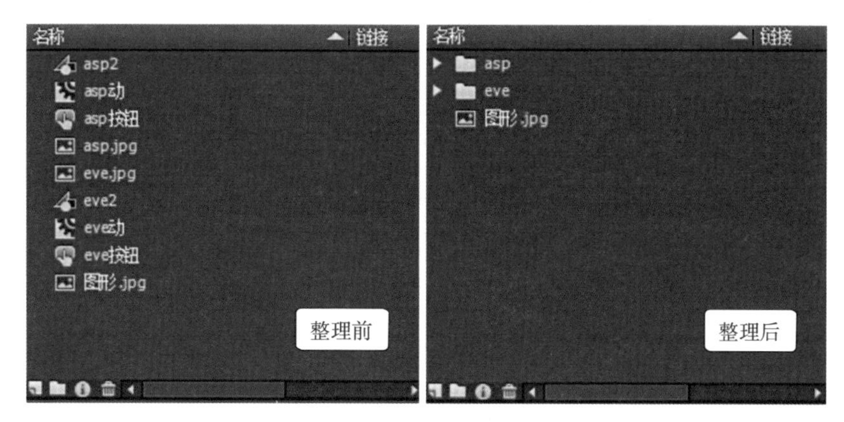

图9-13　库面板整理前后效果

入了解产品详情。动画最后效果可参见资料盘中“隐形按钮.swf”文件，动画效果如图9-14所示。

本实例的制作中，我们涉及的知识点有：

- 隐形按钮的制作方法
- 网页链接代码
- 发布设置

1. 场景制作

（1）新建一个Flash文档（AS3.0），并打开文档设置窗口，设置文档大小为500×313像素，背景：黑色，点击“确定”完成设置。执行Ctrl+S组合键，保存源文件为“隐形按钮.fla”。

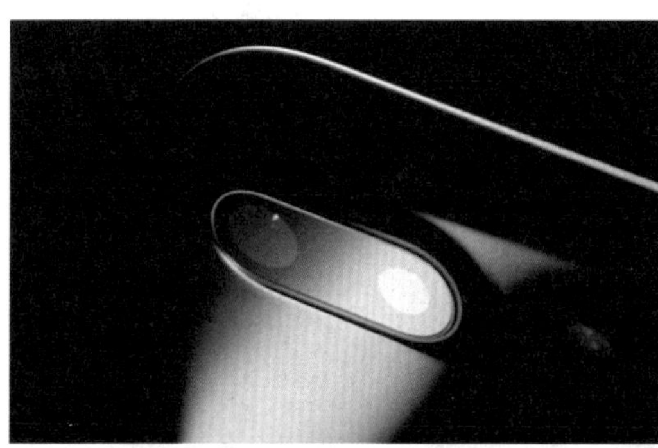

图9-14　动画效果截图

（2）执行“文件”|“导入”|“导入到库”命令，在打开的窗口中，将素材“iphone7动.gif”、“颜色.jpg”和“亮黑.jpg”文件导入。

（3）将“iphone7动.gif”从库面板拖入舞台，居中对齐。这是一个剪辑动画，打开元件发现共90帧，我们要制作画面渐隐效果：在第83帧插入关键帧，再在92帧插入关键帧，在属性面板中，选择样式alpha:0，创建83～92帧的传统补间，锁定图层1。

（4）新建图层，并命名为“5色”，将“颜色.jpg”从库面板拖入舞台，并修改大小为500×313像素，与舞台对齐。选中该图片，按F8转成图形元件，元件名为“5色”，双击进入元件编辑状态。新建图层，选取文本工具，设置字体：“微软雅黑”，大小：18磅，字母间距：2，颜色：白色。在舞台中分5次输入如图9-15所示文字。

（5）返回主场景，将“5色”层第1帧选中，并拖动到第92帧，在101帧插入关键帧，选中92帧，将样式设置为alpha:0，创建92～101帧的传统补间动画。分别在136、145帧插入关键帧，选中145帧，将样式设置为alpha:0，创建136～145帧的传统补间动画。

（6）新建图层，并命名为“亮黑”，在第

141帧插入关键帧，将“亮黑.jpg”从库面板拖入舞台，并修改大小为500×313像素，与舞台对齐。在150帧插入关键帧，选中141帧，将样式设置为alpha:0，创建141～150帧的传统补间动画。在第200帧插入普通帧。

（7）新建图层，并命名为“文字”，在152帧插入关键帧。选取文本工具，设置字体：“微软雅黑”，大小：27磅，字母间距：4，颜色：白色。在舞台中输入如图9-16所示文字。选中文字，按F8转成影片剪辑元件，元件名为“文字动画”，双击进入元件编辑状态。

（8）在舞台上选中文字，执行Ctrl+B组合键，将文字分离，分离后效果如图9-17所示；还是在所有文字被选取状态，用鼠标右键点击文字，选择“分散到图层”命令，使每个文字或者符号独居一层，图层面板如图9-18所示。将“7”、“在”、“此”三个字分别转成图形元件，并以文字内容命名。

（9）在时间轴上，将“i”、“p”、“h”、“o”、“n”、“e”六层的首帧位置分别调整到1、3、5、7、9、11帧，并在这几个图层第50帧插入普通帧（图9-19）。

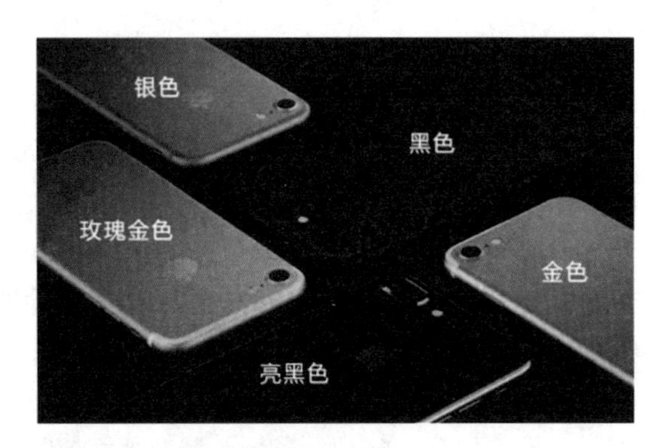

图9-15　动画效果截图

图9-17　文字的分离

图9-16　动画效果截图

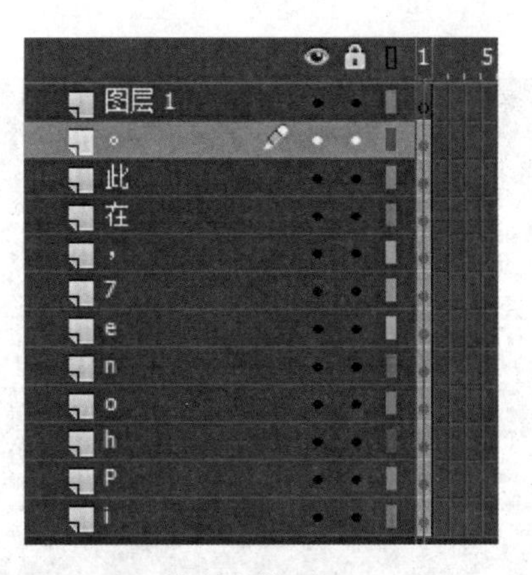

图9-18　文字分散到图层

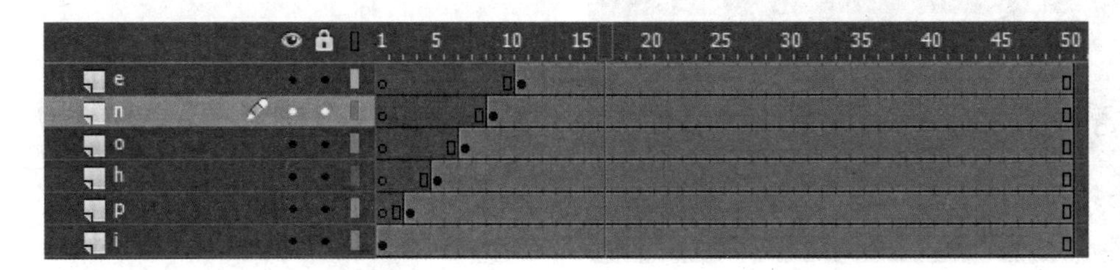

图9-19　字母依次出现的时间轴

（10）将“7”图层第1帧移动到第12帧，并在17帧插入关键帧，选中12帧，将文字放大到500%（变形面板），将样式设置为alpha:0，创建7～12帧的传统补间动画。

（11）参考步骤（10），创建“在”图层20～25帧和“此”图层26～31帧的补间动画。将“,”层第1帧移动到第19帧，将“。”层第1帧移动到第33帧。并在最上面5个图层的第50帧插入普通帧。时间轴效果如图9-20所示。

2. 按钮及代码制作

（12）执行Ctrl+F8组合键，新建名为“按钮”的按钮元件，并进入元件编辑状态。选中“点击”帧，插入关键帧，并在舞台上绘制一个500×313像素的矩形（颜色非黑色就行），将其居中对齐。这就是隐形按钮，只有点击帧有内容。

（13）返回主场景，新建图层并命名为“按钮”，将“按钮”元件拖入到舞台，并居中对齐，此时舞台被蒙上了一层半透明的颜色，这就是按钮感应区域，我们在测试影片时发现，这层颜色并不会显示出来。

（14）选中舞台上的按钮，在属性面板中给按钮起一个名称“btn”（图9-21）。**提示：**实例名称随意起，但不能用中文，中文在程序里会识别不了。

（15）加代码。新建一图层，并用鼠标右键点击第1帧，执行“动作”命名，打开动作面板（图9-22）；先选中舞台上的按钮，然后点击面板右上的“代码片断”按钮，打开代码片断窗口，逐级展开“ActionScript”|“动作”，然后双击第一个“单击以转到web页”（图9-23），代码自动生成在动作窗口，根据提示将链接网址改成http://www.apple.cn（图9-24）。灰色字为说明与注释。

至此，动画部分已经制作完成，有代码的图层已自动被命名为“Action”。

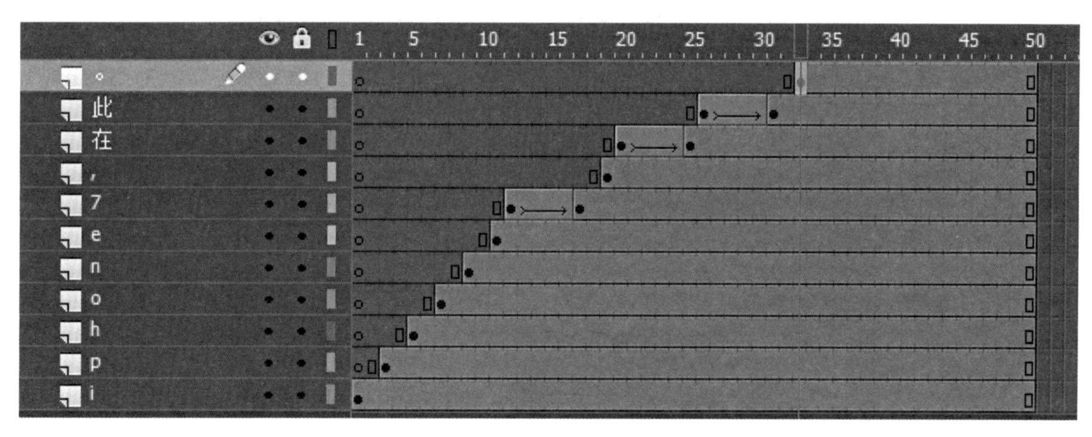

图9-20　文字动画元件的时间轴效果

图9-21　给按钮加实例名

图9-22　添加动作代码

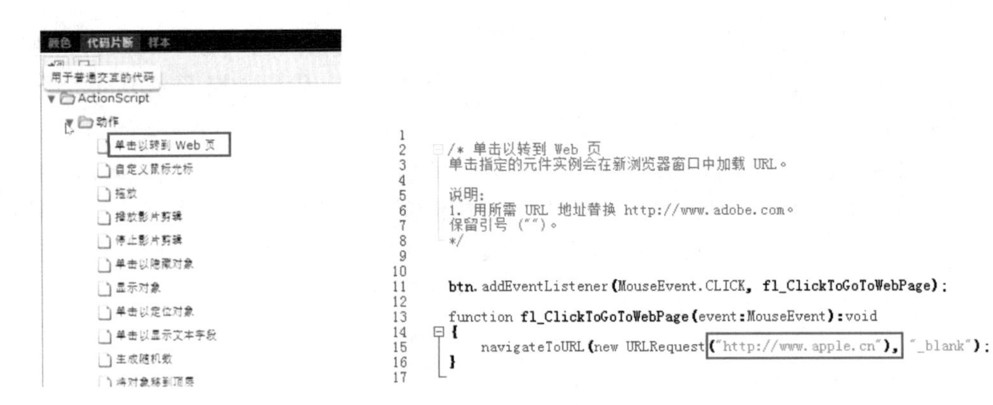

图9-23　展开代码列表　　图9-24　修改链接网址

3. 发布设置

前面章节我们制作的动画都是用Ctrl+Enter组合键测试影片，直接达到生成可执行动画（.swf）的功能，如果需要生成其他格式，或者有特别的生成要求，可以在发布设置里进行选择。以此例来说，必须在修改发布设置，才能使代码正常读取。

（16）执行“文件”|“发布设置…”，打开发布设置面板，在本地播放安全性里面选择“只访问网络”（图9-25）。如果没有这一步，在预览的时候可以链接，但是导出的影片运行时会提示错误信息，不能链接。发布

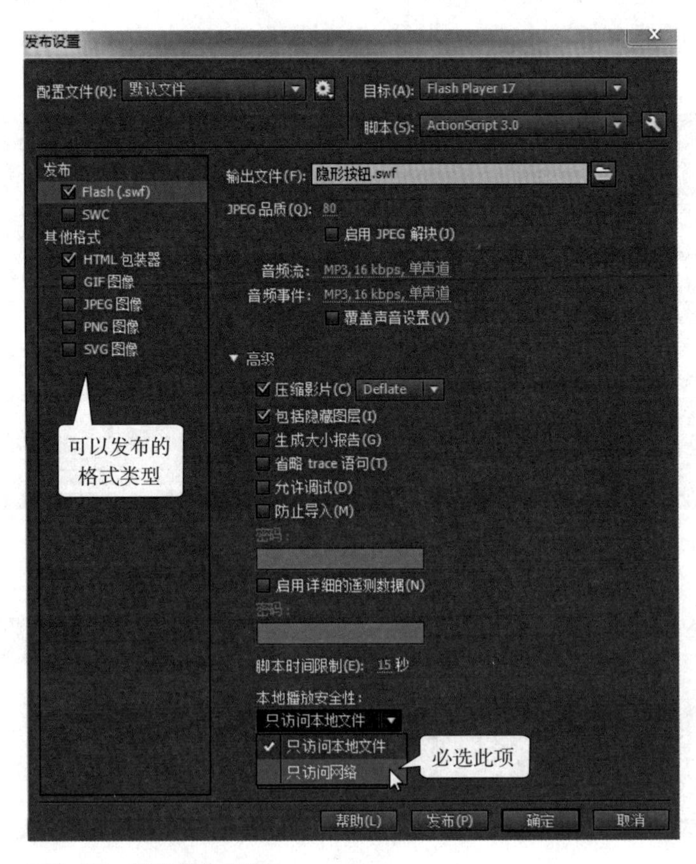

图9-25　修改发布设置

设置的重要选项可参照第 6 章的说明。

至此动画已经制作完成，测试并保存影片。

9.2 鼠标类交互广告

通过ActionScript编程语言，给鼠标以动画，通过移动或者按动鼠标产生特殊效果，这就是鼠标类交互动画。在广告片中这种鼠标类特效应用得很少，本节我们将讲解三个常见特效，供大家了解与学习，本节所使用的版本为ActionScript3.0。

9.2.1 鼠标跟随效果

这个动画里，只要鼠标移动到画面上，箭头就隐藏不见，取而代之的是一个小水波逐渐扩展开的小动画。动画最后效果可参见资料盘中“鼠标跟随特效.swf”文件，动画效果如图9-26所示。

本实例的制作中，我们涉及的知识点有：

- 水波纹的制作
- 鼠标跟随特效的代码

图9-26 动画效果截图

（1）新建一个Flash文档，特别注意要选择AS3.0，并打开文档设置窗口，设置文档大小为600×370像素，点击“确定”完成设置。执行Ctrl+S组合键，保存源文件为“鼠标跟随特效.fla”。

（2）执行“文件”|“导入”|“导入到舞台”命令，在打开的窗口中，将素材“水面.jpg”文件导入，并与舞台对齐，锁定图层1。

（3）执行Ctrl+F8组合键，新建名为“水波”的影片剪辑元件，并进入元件编辑状态。选取椭圆工具，关闭填充颜色，设置笔触颜色为白色，Alpha值70%，线宽1，在舞台上绘制一个圆环，大小25×10，居中对齐；在25帧插入关键帧；选中第一帧，并选中圆环，修改大小为9×5，其他值不变，居中对齐；创建1～25帧的形状补间动画。

（4）执行Ctrl+F8组合键，新建名为“水波动画”的影片剪辑元件，并进入元件编辑状态。将影片剪辑元件“水波”从库面板拖到舞台上，并居中对齐；在25帧插入关键帧，修改大小为70×25，Alpha值0，居中对齐；创建1～25帧的传统补间动画。新建图层2、3、4、5，分别从第5、10、15、20帧开始重复图层1的动画，时间轴效果如图9-27所示。

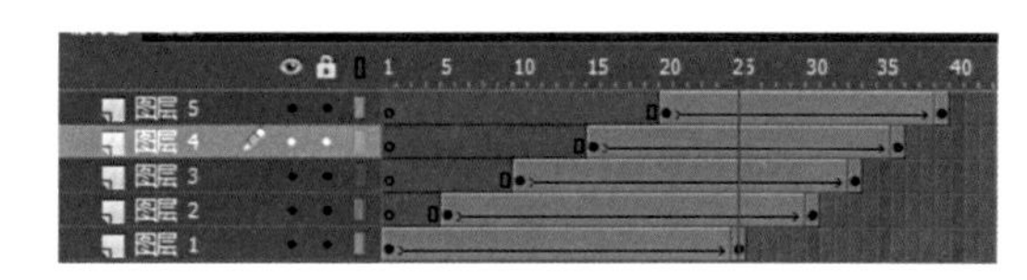

图9-27 水波动画时间轴

（5）返回主场景，新建图层，将“水波动画”元件拖入到舞台任意位置；并在属性面板中定义该实例名称为“mc”。

（6）新建图层，执行F9打开动作面板，输入图9-28所示代码。

（7）至此动画已经制作完，Ctrl+Enter组合键测试影片效果，鼠标已经隐藏，水波纹的动画会跟随鼠标移动。

9.2.2 鼠标放大镜

这个动画里，鼠标变身为放大镜，并且

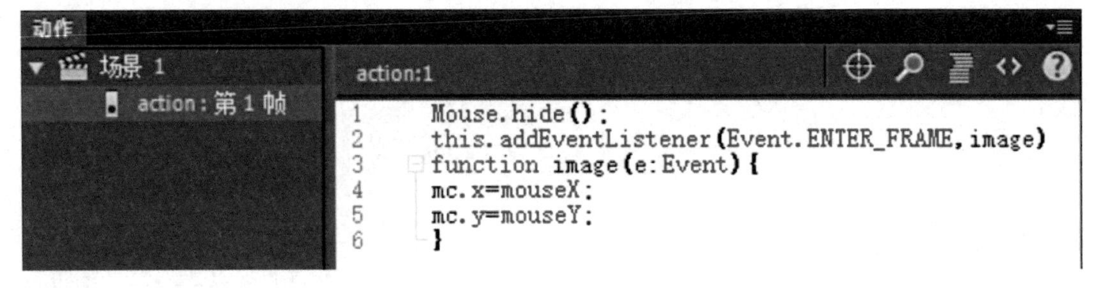

图9-28 动画代码

起到放大图片和文字的效果。动画最后效果可参见资料盘中“鼠标放大镜.swf”文件，本实例所用素材全部来自第8章的放大镜实例，动画效果如图9-29所示。

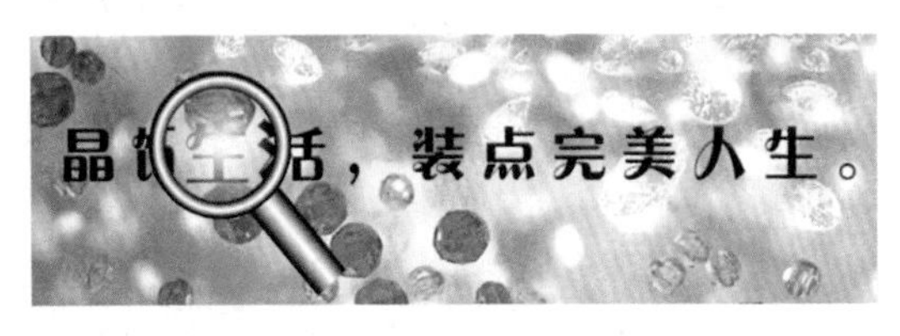

图9-29 动画效果截图

本实例的制作中，我们涉及的知识点有：

• 只有剪辑元件和按钮元件才可以定义实例名称

• 鼠标放大镜代码

（1）新建一个Flash文档（AS3.0），并打开文档设置窗口，设置文档大小为640×200像素，点击“确定”完成设置。执行Ctrl+S组合键，保存源文件为“鼠标跟随特效.fla”。

（2）执行“文件”|“导入”|“打开外部库”命令，在打开的窗口中找到第8章实例元件“放大镜”，选中并打开，在打开的窗口中，将素材“放大镜背景.jpg”拖入舞台，并与舞台对齐，锁定图层1。

（3）新建图层，并命名为“文字”，选择文本工具，字体：方正超粗黑简体，字号：44，字母间距：9，颜色：黑色，输入文本“晶饰生活，装点完美人生。”在属性面板里修正文字位置，X：20，Y：60，锁定图层。

（4）新建图层，命名为大背景，从外部库将“放大后背景.jpg”素材拖入到舞台，在属性面板里修正位置，X：-50，Y：-33；按F8转成影片剪辑元件，元件名为“大图”，双击进入元件编辑状态。

（5）新建图层，选取文本工具，输入与上一步相同的文字，修改文字大小：55，字母间距：0，X：50，Y：85。返回主场景，选中“大图”，并在属性面板中定义该实例名为“bg_large”。

（6）执行Ctrl+F8组合键，新建名为“镜和面”的影片剪辑元件，并进入元件编辑状态。从外部库中将“放大镜”元件拖入舞台，并居中对齐。

（7）新建图层，命名为“遮罩”，选择椭圆工具，关闭笔触颜色，设置填充色为蓝色，在舞台中绘制一个和放大镜镜面大小一样的正圆；选中此圆，按F8转成影片剪辑元件，元件名为“镜面”；选中这个元件，在属性面板中定义该实例名为“mask_mc”。

（8）返回主场景，新建图层，并命名为“镜与面”，将“镜和面”元件拖入舞台，并在属性面板中定义该实例名为“zoom_mc”。

（9）新建图层，执行F9打开动作面板，输入图9-28所示代码。至此动画已经制作完，Ctrl+Enter组合键测试影片效果。

9.2.3 擦除可见效果

在这个动画中，鼠标就像一块抹布，所到之处，蒙在图像上的灰色会被擦除，漂亮

图9-30　放大镜与遮罩

```
图层 4:1
1    bg_large.mask=zoom_mc.mask_mc;
2    Mouse.hide();
3
4    this.parent.addEventListener("mouseMove",moveMc);
5    function moveMc(me:MouseEvent)
6    {
7        zoom_mc.x=this.parent.mouseX;
8        zoom_mc.y=this.parent.mouseY;
9    }
```

图9-31　动画代码

的图片显露出来。动画最后效果可参见资料盘中“擦镜子.swf”文件，动画效果如图9-32所示。

本实例的制作中，我们涉及的知识点有：

• 按钮与鼠标特效相结合

• 擦除可见的特效代码

（1）新建一个Flash文档（AS3.0）。执行Ctrl+S组合键，保存源文件为“擦镜子.fla”。

（2）执行“文件”|“导入”|“导入到舞台”命令，在打开的窗口中，将素材“擦镜子背景.jpg”文件导入，并与舞台对齐，锁定图层1。

（3）执行Ctrl+F8组合键，新建名为“矩形按钮”的按钮元件，并进入元件编辑状态。选取矩形工具，关闭笔触颜色，设置填充颜色为灰色#999999，在舞台上绘制一个矩形，大小25×20，居中对齐。此按钮只有第1帧有内容。

（4）执行Ctrl+F8组合键，新建名为“遮罩擦”的影片剪辑元件，并进入元件编辑状态。将刚制作的“矩形按钮”元件拖入舞台，居中对齐；在属性面板里，给该实例命名为“mc”，在样式选项中，修改Alpha值为70%（图9-33）；执行F9打开动作面板，输入图9-34所示代码。

（5）在图层1第2帧插入关键帧，执行Ctrl+B组合键，分离元件为图形，修改该图形的颜色透明度，设置填充颜色的Alpha为0；在动作面板中输入帧停止代码：stop();。

图9-32　动画效果截图

图9-33　遮罩擦第1帧属性

```
stop();
mc.addEventListener(MouseEvent.ROLL_OVER,roll);
function roll(event:MouseEvent):void{
    gotoAndPlay(2);
    };
```

图9-34　动画代码

提示：这一步分离很重要，否则，只要鼠标再次经过，灰色就又蒙上了。

（6）返回主场景，新建图层，将“遮罩擦”元件拖入舞台，并通过复制粘贴，使其铺满舞台（图9-35）。至此动画已经制作完，Ctrl+Enter组合键测试影片效果。

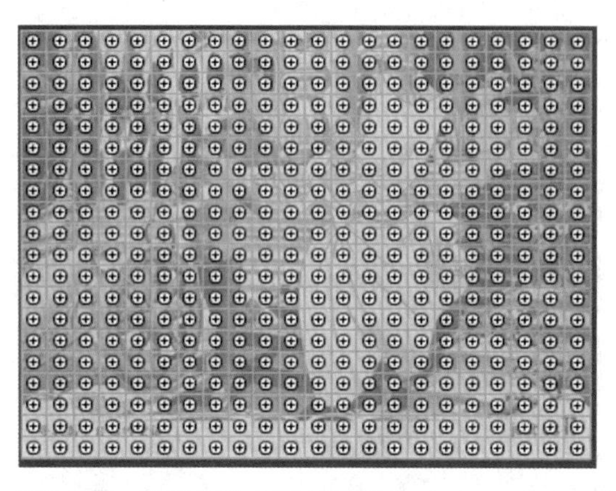

图9-35 “遮罩擦”元件铺满舞台

9.3 影视类交互广告

我们常需要把制作好的视频影片嵌入Flash中进行控制，这种嵌入的影片以前只能是.flv格式，而Flash CC已经可以导入多种格式，并用FlvPlayback组件进行播放控制，播放控制面板样式可修改，也可关闭控制面板再自行设计新的面板和控制按钮。本节就主要讲解下对于视频的控制。

9.3.1 视频影片的导入

（1）新建一个Flash文档（AS3.0），并打开文档设置窗口，设置文档大小为640×516像素，点击“确定”完成设置。执行Ctrl+S组合键，保存源文件为“影片导入.fla”。

（2）执行“文件”|“导入”|“导入视频”命令（图9-36），在打开的窗口中点击“浏

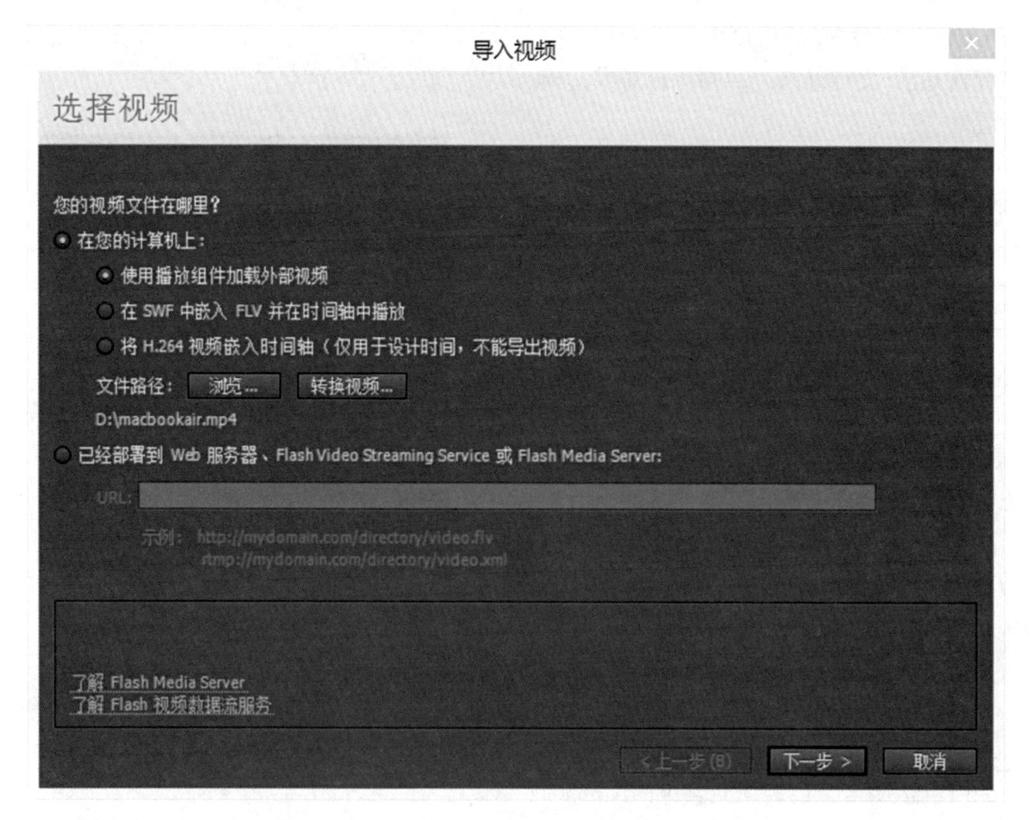

图9-36 导入视频

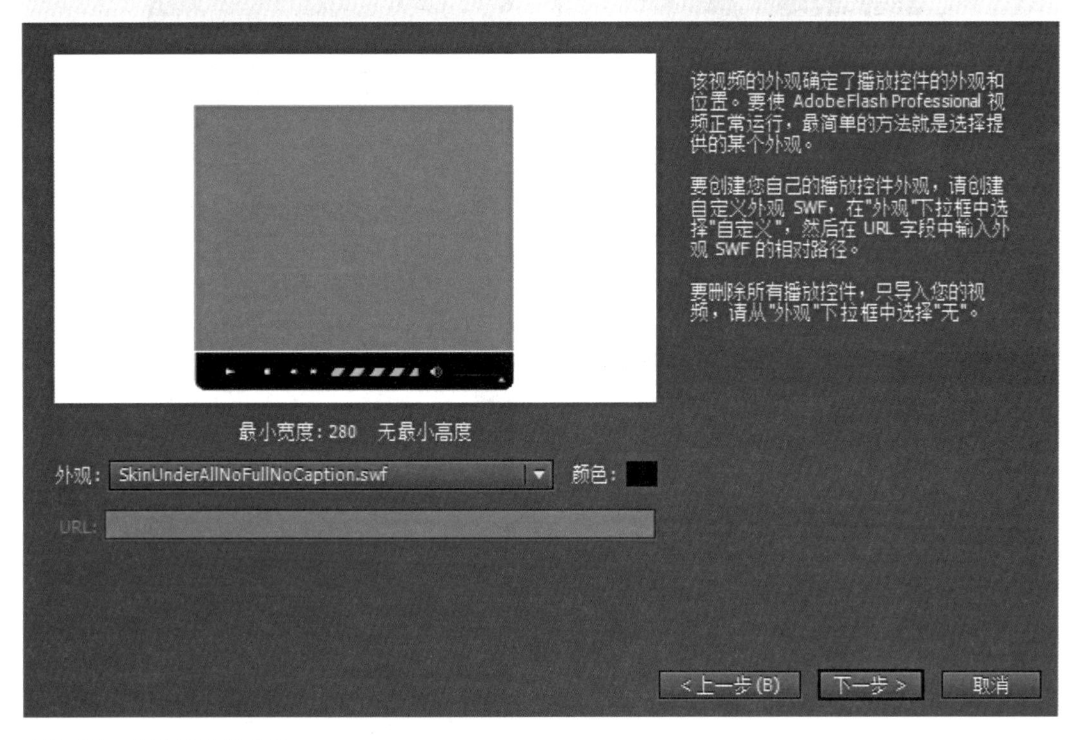

图9-37　修改播放器外观

览…”，选择素材“macbookair.mp4”，并选中“使用播放组件加载外部视频”。**提示**：①以前的版本只支持flv格式的外部视频，CC版本已经支持多种格式，比如本实例就是mp4格式，不再需要转换视频。②“在SWF中嵌入FLV并在时间轴中播放”是将视频分解为逐帧形式，成为Flash文档的一部分，我们一般不用这种方式处理外部视频。

（3）点击“下一步”，进入外观设置（图9-37），这里可以修改外观风格，也可以设置不同的颜色。再次点击“下一步”，然后点击“完成”，完成视频导入。

（4）舞台效果如图9-38所示，选中视频，在属性面板里确认相对于舞台的位置，X:0，Y:0。也可以在属性面板里修改视频窗口的大小，本实例的窗口正好与视频相同，故不用修改。执行Ctrl+Enter组合键测试影片效果（图9-39）。

图9-38　视频导入后效果

（5）**提示**：在保存时，最好将外部视频与Flash文档保存在同一路径中，并且发布设置中一定选择“只访问本地文件”！如果是链接的网上的视频，则要选择“只访问网络”！

图9-39 影片测试效果

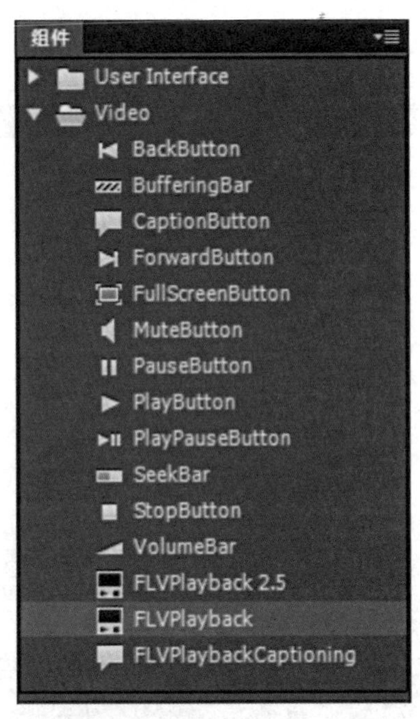

图9-40 组件窗口

（6）打开库面板，里面只有一个名为“FlvPlayback”的编译剪辑，并没有其他元件，这就是我们下面要讲解的视频编译组件。

9.3.2 FlvPlayback组件的使用

这一讲，我们直接用插入“FlvPlayback”组件的方法，来加入外部视频。

（1）新建一个Flash文档（AS3.0），执行 Ctrl + S 组合键，保存源文件为“FlvPlayback组件.fla”。

（2）执行“窗口” | “组件”命令（快捷键 Ctrl + F7 ），打开组件面板（图9-40），将“Video”组里的“FlvPlayback”拖入舞台，则舞台上出现一个视频播放的界面。

（3）展开属性面板里的“组件参数”（图9-41），首先点击“source”后的设置按钮，链接到一个视频（图9-42），我们还用“macbookair.mp4”素材，不选取“匹配源尺寸”，点击“确定”，即实现导入外部视频。这次导入的视频依据舞台中播放器的界面自动缩小了尺寸。属性面板中还有些重要的设置，见图9-41中的注释。

（4）修改好设置并调整视频窗口大小后，我们测试影片，效果如图9-43所示。

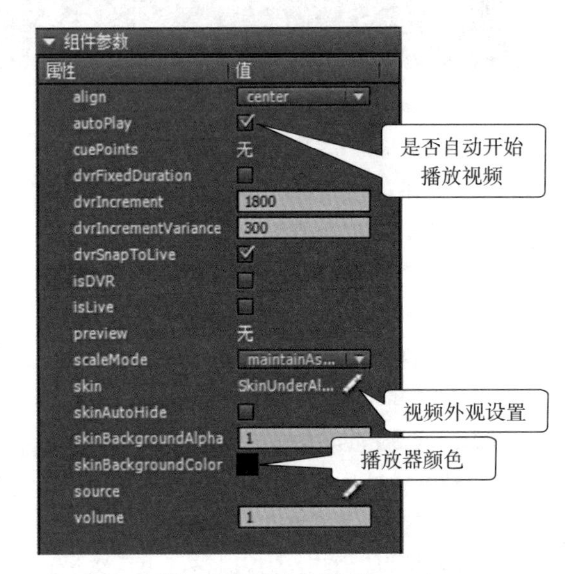

图9-41 属性面板里的组件参数

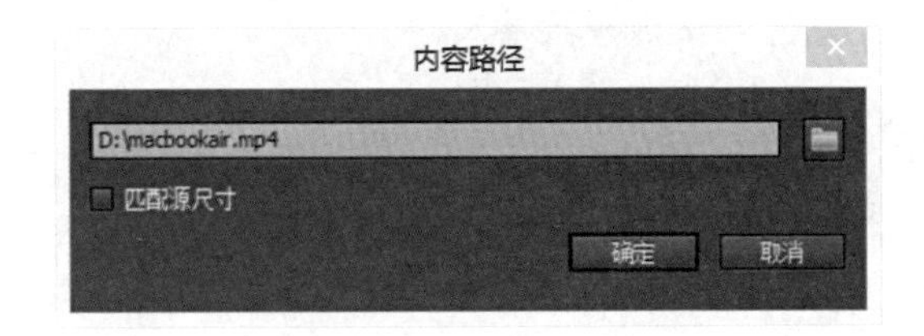

图9-42 链接外部视频

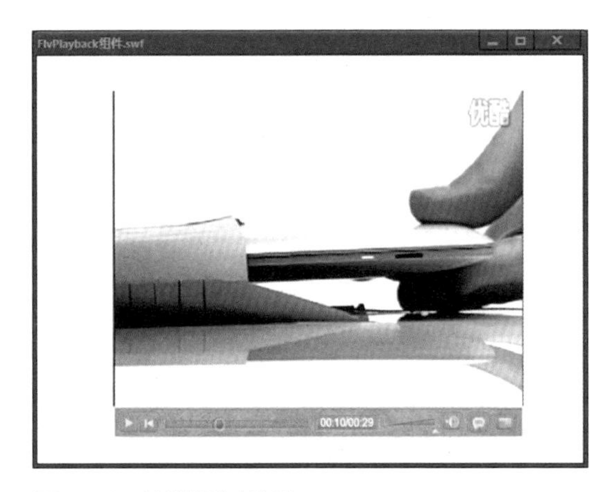

图9-43　影片测试效果

图9-44　背景效果

9.3.3　自定义行为控制视频播放

前面两节都是使用的Flash自带的播放器，来控制影片的播放、暂停、快进等操作，这节我们讲解自己开发控制按钮的方法。

（1）新建一个Flash文档（AS3.0），执行Ctrl+S组合键，保存源文件为“自定义视频控件.fla”。

（2）选择矩形工具，关闭笔触颜色，填充颜色选择径向渐变，渐变范围：白色—黄色（#ccff00）—绿色（#00cc00），填充效果如图9-44所示；在属性面板修改大小550×400，并与舞台背景对齐。锁定背景层。

（3）新建图层，命名为“标题”，选取文本工具，设置字体：“创艺简标宋”，大小：32磅，颜色：黑色，字母间距：9，在舞台中输入文字“苹果产品推介”；为文字添加发光滤镜，模糊：2，强度：500，品质：高，颜色：白色；效果如图9-45所示。

图9-45　文字效果

（4）新建图层，命名为“视频”，执行“文件”|“导入”|“导入视频”命令，导入外部影片“iPadAir2.flv”，方法参考第9章的3.1；在属性面板里，设置实例名称“video”，设置视频大小和位置，大小：470×264，位置：X:40，Y:70，在组件参数中，设置“skin”为无，关掉播放控制器，并取消自动播放，效果如图9-46所示。

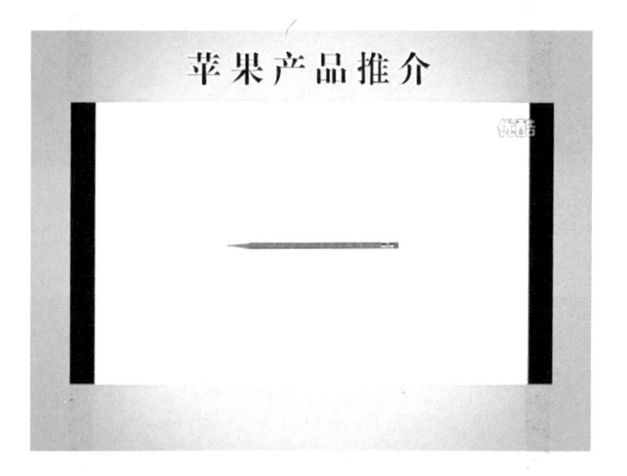

图9-46　视频位置及大小

（5）新建图层，命名为“播放条”，选择矩形工具，关闭笔触颜色，填充颜色选择径向渐变，渐变范围：白色—绿色（#5ABE1E），绘制一个长矩形；设置矩形大小和位置，大小：470×32，位置：X:40，

Y:335；使用渐变变形工具，调整填充色方向，效果如图9-47所示，锁定该图层。

（6）新建图层，命名为“按钮”，执行“文件”|“导入”|“打开外部库”命令，选择素材“视频按钮.fla”，并打开其库面板；库面板里是4个按钮元件和1个图形元件，我们将4个按钮元件分别拖入舞台（图9-48）；确定好左右两端按钮的位置，然后打开对齐面板，去掉“与舞台对齐”选项，点击“顶对齐”（第一排），再点击“水平居中分布”（第二排）（图9-49）。说明：这些按钮都来自低版本Flash里的公用库，CC版本里没有了公用库，需要时可以打开一个低版本软件（本例用的CS4），选用公用库里的元件，保存文档后，通过外部库来为新Flash文档服务。

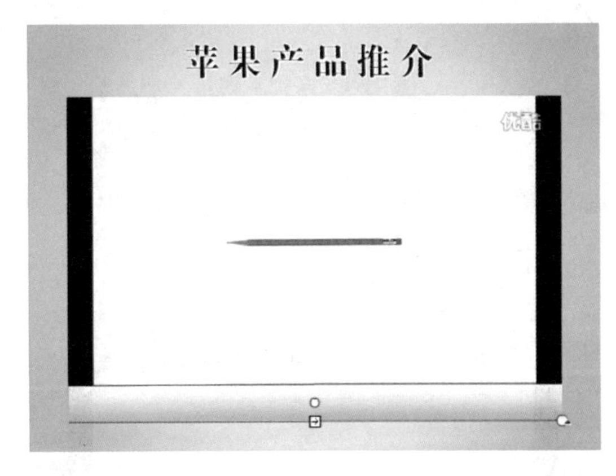

图9-47　播放条位置及大小

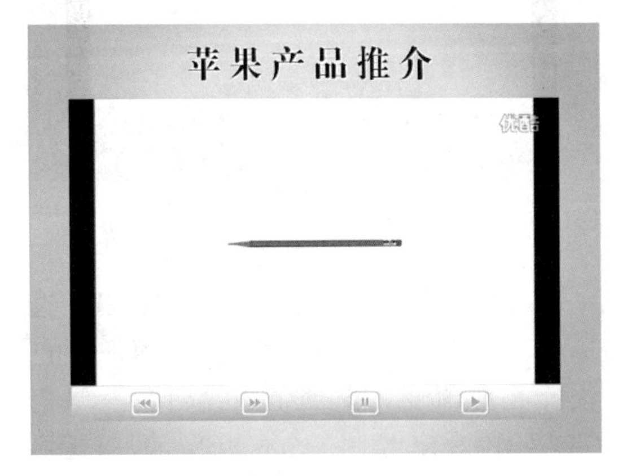

图9-48　控制按钮效果

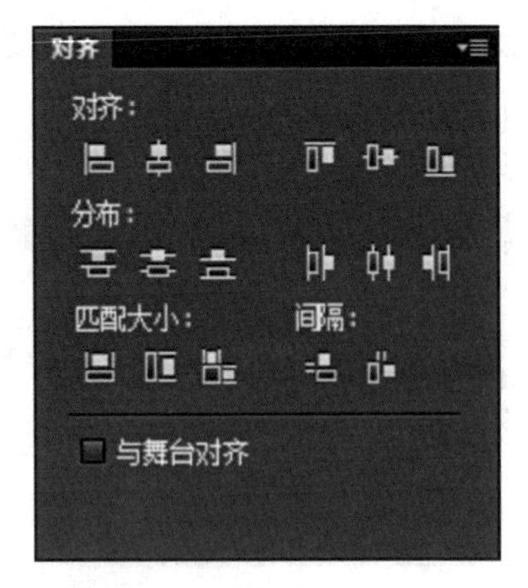

图9-49　对齐面板

图9-50　选择代码

（7）分别在属性面板中，这4个按钮设置实例名称，从左到右分别为“button1”、“button2”、“button3”、“button4”。

（8）万事俱备，只欠编程。打开动作面板，先输入停止语句；然后点击舞台上“button1”按钮，再点击动作面板右上角的代码片断按钮，展开代码片断窗口，再展开“音频和视频”选择，双击“单击以后退视频”，则在动作窗口自动加入代码（图9-51）；按照代码提示用“video”实例名替换掉“video_instance_name”，代码完成。

（9）第二个是前进按钮，但我们的代码片断里没有视频前进的控制项，我们可以继续用“单击以后退视频”项，把“seek”后的值改成“30”；其余2个按钮依次在代码片

```
stop();

/* 单击以后退视频（需要 FLVPlayback 组件）
单击此元件实例可在指定的 FLVPlayback 组件实例中后退视频。

说明
1. 用您要后退的 FLVPlayback 组件的实例名称替换以下 video_instance_name。
*/

button1.addEventListener(MouseEvent.CLICK, fl_ClickToPauseVideo_1);

function fl_ClickToPauseVideo_1(event:MouseEvent):void
{
    // 用此视频组件的实例名称替换 video_instance_name
    video_instance_name.seek(0);
}
```

图9-51　生动生成的代码及注释

```
stop();

button1.addEventListener(MouseEvent.CLICK, fl_ClickToPauseVideo_1);
function fl_ClickToPauseVideo_1(event:MouseEvent):void
{
    video.seek(0);
}

button2.addEventListener(MouseEvent.CLICK, fl_ClickToPauseVideo_2);
function fl_ClickToPauseVideo_2(event:MouseEvent):void
{
    video.seek(30);
}

button3.addEventListener(MouseEvent.CLICK, fl_ClickToPauseVideo_3);
function fl_ClickToPauseVideo_3(event:MouseEvent):void
{
    video.pause();
}

button4.addEventListener(MouseEvent.CLICK, fl_ClickToPlayVideo_4);
function fl_ClickToPlayVideo_4(event:MouseEvent):void
{
    video.play();
}
```

图9-52　全部动作代码

断中选择“单击以暂停视频”、“单击以播放视频”、“单击以停止所有声音”，并相应修改代码中实例名；代码修整（图9-52）。

（10）动画已经制作完成，测试微调，以体会按钮的作用吧。

本章习题

学生自己找一段mp4格式视频，练习视频的导入，并给视频加版权水印（一行半透明的文字）。

第10章

广告动画片完整制作实战

我们已经学习了互联网广告的制作方法，无论静态广告，还是动态广告，相信大家已经可以很好地完成制作与发布了。而除了网页上投入的广告外，我们更希望借助所学技术，完成一部大篇幅的广告动画片，它有一定的故事情节，可以投放到视频网站，甚至电视、电影等平台。本章以一则“关注伴侣动物”的公益广告为实例，从构思到制作，进行全面讲解，希望通过本章学习，读者能够再提升一个创作层次，拥有更深入的实战能力。

10.1 构思与脚本撰写

拿到动画主题后，不能急于进入制作阶段，也不能边做边设计，应该把前期工作做扎实，因此第一步是整理设计思想，考虑清楚要做什么？大致情节如何？用文字进行描述，并与团队成员及广告主进行沟通。这个过程其实是一个反复修正的过程，在本例中我们只呈现最终定稿案。

10.1.1 设计构思

设计构思阶段，我们要把构思落实到笔头，也称之为概念脚本。不需要很详细的情节描述，有时只是明确广告需要表达的重点内容、营造怎样的气氛以及突出何种情感要素等。以以下案例为例，概念脚本如下：

“关注伴侣动物”广告创意的概念脚本

创意源于心电图和线条的联系，象征着生命的心电图逐步幻化成一只狗。动画以线条的形式勾画了一只狗的一生：狗狗遇到了它的主人，主人给它喂奶、喂食、陪它玩耍；可是有一天主人将狗狗抛弃了，它从此在主人门口苦苦等待，同时也经历着经历风吹雨打、寒冷饥饿。最终狗狗不幸遭遇车祸。随着狗狗曾经玩过的球在屏幕上平直的滚过，心电图声音再次响起，预示着狗的生命也走向终止。我们想用狗狗前后生活经历的对比警醒养狗人士善待自己的宠物，不要随意抛弃它们。

10.1.2 制作脚本

动画里的制作脚本，是故事脚本与分镜头脚本的整合，是从制片导演的拍摄角度出发，往往需要标明镜头号、景别、画面缩图、内容描述、语言、时间、音乐等内容，以利于正式制作和多人参与时的分工合作。

镜头，这个概念是从视频拍摄的拍摄方法来的，拍摄方法一般包括固定镜头、推、拉、摇、移五种，每一次不间断的拍摄，只能用一种拍摄手法，称之为一个镜头。

景别，指画面中的主要人或物占画面的范围大小，人们常说的远景、全景、中景、近景、特写，就是由指所占画面由少到多的景别。

画面缩图，是要通过美术手段进行视觉化呈现，将主要画面进行电脑绘制，或者先在纸上手绘，后期再扫描进电脑制图。

其他内容我们不做具体解释了，大家一看表10-1的案例，也就明白了。

“关注伴侣动物”广告的制作脚本 表10-1

镜头号	景别	缩略图	内容描述	帧数	语言与音乐
1	全景		第一部分：心电图： 心电图一步一步变成一只小狗的形状	1～79	心电图声

续表

镜头号	景别	缩略图	内容描述	帧数	语言与音乐
2	由全景到特景		**第二部分：狗与人相遇** 狗在主人照料下生活成长的种种细节 2-0 转场	80 ~ 110	温馨音乐
3	特写		2-1主人给小狗喂奶	111 ~ 155	续上
4	特写	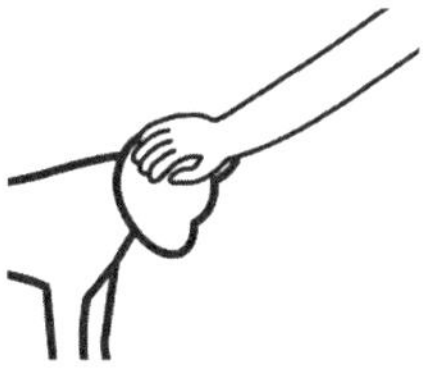	2-2主人抚摸小狗的头	156 ~ 215	续上
5	特写		2-3主人给狗套上项圈表示所有权	216 ~ 250	续上
6	特写		2-4主人给狗喂食	251 ~ 301	续上
7	全景		2-5主人与狗狗玩球	302 ~ 360	续上
8	全景	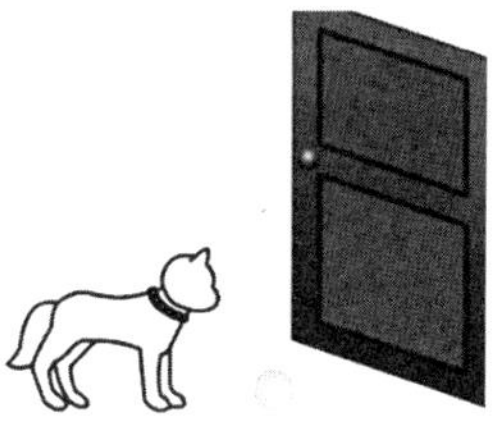	**第三部分：狗狗被抛弃之后的生活** 3-1主人将球扔到门外，并将门关紧，狗狗从此被抛弃。	370 ~ 433	关门声

续表

镜头号	景别	缩略图	内容描述	帧数	语言与音乐
9	全景		3-1狗狗不放弃想要敲门回家	434 ~ 520	等待音乐
10	全景		3-2没人理睬，开始雨打风吹	523 ~ 674	续等待音乐 雨声
11	中景 - 近景		狗狗被曾经玩过的球吸引，不幸遭遇车祸	675 ~ 749	行驶及刹车声
12		握紧你手中的生命 ©IFAW	标板，广告语	750 ~ 793	心跳停止时心电图的声音

10.2 图形元件制作

进入制作阶段，我们首先要在Flash中完成场景绘制、主要人物绘制。本实例主要使用的线条构建动物形象，场景也比较简单。这一节我们讲解主要的图形元件的绘制。

10.2.1 简单元件的绘制

（1）新建一个Flash文档（AS3.0），并打开文档设置窗口，设置文档大小为720×480像素，帧频24，点击“确定”完成设置。执行Ctrl+S组合键，保存源文件为“关注伴侣动物.fla”。

（2）本案例的主色调：红色（#AD1616），线宽5。制作中未做说明的红色，均采用主色调。

（3）元件的绘制见表10-2。

“关注伴侣动物”广告的简单图形元件 表10-2

元件名称	元件图	所用工具	制作方法概述
球	+	椭圆工具 渐变变形工具	（1）使用椭圆工具，绘制一个正圆，填充色为径向渐变、白色—绿色（#CCFF00）。 （2）使用渐变变形工具，调整中心点。
奶瓶	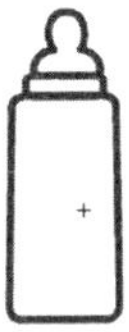	矩形工具 椭圆工具 部分选取工具 选取工具 辅助线	（1）使用矩形工具，关闭填充色，绘制圆角矩形2个，圆角值5。再使用椭圆工具，关闭填充色，绘制椭圆2个。  （2）使用部分选取工具，将左下和右下部分分别向两侧拉伸。 （3）使用选取工具，选取并删除线条交叉部分。
门	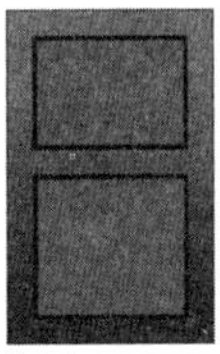	矩形工具	（1）使用矩形工具，笔触色为黑色，填充色为线性渐变、浅棕（#996600）—深棕（#6D4201），填充方向由上至下。 （2）新建图层，笔触色为深棕（#402C00）、线宽5，填充色为浅棕（#985B01）；绘制两个矩形。
门把手		椭圆工具 渐变变形工具	过程略。 颜色：金色（#FDAD35）—棕色（# 6B2501）
线1		直线工具	过程略。
心电图1 心电图2 心电图3	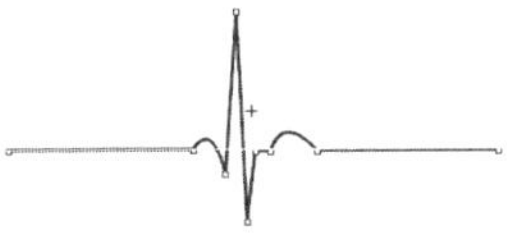  	钢笔工具 辅助线	绘制不规则线形，钢笔工具是首选，方法前面章节已经交待过，钢笔的使用需要细致，并且越用越熟练。

续表

元件名称	元件图	所用工具	制作方法概述
项圈 狗身上项圈	 	椭圆工具 选取工具	(1)使用椭圆工具，笔触色黑色、线宽3，填充色灰色(# A6A6A6)，绘制两个椭圆，如图，相叠加后，删除右侧部分。 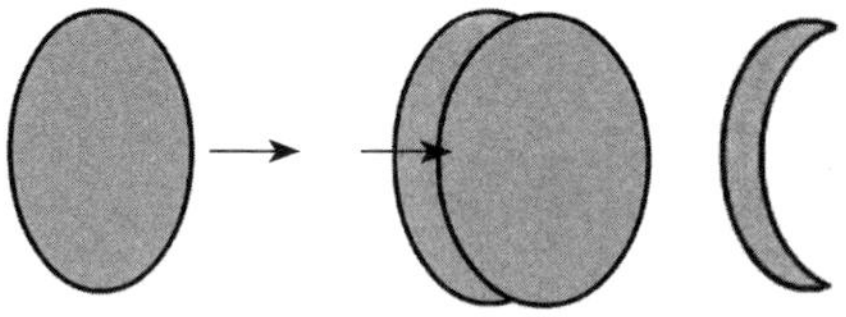 (2)再复制一个月牙形状，修改填充色为黑色，水平翻转后，将两个形状拼在一起。 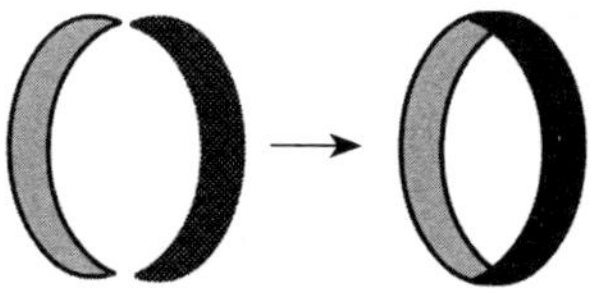 (3)使用椭圆工具，绘制小灰色装饰。
狗粮 狗粮 少	 	多边形工具 矩形工具 选取工具 部分选取工具 铅笔工具	此元件两个图层，下面图层是狗粮，上面图层是盆。 (1)使用多边形工具，样式星形、边数16、顶点大小0.9，笔触颜色#551A00、线宽1，填充颜色#802600，绘制大小不等的多个图形并叠放在一起。 (2)新建图层，圆角矩形，使用矩形工具，笔触颜色#999999、线宽3，填充颜色#FFCC00，圆角值5，绘制一个矩形；再使用选取工具将上下直线修改成弧线；使用部分选取工具将左下和右下向两侧移动调整。 (3)使用铅笔工具，颜色#999999、线宽3、类型平滑，绘制条纹。
右手 左手	 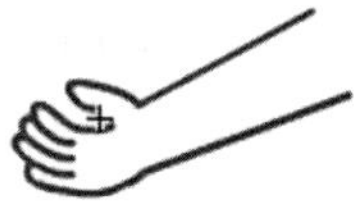	钢笔工具	过程略
文案	握紧你手中的生命	文字工具	方正姚体，大小59

10.2.2 小狗的绘制

在本案例中，小狗的动作最多，作为主角，它的绘制决定着动画的成败。为了更好地把握比例，我们先在纸上打了线稿，然后扫描进电脑，打开Flash软件，用绘制钢笔工具在线稿基础上进行勾边，选取笔触颜色红色（#AD1616），线宽5，完成了小狗的基础形构建，如图10-1所示。其他元件具体见表10-3。

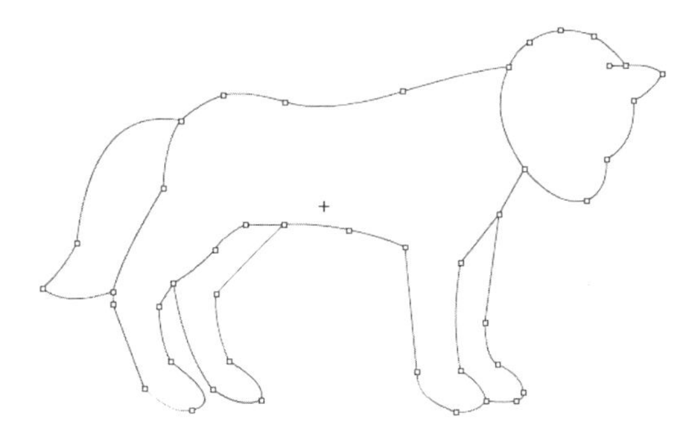

图10-1　用钢笔工具绘制小狗的路径图

与小狗有关的基本图形元件　　表10-3

元件名	元件图	元件名	元件图
低头狗		抬头狗	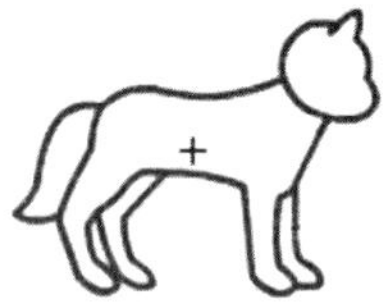
走路狗1		走路狗2	
走路狗3		走路狗4	
狗跳		低头狗 微趴	
低头狗 趴下脏		低头狗 趴下净	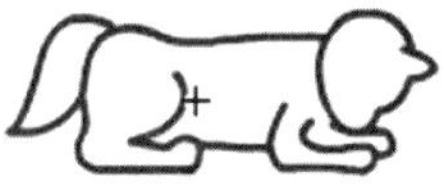
抬头狗 脏	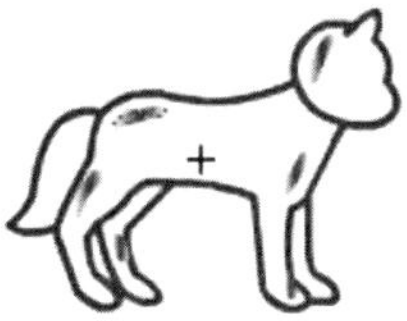		

10.3　影片剪辑元件制作

以上我们只分析了图形元件，下面我们来看看主要的剪辑元件的制作。

10.3.1　心电图

画面开始先出现三组心电图，然后心电图线型闭合，一只小狗诞生在屏幕上。我们在制作这段动画时，先要和音效配合，计算出时长大约要75帧，并且音效是每间隔20帧响一下，剪辑元件的制作一定要事先规划声音要素。心电图剪辑元件的时间轴最终效果如图10–2所示，下面我们来完成制作。

（1）执行Ctrl+F8组合键，新建名为“起始心电图”的影片剪辑元件，并进入元件编辑状态。

（2）将“心电图1”图形元件拖入舞台，居中对齐；在第21帧插入空白关键帧，将“心电图2”图形元件拖入舞台，并打开“绘图纸外观”按钮（在时间轴下方），参考第一帧位置，使之与“心电图1”两侧红线重合；同理在41帧插入空白关键帧，将“心电图3”拖入舞台，并与前面心电图对齐。

（3）在第61帧插入空白关键帧，将“线1”图形元件拖入舞台，并与“心电图3”元件对齐；在第66帧插入空白关键帧，将“低头狗”元件拖入舞台，使其尾巴尖在“线1”的右端点（图10–4）；关闭“绘图纸外观”按钮，在第79帧插入普通帧。

（4）新建图层，命名为“遮罩”；使用矩形工具绘制一个灰色长矩形，在心电图左端（图10–5）；在第15帧插入关键帧，用任意变形工具修改矩形大小，使其正好覆盖心电图（图10–6）；

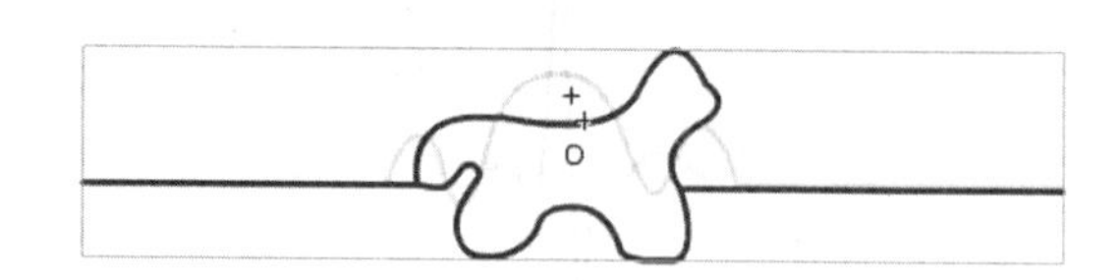
图10–3　三个心电图元件对齐

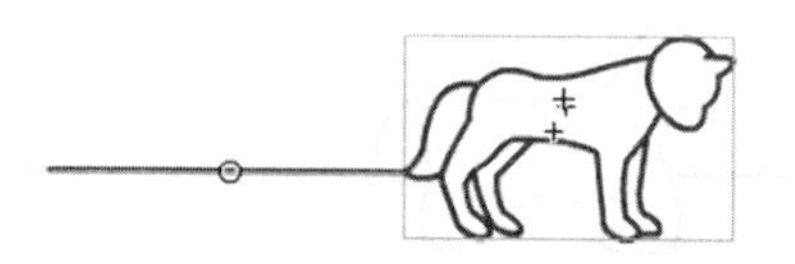
图10–4　小狗元件与前面元件对齐

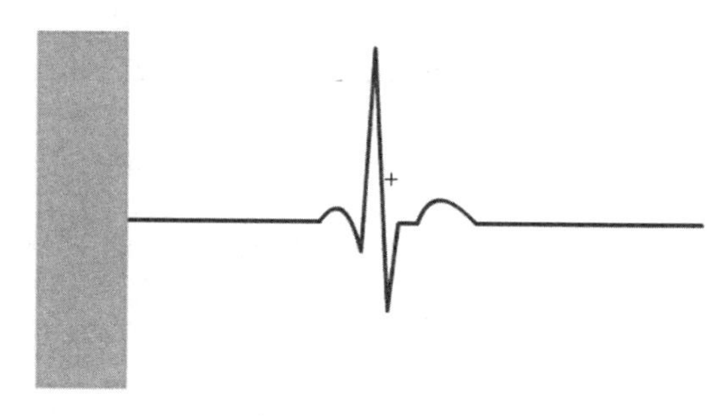
图10–5　“遮罩”层第1帧

图10–6　“遮罩”层第15帧

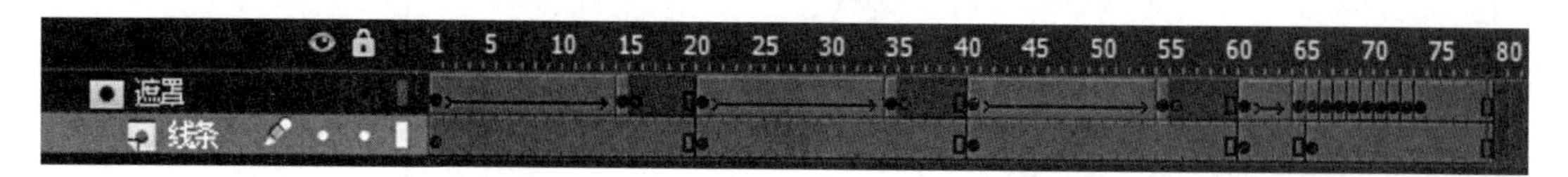

图10–2　心电图剪辑元件的时间轴

创建1～15帧形状补间；在第16帧插入空白关键帧。

（5）创建21～35帧、41～55帧、61～65帧的形状补间动画，方法参考上一步，注意36帧和56帧都要插入空白关键帧，使前后动画不互相干扰。

（6）在第66帧插入关键帧，使用画笔工具涂抹覆盖狗的尾巴线条，并且按顺时针顺序在67～74帧，依次涂抹覆盖小狗的线条，每帧效果如图10–7所示。

（7）在第79帧插入普通帧；创建遮罩层。剪辑元件制作完成。

10.3.2 抚摸狗

主人伸出手，爱抚小狗头部，小狗低头接受主人的爱。这是一个温馨的画面。在制作这段动画时，我们主要处理的是手臂的移动和摆动动画，其元件内时间轴最终效果如图10–8所示，下面我们来完成制作。

（1）执行Ctrl+F8组合键，新建名为“右手摸狗”的影片剪辑元件，并进入元件编辑状态。

（2）将“抬头狗”图形元件拖入舞台，放大到300%，置于舞台左下位置；在第15帧

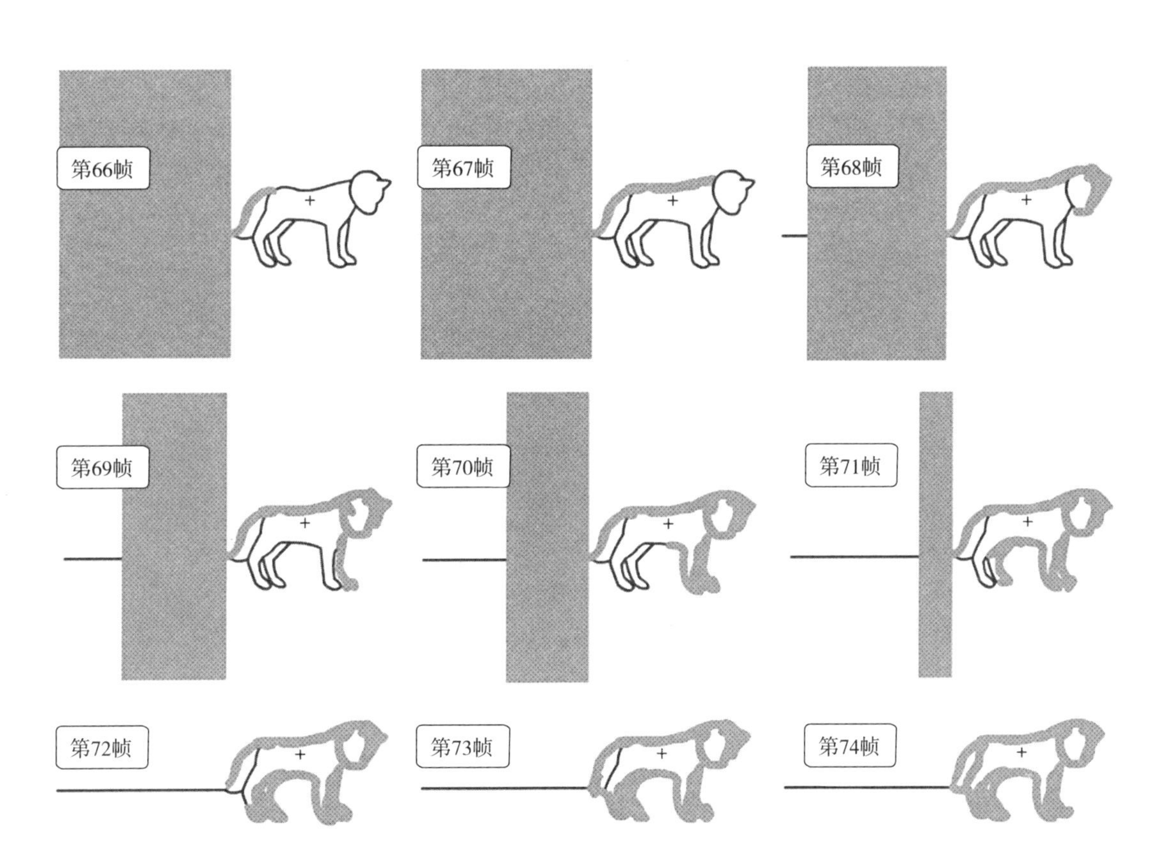

图10–7 “遮罩”层第66～74帧第帧效果

图10–8 抚摸狗剪辑元件的时间轴

插入空白关键帧，将“低头狗”图形元件拖入舞台，也放大300%，与第一帧位置对齐；在60帧插入普通帧。

（3）新建图层，命名为“右手”；将“右手”图形元件拖入舞台，适当放大比例（图10-9）；在第15帧插入关键帧，回到第1帧，将手斜向右上移出，创建1～15帧传统补间；在第22帧插入关键帧，移动右手，置于小狗头上（图10-10）；这里我们发现了问题，手并没有盖住头，由于元件都是线条，没有填充色，线条交叉时，一定会出现这种“穿帮”的现象。

（4）弥补：双击右手，进入“右手”元件编辑状态，使用画笔工具，给手部填上白色，为了分辨填充效果，可以临时改变文档背景色，比如绿色，这样涂抹出的效果一目了然（图10-11）；确认效果后，背景色再改回白色，并返回“右手摸狗”剪辑元件（图10-12），触摸区域小狗线条已经遮挡。**提示：**以后遇到“穿帮”这样的问题，照此法填充颜色，不再单独说明。

（5）继续“右手”图层，创建15-22帧传统补间；在第25、31、37、43、49帧分别插入关键帧，将右手在31帧旋转-5度、43帧旋转-7度，创建25-49帧传统补间，在60帧插入普通帧。

剪辑元件还有很多，具体可参阅本书资料库里的动画源文件。

图10-9　“右手”层第15帧

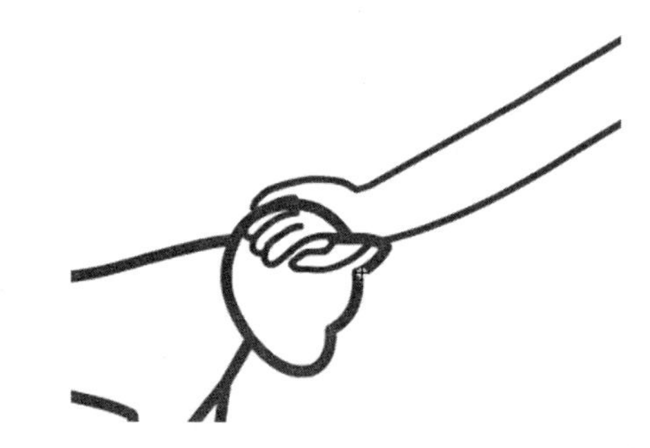

图10-10　“右手”层第22帧

图10-11　使用画笔工具填充颜色

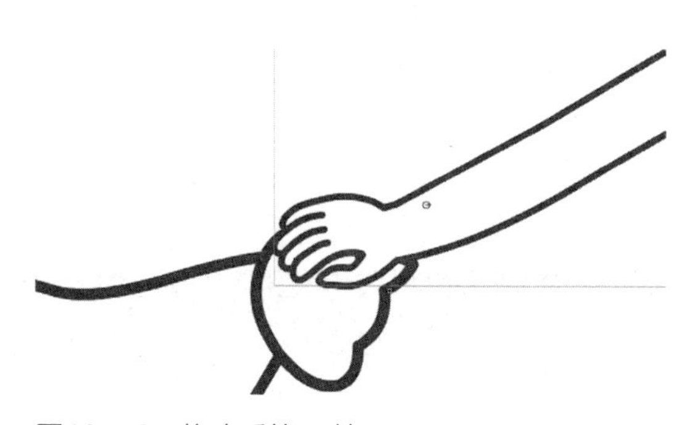

图10-12　修改后的22帧

10.4　主场景制作

依据制作脚本，完成主场景制作。

10.4.1　第一部分：小狗诞生

这一部分主要就是心电图动画，相对简单，完成后的时间轴如图10-13所示，步骤如下：

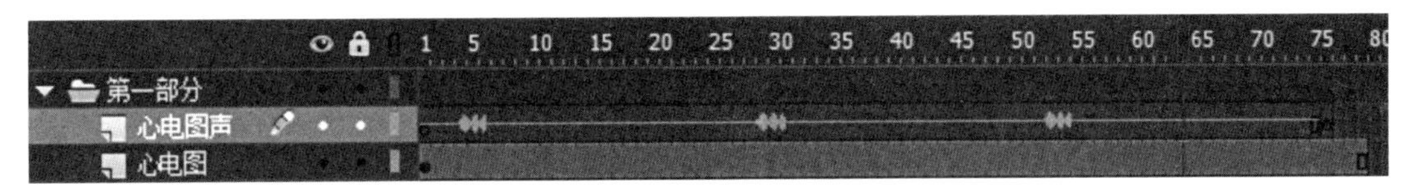

图10-13 第一部分时间轴

（1）在主场景中，将“心电图”剪辑元件拖入舞台（图10-14），因为只显示元件第1帧内容，而元件里用的遮罩，不好把握位置，我们可以先进入“心电图”剪辑元件，将遮罩层所有帧剪切掉，回到主场景里确定好元件位置（图10-15），再进入元件，粘贴上所有帧。

（2）新建图层，命名为“心电图声”，将素材“心电图.mp3”拖入舞台，并在76帧插入空白关键帧，以终止音效；选中时间轴上的声音，在属性面板里修改同步方式为“数据流”。

第一部分制作完成，新建一图层文件夹，将图层归类（图10-13）。

10.4.2 第二部分：小狗被宠爱

1. 主人给小狗喂奶

（1）新建图层，命名为“2-1小狗”，在80帧插入关键帧，将素材“低头狗”元件拖入舞台，所放位置应于79帧时小狗位置重合，方法参考上一部分第（1）步；在80帧插入关键帧，将小狗移到舞台右下，并放大到175%（图10-16）；在第110帧插入关键帧，将小狗

图10-14 将“心电图”剪辑元件拖入舞台

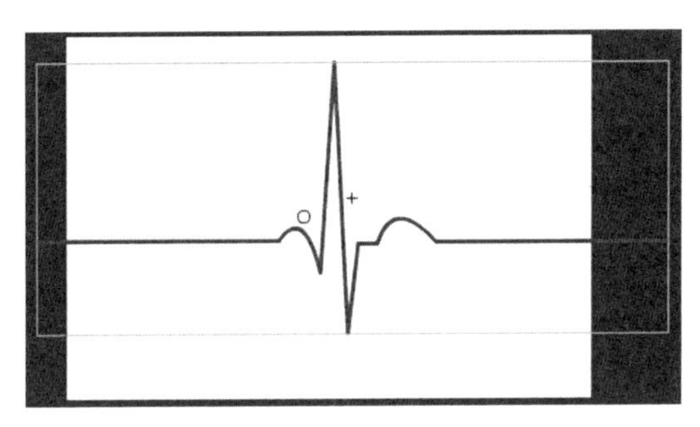

图10-15 “心电图”剪辑元件的位置

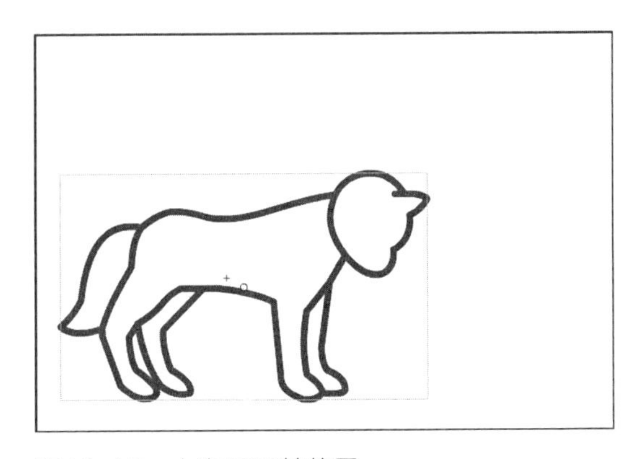

图10-16 小狗层90帧位置

图10-17 小狗层110帧位置

放大到295%，继续右下移动到如图10-17所示位置；创建80～110帧传统补间动画。

（2）在142帧插入空白关键帧，将素材“抬头狗”元件拖入舞台，并调整大小与位置，使之与110帧时的“低头狗”重合；在157帧插入空白关键帧，因为后面不再需要这层元件。

（3）新建图层，命名为“2-1喂奶”，在121帧插入关键帧，将素材“左手握奶瓶”元件拖入舞台，并放大到175%（图10-18）；在第142帧插入关键帧，返回121帧，将握奶瓶的元件向右偏上移出舞台（图10-19），创建121～142帧传统补间；在第170帧插入关键帧；在第185帧插入关键帧，将握奶瓶的元件向右偏下移出舞台，创建170～185帧传统补间动画；在186帧插入空白关键帧。

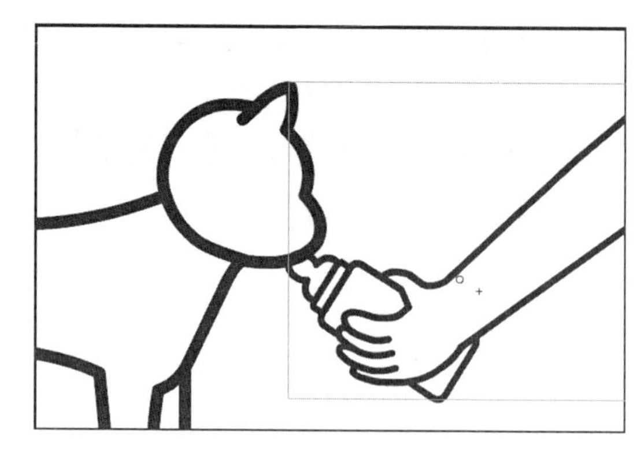

图10-18　喂奶层142帧位置

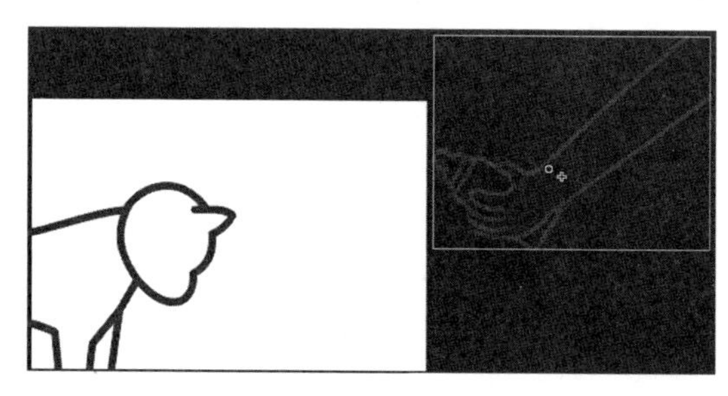

图10-19　喂奶层121帧位置

2. 抚摸狗头

新建图层，命名为“2-2摸头”，在157帧插入关键帧，将素材“2-2右手摸头”剪辑元件拖入舞台，打开“绘图纸外观”按钮，使其中小狗与“2-1小狗”层最后位置重合；在216帧插入普通帧。

3. 套上项圈

（1）新建图层，命名为“2-3小狗”，在217帧插入关键帧，将素材“抬头狗”元件再次拖入舞台，与前面帧的狗的位置重合；在236帧插入空白关键帧，将素材“抬头狗项圈”元件拖入舞台，与前1帧狗的位置重合；在269帧插入空白关键帧。

图10-20　喂奶层142帧位置

（2）新建图层，命名为“2-3套项圈”，在217帧插入关键帧，将素材“右手项圈”元件再次拖入舞台，置于舞台外（图10-20）；在235帧插入关键帧，将“右手项圈”元件移动到舞台内（图10-21），创建217～235帧传统补间。

（3）在236帧插入关键帧，将“右手”元件移动到舞台内，并与前一帧“右手项圈”位置重合；在249帧插入关键帧，将“右手”元件向右移出舞台，创建236～249帧的传统补间；在250帧插入空白关键帧。

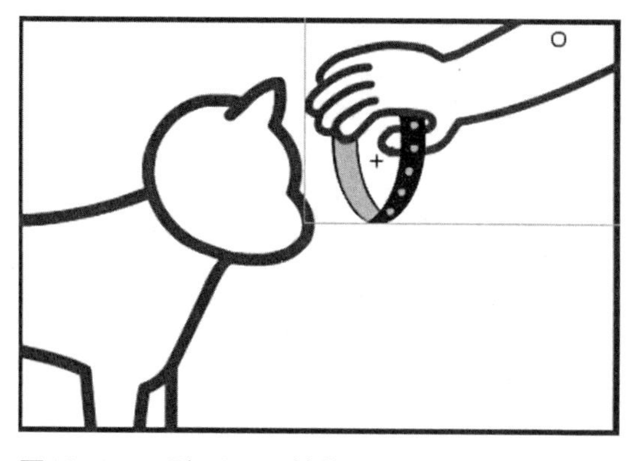

图10-21　喂奶层121帧位置

4. 喂食狗粮

（1）新建图层，命名为“2-4喂食”，在250帧插入关键帧，将素材“左手喂食”剪辑元件拖入舞台，大小调整适当，置于场景外（图10-22）；在268帧插入关键帧，将元件移入场景，置于如图10-21所示位置，创建217～235帧传统补间；在269帧插入空白关键帧。

图10-22 喂食层250帧位置

图10-23 喂食层268帧位置

（2）新建图层，命名为“2-4小狗进食”，在269帧插入关键帧，将素材“狗狗进食”剪辑元件拖入舞台，小狗位置需要和前一帧重合；在302帧插入空白关键帧。

5. 一起玩球

（1）新建图层，命名为“2-5小狗”，在302帧插入关键帧，将素材“抬头狗项圈”元件再次拖入舞台，与前面帧的狗的位置重合；在328帧插入关键帧，将元件缩小并置于舞台右下（图10-24），创建两个关键帧间的补间动画；在335和341帧插入关键帧，将341帧小狗向后微移，将中心点移到小狗后脚下，旋转-23度，创建335～341帧的传统补间。

（2）在343帧插入空白关键帧，将素材“狗跳”元件再次拖入舞台，置于与前帧小狗位置相同处；在352帧插入关键帧，将小狗向左移动到舞台外，创建343～352帧传统补间；在353帧插入空白关键帧。

（3）新建图层，命名为“2-5投球”，在314帧插入关键帧，将素材“左手抛球”剪辑元件拖入舞台，置于舞台外，调整大小（图10-26）；在360帧插入空白关键帧。

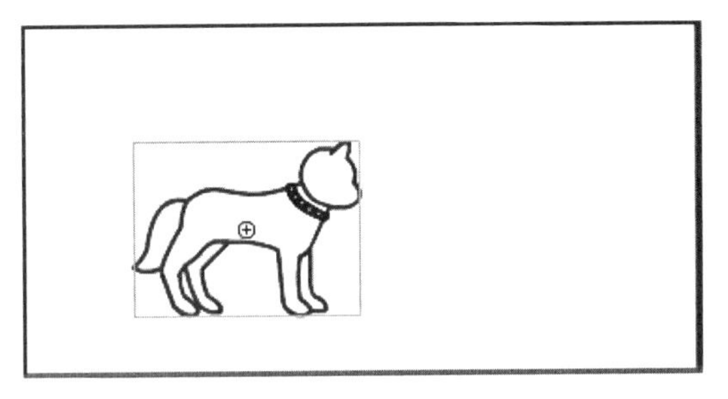

图10-24 小狗层328帧位置

图10-25 小狗层341帧位置

图10-26 投球层314帧位置

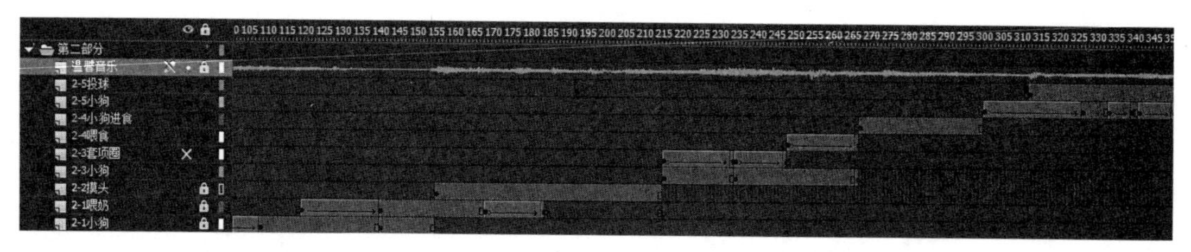

图10-27　第二部分时间轴

这一部分的动画已经制作完，下面插入音效。新建图层，命名为“温馨音乐”，在77帧插入关键帧，将音乐素材“温馨音乐.mp3”拖入舞台，389帧插入空白关键帧；选中时间轴上的声音，在属性面板里修改同步方式为“数据流”，效果为“淡出”。

第二部分制作完成，新建一图层文件夹，将图层归类（图10-27）。

10.4.3　第三部分：小狗被遗弃

这部分从小狗捡回球开始，到小狗结束生命。

1. 被关门外

（1）新建图层，命名为“门”，在394帧插入关键帧，将素材“关门”剪辑元件拖入舞台，置于舞台右边线处，并适当调整大小（图10-28）；在409帧插入空白关键帧，将“门带把手”元件拖入舞台，位置要与上一帧门的位置重合（图10-29）；在645帧、662帧分别插入关键帧，在662帧将门水平向右移出场景，创建645～662帧间的传统补间动画；在663帧插入空白关键帧，所有关于门的动画完成。

（2）新建图层，命名为“3-1小狗”，在370帧插入关键帧，将“狗走路含球”剪辑元件拖入舞台，置于场景外（图10-30）；在398帧插入关键帧，将小狗向右移入场景（图10-31），创建两关键帧间的传统补间；在399帧插入空白关键帧，将“抬头狗项圈”元件拖入舞台，与上一帧的小狗位置重合；在435帧插入空白关键帧，将“狗走路停住敲门”剪辑元件拖入舞台，与上帧小狗位置重合；在457帧插入关键帧，将小狗向右移动到门前（图

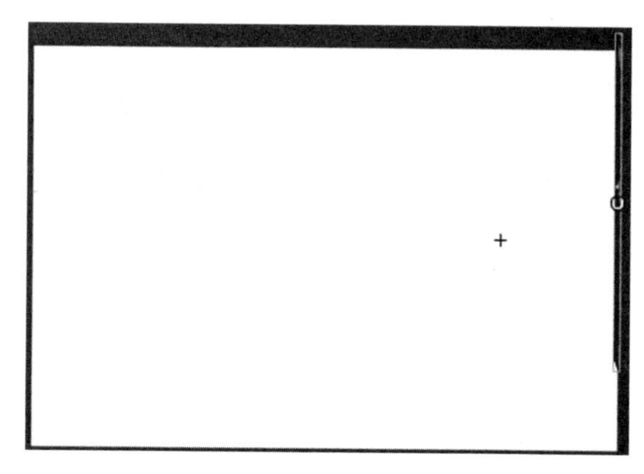

图10-28　门层394帧位置

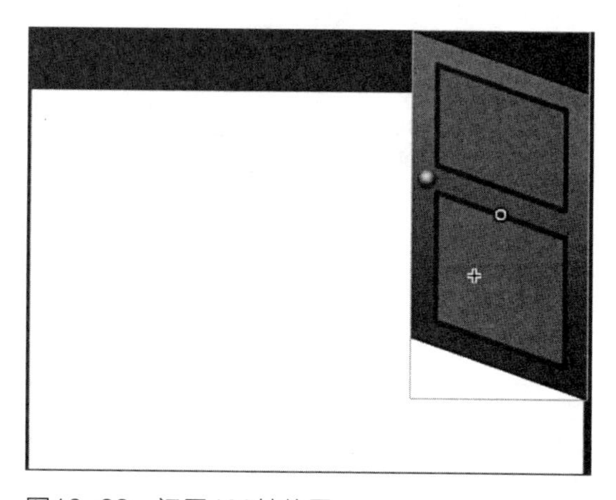

图10-29　门层409帧位置

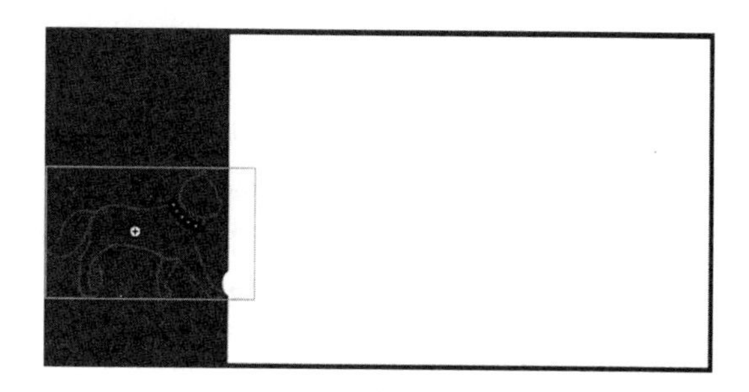

图10-30　小狗层370帧位置

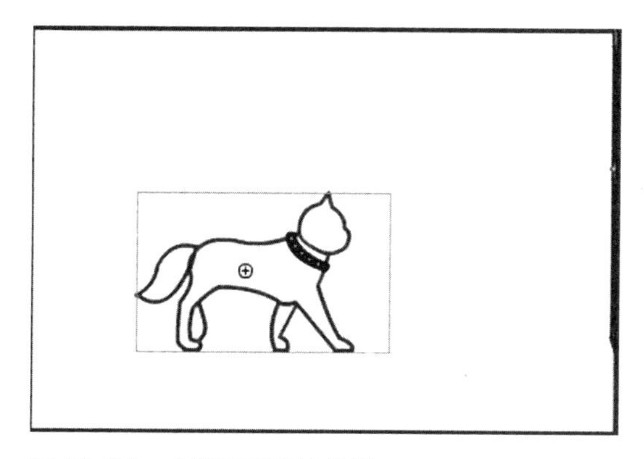

图10-31　小狗层398帧位置

10-32)，创建435～457帧间的传统补间；在490帧插入空白关键帧，将“低头狗项圈”元件拖入舞台，与上一帧的小狗位置重合；在523帧插入空白关键帧。

（3）新建图层，命名为“球”，在398帧插入空白关键帧，将“旋转的球”剪辑元件拖入舞台，使之与下一层的球重合；在434帧插入关键帧，将球向右移出场景（图10-33），创建两关键帧间的传统补间；在435帧插入空白关键帧。

2. 等待遇雨

（1）新建图层，命名为“3-2小狗”，在523帧插入空白关键帧，将“狗后退”剪辑元件拖入舞台，位置与上一帧小狗重合；在573帧插入关键帧，将小狗向后（左）移动到如图10-34所示位置，创建523～573帧的传统补间动画；在574帧插入空白关键帧，将“低头狗微趴”元件拖入舞台，放置上一帧小狗的位置；在593帧插入空白关键帧，将“干净变脏”剪辑元件拖入舞台，放置上一帧小狗的位置；在612帧插入空白关键帧，将“低头狗趴下项圈脏”元件拖入舞台，与上一帧重合（图10-35）；在621帧插入空白关键帧，将

图10-32　小狗层457帧位置

图10-33　球层434帧位置

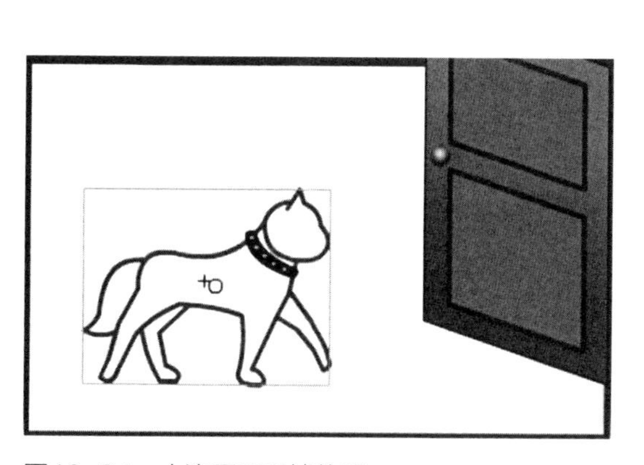

图10-34　小狗层573帧位置

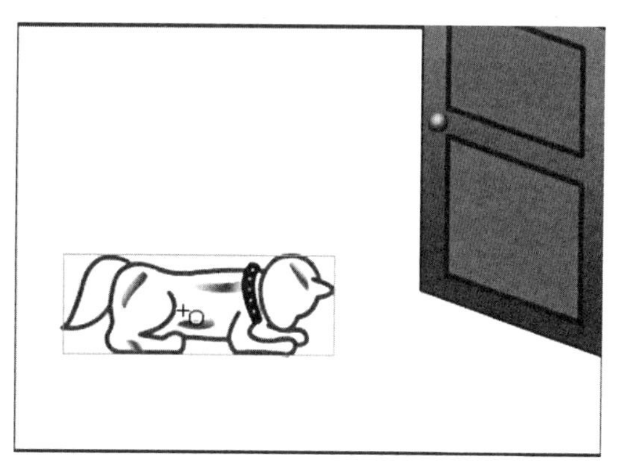

图10-35　小狗层612帧位置

“低头狗项圈落下”剪辑元件拖入舞台，与上一帧重合；在632帧插入空白关键帧，将“低头狗趴下脏”元件拖入舞台，与上一帧重合；在675帧插入空白关键帧。

（2）新建图层，命名为“下雨”，在589帧插入空白关键帧，将“下雨吧”剪辑元件拖入舞台，缩小30%，置于如图10-36所示位置；在638帧、645帧分别插入关键帧，将645帧处元件Alpha值修改为10，创建638～645帧传统补间动画。

（3）新建图层，命名为“下雨右”，同样从589帧开始插入“下雨吧”剪辑元件，置于如图10-37所示位置，动画制作重复上一步骤。

图10-36 “下雨”层雨的大小及位置

图10-37 “下雨右”层雨的大小及位置

3. 遇车祸

小狗看到有个球飞了过来，以为是主人的球，起身去追，遇车祸。

（1）新建图层，命名为“3-3球”，在661帧插入空白关键帧，将“抛球”剪辑元件拖入舞台，置于场景外（图10-38）；在680帧插入空白关键帧，将“球的跳动”剪辑元件拖入舞台，与前一帧球的位置重合；在699帧插入关键帧，将球向左移到场景边缘（图10-39）；在700帧插入空白关键帧。

（2）新建图层，命名为“3-3小狗”，在675帧插入空白关键帧，将“抬头狗脏”元件拖入舞台，位置与前一帧小狗重合（图10-40）；在690帧插入关键帧，将小狗水平翻转；在726帧插入空白关键帧。

（3）新建图层，命名为“3-3车”，在696帧插入空白关键帧，将“撞车”剪辑元件拖入舞台，位置如图10-41所示；在726帧插入空白关键帧。

4. 音效

这一部分音效比较复杂，我们按照出现

图10-38 “3-3球”层661帧位置

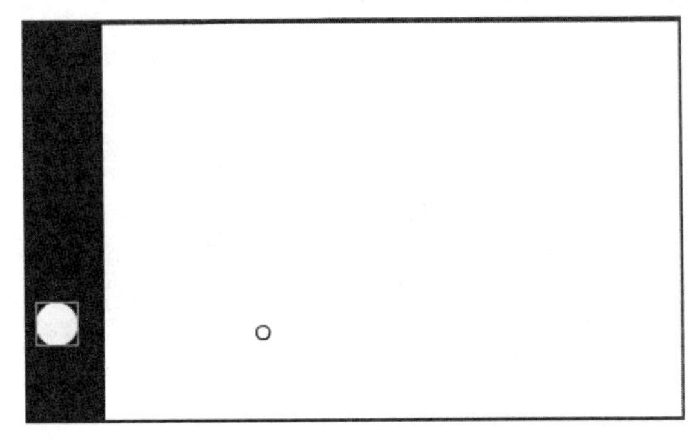

图10-39 “3-3球”层699帧位置

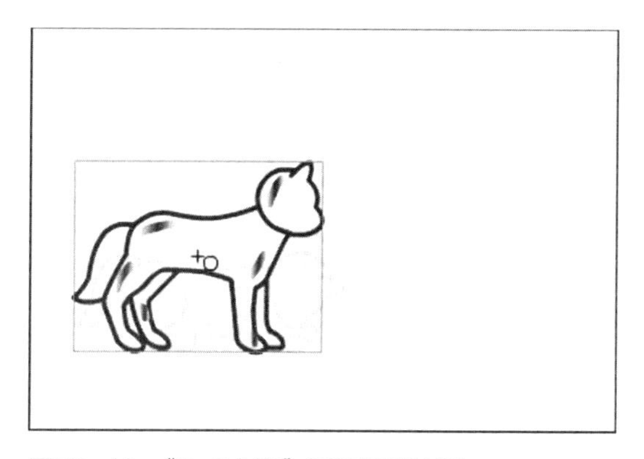

图10-40 “3-3小狗”层675帧位置

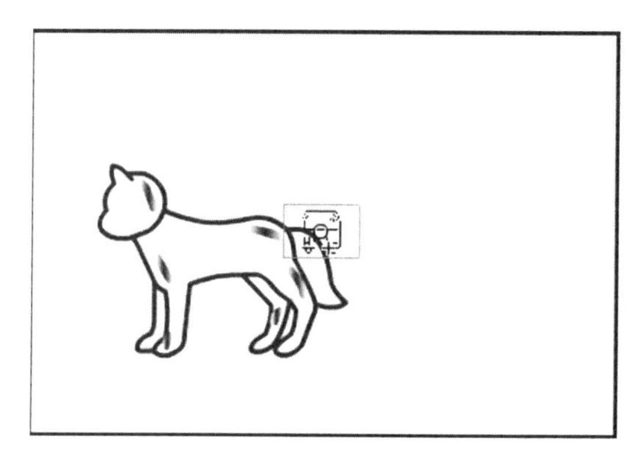

图10-41 “3-3车”层696帧位置

顺序讲解。

（1）新建图层，命名为“关门声”，在395帧插入空白关键帧，将“关门.mp3”拖入舞台。

（2）新建图层，命名为“等待音乐”，在403帧插入空白关键帧，将“忧伤音乐.mp3”拖入舞台；修改同步方式为“数据流”；在662帧插入空白关键帧。这个音乐比较长，与其他音效会有交叉，当有其他音效时，我们编辑封套，将音波调小（图10-42）。

（3）新建图层，命名为“雨声”，在591帧插入空白关键帧，将“雨.mp3”拖入舞台；修改同步方式为“数据流”；在654帧插入空白关键帧。这个音效也可以编辑封套设置淡出效果（图10-43）。

（4）新建图层，命名为“行驶刹车声”，在630帧插入空白关键帧，将“大货车急刹

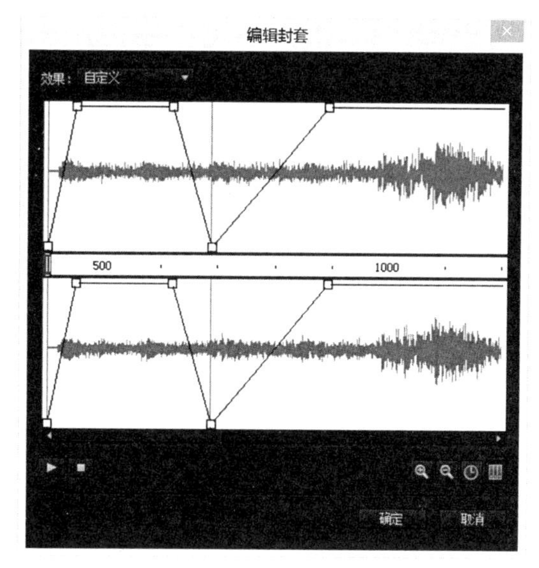

图10-42 “等待音乐”的声波修改

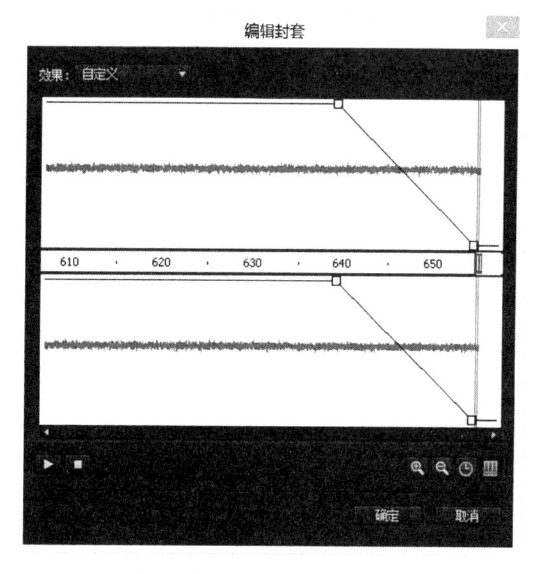

图10-43 “雨声”的声波淡出效果

车.mp3”拖入舞台；修改同步方式为“数据流”；在755帧插入空白关键帧。

第三部分制作完成，新建一图层文件夹，将图层归类（图10-44）。

10.4.4 第四部分：广告语

这一部分也是出广告语和Logo，非常简单。

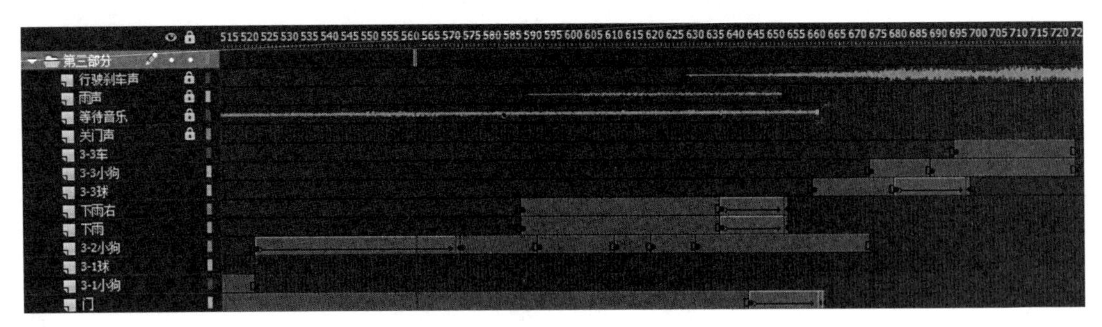

图10-44　第三部分时间轴

（1）新建图层，命名为“Logo”，在750帧插入关键帧，将素材“Logo”元件拖入舞台，所放位置如图10-45所示；在第764帧插入关键帧，选中750帧，将“Logo”元件Alpha值修改为0，创建两个关键帧间的传统补间动画；并在793帧插入普通帧。

（2）新建图层，命名为“广告语”，在750帧插入关键帧，选取文本工具，并打开属性面板，设置字体：“方正姚体”，大小：59磅，颜色：#AD1616，其他默认，在舞台中输入文字“握紧你手中的生命”（图10-45）；选中文字，按F8键转成元件，在第780帧插入关键帧，选中750帧，将元件向右水平移动到场景外，创建两个关键帧间的传统补间动画；并在793帧插入普通帧。

（3）新建图层，命名为“矩形”，在750帧插入关键帧，选取矩形工具，关闭笔触颜色，填充色选择灰色，在舞台绘制一个矩形，大小能覆盖780帧位置的广告语（图10-46）；生成遮罩层。

（4）新建图层，命名为“心跳”，在451帧插入空白关键帧，将“心电图.mp3”再次拖入舞台；修改同步方式为“数据流”；在793帧插入空白关键帧。这次用的音效的结尾部分，需要在编辑封套里将750帧之前的音波关上，再调整波形为淡入效果。

第四部分制作完成，新建一图层文件夹，将图层归类（图10-47）。

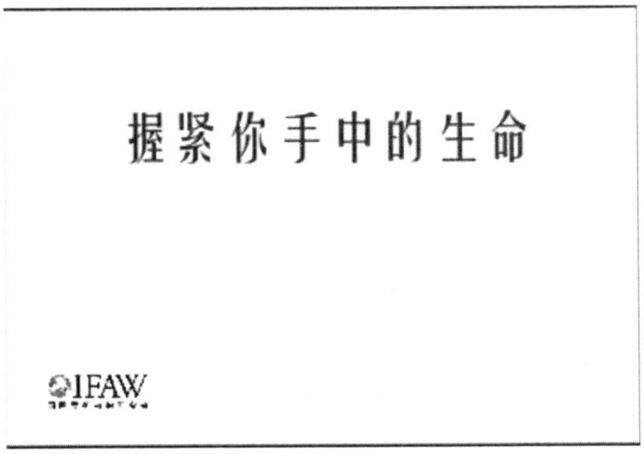

握紧你手中的生命

IFAW

图10-45　Logo与广告语位置

IFAW

图10-46　矩形遮罩位置

下面我们在最后一帧添加一个“重播”按钮，影片到最后一帧停止，如果按下“重播”按钮，影片就会从头开始播放。

新建图层，命名为“按钮”，在793帧插入空白关键帧，将“按钮重播”按钮元件拖入舞台，置于场景右下角，并进行适当放大

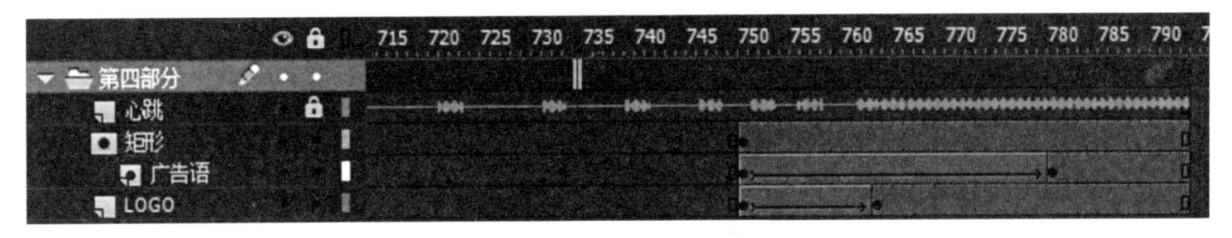

图10-47　第四部分时间轴

（图10-48）；在属性面板里，给按钮定义实例名称为“btn”。

鼠标右击793帧，选择“动作”，打开动作面板，输入如图10-49所示代码，保存测试影片。全剧终。

握紧你手中的生命

图10-48　添加重播按钮

本章习题

创作一则校园公益广告。我们生活的学校环境，每天都会遇到许多文明、不文明的行为，宿舍、教室、食堂、运动场，能选材的点很多，因此题目和选材自拟。制作具体要求如下：

1．使用FLASH软件完成制作，幅宽720×480，24帧/秒，时间30秒（720帧）。

2．提交作品包括3个文件：①制作说明（请用Word文档，包括设计构思、脚本、制作体会）；②Swf格式的生成文件；③可编辑的Fla源文件。

3．动画内容要求：主题明确，有故事情节，画面清晰，色彩协调，动作流畅，音效与动画融合，制作整齐有序且无错误。

Actions:793

```
1
2    stop();
3
4    btn.addEventListener(MouseEvent.CLICK, fl_ClickToGoToAndPlayFromFrame);
5
6    function fl_ClickToGoToAndPlayFromFrame(event:MouseEvent):void
7    {
8        gotoAndPlay(1);
9    }
10
```

图10-49　793帧的动作代码

参考文献
References

[1][美]威廉阿伦斯．当代广告学[M].北京：华夏出版社，2001：7.

[2][美]大卫·兰顿，安妮塔·坎贝尔．移动互联网时代的99个视觉营销技巧[M]．北京：人民邮电出版社，2016.

[3][美]Jeff Johnson. 认知与设计：理解UI设计准则[M]．北京：人民邮电出版社，2014.

[4][美]Adobe公司．Adobe Photoshop CC经典教程[M]．北京：人民邮电出版社，2015.

[5][美]乔治尼斯．中文版Flash CC技法精粹：设计与动画的艺术[M]．北京：清华大学出版社，2015.

[6][日]古贺直树．好设计不简单Ⅱ：UI设计师必须了解的那些事[M]．北京：人民邮电出版社，2014.

[7]高志清．Flash网络广告设计与创意[M]．北京：中国水利水电出版社，2007.

[8]周琳，夏永林．网络广告[M]．西安：西安交通大学出版社，2014.

[9]李雪萍，刘丽彦．网络广告策划[M]．北京：化学工业出版社，2012.

[10]田明华．广告学[M]．北京：清华大学出版社，北京交通大学出版社，2013.

[11]金日龙．广告设计[M].北京：龙门书局，2014.

[12]刘润．互联网+[M].北京：北京联合出版公司，2014.

[13]安雪梅．中文版Photoshop CC课堂实录[M]．北京：清华大学出版社，2015.

[14]创锐设计．Photoshop CC移动UI界面设计与实践[M]．北京：电子工业出版社，2015.

[15]梁栋．中文版Flash CC动画制作实用教程[M]．北京：清华大学出版社，2015.

[16]焦建．Flash CC中文版动画制作基础教程[M].北京：清华大学出版社，2014.

[17]罗晓琳．Photoshop APP UI设计从入门到精通[M]．北京：机械工业出版社，2015.

[18]程蓉洁．色彩构成[M]．北京：清华大学出版社，2011.

[19]苏拉．别说你懂色彩搭配[M]．北京：水利水电出版社，2011.

[20]张晓景．HTML5动画制作神器：Adobe Edge Animate CC一本通[M]．北京：电子工业出版社，2015.

[21] 刘春玲，郝国芬．案例大讲堂——中文版Flash商业广告设计与网络动画制作300例［M］．北京：北京希望电子出版社，2015.
[22] 朱永明．视觉语言探析：符号化的图像形态与意义［M］．南京：南京大学出版社，2012.
[23] 张薇薇．分众时代新媒体互动广告的应用研究［D］．湖北：湖北工业大学，2015.
[24] 李璟．3G手机互动广告系统的设计与实现［D］．复旦大学，2011.
[25] 周珊珊．互动广告多形式发展要素分析［D］．南昌大学，2014.
[26] 张淑萍．APP广告的跨界互动创意拓展［J］．传媒，2015（01）53–54.
[27] 李沁沁．从“用户”到“社群”—移动互联网时代企业营销信息传播的逻辑演变［J］.时代金融，2016（02）.
[28] 吴勇毅．H5大爆炸时代，何以玩出营销新境界［J］．经理人，2015（5）：90–91.
[29] 常利伟．网络广告现状及发展趋势［J］．商场现代化，2006（4）：147.
[30] PHBang. CNNIC发布2015年《中国互联网络发展状况统计报告》［EB/OL］.（2015–02–06）［2016 –10–15］. http://www.phbang.cn/tech/internet/147752.html.
[31]【科普】世界上最早的互联网广告和中国最早的网络广告［EB/OL］.（2014–10–08）［2016 –10–15］.http://www.admom.net/content/news/?43.html.
[32] InMobi .2014中国移动互联网用户行为洞察报告［EB/OL］.（2014–01–13）［2016 –10–15］. http://www.cnad.com/html/Article/2014/0113/20140113135905926.shtml.
[33] 报告大厅．2014年我国广告行业统计数据分析［EB/OL］.（2014–10–24）［2016 –10–15］. http://www.chinabgao.com/k/guanggao/13409.html.
[34] 中国网络广告行业发展回顾与市场前景预测报告（2017–2020年）［EB/OL］.［2016–10–15］.http://www.cir.cn/R_QiTaHangYe/80/WangLuoGuangGaoFaZhanQuShiYuCeFenXi.html.
[35] 人民网研究院．2014年1月移动互联网用户总数调查［EB/OL］.（2015–12–9）［2016 –10–15］http://www.199it.com/archives/241398.html.

后 记
Afterword

本书2015年10月确定书名和写作内容，历时1年完成写作，经过两位作者的交流商讨，对部分内容的修改，于2017年春节前定稿。本书在案例的选择与推敲上花费的时间较多，希望使用最有代表意义的实例，并且在写作的过程中也重新审视了案例的优化方法，要成文印刷，如同一锤定音，不敢小觑。案例多是基于作者多年教学积累，也有学生作业或者毕业设计，在此一并表示感谢。

广告的发展是日新月异的，计算机软件的更新换代也很快，这两者相结合，使本书的时代特征尤其明显，因此本书使用了最新的中文版制作软件，关照近年互联网广告的表现特征，以案例实战的方式，进行制作讲解。使读者首先学有所成，才能领会制作要领，做到举一反三，独立创作。

当下互联网进入HTML5时代，HTML5网页互动动画已经可以直接由动画制作人员完成，不再依赖网页编程人员，而此方面的案例讲解本书未有提及，作者正在学习Animate CC软件，如有机会再版，会进行补充。由于篇幅所限，作者在编写过程中对于软件功能的讲述并不全面，编写主线是案例，因而对于软件中每个工具的使用未进行系统讲解，读者可以辅以相关工具类书籍或者进行网络检索来弥补。同时，因我们水平和经验有限，本书肯定存在许多瑕疵，敬请读者批评指正。

作者声明：

书中所用素材很多来源网络，图片上尽可能保留了网址信息，以尊重知识产权。如有引用不当，敬请谅解。